九龍紅磡

鶴園東街4號

恒藝珠寶大廈二樓

商務印書館(香港)有限公司

顧客服務部收

商務印書館〔圖〕讀者回饋咭

所購本館出版之書籍：

購書地點：

通訊地址：　　　　　　　　　　　　　　　姓名：

電話：　　　　　　　　　　　　傳真：

電郵：

您是否想透過電郵收到商務文化月訊？ 1□是 2□否

性別： 1□男 2□女

年齡： 1□15歲或以下 2□15-24歲 3□25-34歲 4□35-44歲 5□45-54歲
6□55-64歲 7□65歲或以上

學歷： 1□小學或以下 2□中學 3□預科 4□大專 5□研究院

每月家庭總收入： 1□HK$6,000以下 2□HK$6,000-9,999 3□HK$10,000-14,999
4□HK$15,000-24,999 5□HK$25,000-34,999 6□HK$35,000或以上

子女人數（只適用於有子女人士）1□沒有 2□1-2個 3□3-4個 4□5個以上

子女年齡（可多於一個選擇）1□12歲以下 2□12-17歲 3□17歲以上

職業： 1□僱主 2□經理級 3□專業人士 4□白領 5□藍領 6□教師
7□學生 8□主婦 9□其他

最多前往的書店：

每月往書店次數： 1□1次或以下 2□2-4次 3□5-7次 4□8次或以上

每月購買書量： 1□1本或以下 2□2-4本 3□5-7本 4□8本或以上

每月購書消費： 1□HK$50以下 2□HK$50-199 3□HK$200-499
4□HK$500-999 5□HK$1,000或以上

您從哪裏得知本書： 1□書店 2□報章或雜誌廣告 3□電台 4□電視 5□書評書介
6□親友介紹 7□商務文化網站 8□其他（請註明：＿＿＿＿）

您有否進行過網上買書？ 1□有 2□否

您有否瀏覽過商務文化網站（網址：http://www.commercialpress.com.hk）？ 1□有 2□否

您希望本公司能加強出版的書籍：
1□辭書 2□外語書籍 3□文學語言 4□歷史文化 5□自然科學 6□社會科學
7□醫學衛生 8□財經書籍 9□管理書籍 10□兒童書籍 11□流行書
12□其他（請註明：＿＿＿＿）

您對本書內容的意見：

敦煌

石窟全集

敦煌石窟全集

敦煌研究院 主編 6

彌勒經畫卷

本卷主編 王惠民

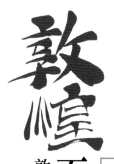

商務印書館

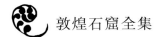

敦煌石窟全集

主編單位 ……………… 敦煌研究院

主　　編 ……………… 段文杰

副 主 編 ……………… 樊錦詩 (常務)

編著委員會 (按姓氏筆畫排序)
主　任 ……………… 段文杰　樊錦詩 (常務)
委　員 ……………… 吳　健　施萍婷　馬　德　梁尉英　趙聲良

出版顧問 ……………… 金沖及　宋木文　張文彬　劉　杲　謝辰生
　　　　　　　　　　　羅哲文　王去非　金維諾　周紹良　馬世長

出版委員會
主　任 ……………… 彭卿雲　沈　竹　劉　煒 (常務)
委　員 ……………… 樊錦詩　龍文善　黃文昆　田　村
總 攝 影 ……………… 吳　健
藝術監督 ……………… 田　村

彌 勒 經 畫 卷

主　　編 ……………… 王惠民

攝　　影 ……………… 孫志軍

封面題字 ……………… 徐祖蕃

出 版 人 ……………… 陳萬雄
策　　劃 ……………… 張倩儀
責任編輯 ……………… 陳元階
設　　計 ……………… 呂敬人
出　　版 ……………… 商務印書館 (香港) 有限公司
　　　　　　　　　　　香港筲箕灣耀興道 3 號東滙廣場 8 樓
　　　　　　　　　　　http://www.commercialpress.com.hk
製　　版 ……………… 中華商務彩色印刷有限公司
　　　　　　　　　　　香港新界大埔汀麗路 36 號中華商務印刷大廈
印　　刷 ……………… 中華商務彩色印刷有限公司
　　　　　　　　　　　香港新界大埔汀麗路 36 號中華商務印刷大廈
版　　次 ……………… 2002 年 3 月第 1 版第 1 次印刷
　　　　　　　　　　　© 2002 商務印書館 (香港) 有限公司
　　　　　　　　　　　ISBN 962 07 5281 3

前 言
敦煌彌勒、藥師淨土圖像的史料價值

　　佛教是講泛神論的，有種種佛，種種佛國，給人以無限的想像空間。佛教一般把娑婆世界以外的佛國稱作淨土世界，也有將娑婆世界稱作淨土世界的，是為有佛之處皆淨土也。淨土世界絢麗多姿，那裏充滿美妙、幸福和快樂，是脫離了一切惡行、煩惱和垢染的處所。對淨土世界的信仰稱淨土信仰。在古代中國，流行的淨土信仰種類並不多，彌勒淨土、藥師淨土、阿彌陀淨土等是中國淨土信仰最主要的內容。在敦煌畫中，表現彌勒淨土、藥師淨土的彌勒經變和藥師經變約有200鋪，佔敦煌經變畫總數的1/6。敦煌彌勒經變和藥師經變均出現於隋代前後，唐宋時期成為敦煌佛教藝術的主要題材，體現了當時人們對這兩種淨土世界的認識。本卷以敦煌彌勒經變和藥師經變為實證材料，將着重探討彌勒淨土、藥師淨土信仰在中國的萌生、傳播及深遠影響等問題。

　　彌勒信仰源自彌勒經，其大致內容是：彌勒為佛弟子，先佛入滅，轉生兜率天宮為彌勒菩薩；56億萬年後，下生娑婆世界為佛，稱彌勒佛。彌勒經向信仰者描繪了彌勒曾先後所處的兩個淨土世界：上生世界，即兜率天宮；下生世界，即未來的娑婆世界。兜率天宮有種種香花，種種瑞鳥，奏天伎樂，受到人們的普遍信仰。史載，較早的彌勒信仰者有東晉道安，而隋代僧靈干之事則體現了當時對彌勒淨土的認識。他在開皇十七年（公元597年）"遇疾悶絕"，醒來後說神遊到兜率天宮，見一大園，七寶樹林，還見到從娑婆世界往生的熟人。有關彌勒經變的文獻記載可上溯到隋代畫家董伯仁，他畫的彌勒經變到中唐尚存。

　　敦煌是世界上彌勒信仰資料保存最多、最集中的一處。敦煌壁畫有100鋪彌勒經變，還有許多彌勒說法圖和彌勒單尊像；藏經洞出土的紙絹畫中也有若干彌勒圖像；敦煌遺書中尚存一件彌勒經變的榜題底稿。

敦煌彌勒經變中的許多圖像都來於現實，如嫁娶、耕作、剃度等，它們直接反映了當時人們的生活情景，其中有一些畫面更是研究民俗的必及資料。彌勒造像在印度、中亞等地有一些，但由於文獻記載較少，對其具體的彌勒信仰形態尚難全面認識，這就使得敦煌彌勒壁畫在世界佛教研究中具有重要的史料價值。

藥師信仰源自藥師經，根據該經，娑婆世界的東方依次排列有七個佛國，藥師世界最遠。藥師即醫生，從經名上就可看出該經具有解救苦難之意。該經謂，藥師佛在東方淨琉璃世界說法，這與阿彌陀佛在西方極樂世界說法相對應。藥師世界也是一種淨土，達摩笈多譯藥師經對藥師世界的描繪是："彼佛國土一向清淨，無女人形，離諸慾惡，亦無一切惡道苦聲。琉璃為地，城闕、垣牆、門窗、堂閣、柱樑、斗栱，周匝羅網，皆七寶成，如極樂國。"另一個譯本，帛尸梨密多羅譯的藥師經對東方世界的描繪與達摩笈多譯本類似，經中介紹："此藥師琉璃光如來國土清淨，無五濁、無愛慾、無意垢，以白銀、琉璃為地，宮殿樓閣悉用七寶，亦如西方無量壽國無異。"佛教關注人類的災難，《大智度論》提到："無老、病、死、煩惱者，諸佛則不出世。"藥師經說當今娑婆世界有"九橫死"，即九種非正常死亡，只要修諸福德，便可盡其壽命，免遭橫死。

藥師信仰在中國很早就開始流行，並有多部藥師經的漢譯本和注疏，有關藥師信仰的文獻記載也不少。據載，南朝真觀之母誦藥師經而孕真觀，北朝張元信仰藥師經而使祖父雙目復明，宋代非濁《三寶感應要略》所舉七例藥師信仰果報都是與現實苦難息息相關的；這些都說明藥師信仰在社會上有廣泛而長久的影響。

敦煌在隋代以前就有抄寫藥師經的記載和一些所抄經文。及至隋代，出現了藥師圖像，計有藥師説法圖2鋪，藥師經變4鋪。從此，藥師圖像繪製不絕，直到西夏時期。敦煌壁畫和紙絹畫中，一共為我們留下了100多鋪藥師經變，幾百幅藥師單尊像。另外，敦煌遺書中還有3件藥師經變榜題底稿和約300件藥師經寫本，它們是了解隋代至西夏時期敦煌藥師信仰的寶貴資料。敦煌的藥師經變與彌勒經變相比，有更多的淨土意匠，如有寶池、化生、不鼓自鳴等畫面，有的還徑稱藥師經變為藥師淨土經變。另外，藥師經變與西方淨土變的説法會有許多相似之處，有些壁畫中的阿彌陀世界和藥師世界的部分景觀完全相同，可以肯定那些畫工所使用的是同一種畫稿。

一方面藥師信仰在中國、日本等地廣泛流行，從西域到中原的石窟以及日本的寺院裏，都有藥師圖像的存在，敦煌石窟和敦煌遺書中的藥師信仰資料尤為豐富；另一方面，藥師信仰在印度本土卻沒有留下造像和文獻資料。這就使得敦煌藥師圖像的研究既意義重大又面臨挑戰，即它既要為有關佛教中國化與世界化的研究作出貢獻，又要為印度佛教的發源性研究提供輔助性史料與結論。

目　錄

彌勒經變

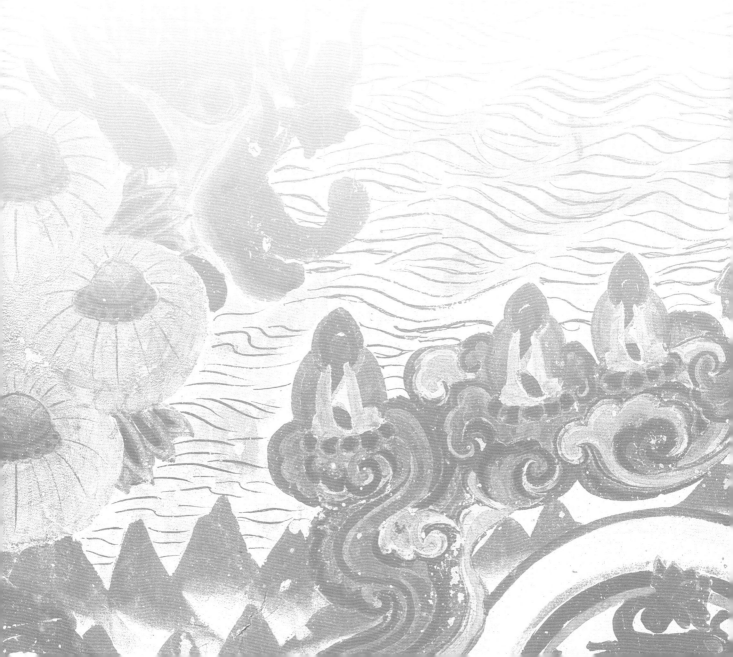

序論　往生與決疑：彌勒信仰概述

一、彌勒信仰的內容

彌勒信仰包括彌勒上生世界信仰和彌勒下生世界信仰兩部分。

上生信仰的基本內容是：彌勒曾是釋迦牟尼的弟子，先佛入滅，上生兜率天宮為菩薩，彌勒以待機菩薩身份在兜率天宮住了56億萬年，然後下到娑婆世界做佛。彌勒在兜率天宮時期為彌勒上生，相關經典《彌勒上生經》主要是對兜率天宮諸種景觀的描繪，至於彌勒在兜率天宮漫長歲月裏做了甚麼，佛經並沒有記載。信仰上生世界的人希望死後到兜率天宮，與彌勒在一起，56億萬年後隨彌勒一起回到已經是淨土的娑婆世界。

下生信仰的基本內容是：56億萬年後，娑婆世界已從穢土變為淨土，地平如鏡，名花軟草遍覆，人壽八萬四千歲，女人五百歲出嫁，一種七收，樹上生衣，大小便時，"地裂而受容"。於是彌勒從天而降，投胎到翅頭末城一位大臣家為子；長大後，一次彌勒目睹婆羅門毀寶幢，感到人生無常，遂出家學道。成道後，度人無數。是為彌勒下生。鳩摩羅什譯《彌勒下生成佛經》，描繪彌勒下生世界的自然景觀説："其諸園林池泉之中，自然而有八功德水，青紅赤白雜色蓮花遍覆其上，其池四邊，四道寶階，眾鳥和集，……果樹香樹，充滿國內。"信仰者看重彌勒下生世界的美好，把它視作淨土。當然，經中所記婆羅門拆幢一事説明當時世界還有黑暗之處，這與彌勒經典記載當時天下太平並不一致。

彌勒上生信仰具有禪觀與決疑的功效。對於神往的兜率天宮，信徒們可以通過禪觀見到兜率天宮的種種美好景觀。而且，由於釋迦牟尼佛已經涅槃，娑婆世界一時無佛，此時，待機成佛的彌勒菩薩是"準佛"，如果在修行上遇到困惑，通過禪觀，神往兜率天宮，彌勒菩薩便可為其決疑。

兜率天宮有諸多優越之處，於是信徒們希望死後往生兜率天宮，這一點頗類似西方淨土信仰。往生其他佛國有些不便，如西方阿彌陀世界路途遙遠，而兜率天宮就在娑婆世界的上方，往生容易。曇摩蜜多譯《五門禪經要用法》云："行者志求大乘，若命終，隨意所欲，生諸佛前。若不爾者，必生兜率天，得見彌勒，定無有疑也。"這裏把命終往生的世界分為兩個等級：一、隨意所欲，生諸佛前；二、不能生諸佛前，也可往生兜率天宮。看來，西方極樂世界等佛國要比兜率天宮高級。但即使如此，也有一些信徒寧願選擇兜率天宮作為往生之處，似乎捨不得遠離娑婆世界。

二、信仰的起源及經典的漢譯

彌勒，意為慈氏，梵文作 Maitreya，巴利文作 Metteya，吐火羅語作 Metrak 等。一般認為漢語的彌勒一詞是梵文 Maitreya 的音譯；最新的研究表明，彌勒一詞是吐火羅語 Metrak 的音譯，而非直接來自梵文，這一研究成果將對考察彌勒信仰的發展有所幫助。

關於彌勒信仰的起源問題，可以從產生較早的佛教經典中，找到與彌勒下生世界景象類似的記載。如東晉瞿曇僧伽提婆譯《中阿含經》之《轉輪王經》、《長阿含經》之《轉輪聖王修行經》中，提到人壽八萬歲是極壽，世界極大豐樂等，可與彌勒世界相比較。再如西晉法立與法炬合譯的《大樓炭經》有"郁單曰品"，詳述郁單曰洲即北方天下的風土人情，反映了早期印度人對世界的一種認識，其中有夜雨淹塵、不淨隱地、樹上生衣、視死如歸等內容，與彌勒經典的記載一致。也就是說，獨立的彌勒經典中有關彌勒下生世界的描繪汲取了流傳已久的印度人的宇宙觀。

在獨立的漢譯本出現之前，一些漢譯佛經也有與彌勒相關的內容，如安世高譯《大乘方等要慧經》、《佛說長者子制經》，支婁迦讖譯《道行般若經》、《佛說如來純真陀羅所問如來三昧經》等，有"彌勒佛"、"彌勒菩薩"等內容。支婁迦讖譯《雜譬喻經》則更加具體，該經篇首即云一比丘臨終，"欲睹彌勒佛時三會二百八十億人得真人時及諸菩薩，不可限載。彌勒如來，巨身至尊，長百六十丈，其土人民皆桃花色，人民皆壽八萬四千歲，土地平正，衣食自然，閻浮土地廣長各三十萬里，意欲見此，不取真人。彌勒佛時，二尊弟子，一曰雜施，二曰數數，復欲見之"。

雖然彌勒上生和下生密切相關,但分別有獨立的上生經典和下生經典。現存漢譯本中,有上生經典一部,即劉宋沮渠京聲譯《佛說觀彌勒上生兜率天經》一卷,它是公元455年譯於劉宋或稍早時譯於涼州,後帶至劉宋的。現存下生經典有五部,為同本異譯,即:

1. 傳為西晉竺法護譯《佛說彌勒下生經》一卷。東晉瞿曇僧伽提婆譯《增一阿含經》之"十不善品"的文字與此譯本完全相同,或是照搬竺法護譯本。

2. 失譯者名的《佛說彌勒來時經》一卷,內容基本與竺法護譯本相同而稍為簡略。

3. 姚秦鳩摩羅什譯《佛說彌勒大成佛經》一卷,內容較多。

4. 姚秦鳩摩羅什譯《佛說彌勒下生成佛經》一卷,詳略與竺法護譯本相當,最流行。

5. 唐義淨譯《佛說彌勒下生成佛經》一卷,以偈頌形式譯出。

三、中原及敦煌地區的彌勒信仰

南北朝時,中原及敦煌地區有關彌勒信仰的資料很多,為當時中國佛教藝術的重要組成部分。在文獻方面,《出三藏記集》中就載有宋明帝《龍華誓願文》、齊蕭子良《龍華會記》、齊周顒《京師諸道造彌勒像三會記》等篇目,雖正文佚失,但龍華會是指彌勒下生成佛時在龍華樹下的三次說法會,所以可以肯定這些文章的內容與彌勒下生有關。特別是《京師諸道造彌勒像三會記》的篇名就顯示,此時南朝的彌勒圖像已有由三佛組成的龍華三會了。

在石窟及造像方面,河南小南海石窟之中窟刻有彌勒上生經變,畫面是簡略的說法圖:由一結跏趺坐彌勒菩薩、七位聽法菩薩組成,榜題:"彌勒為天眾說法時"。東窟有現存最早的彌勒上生、下生經變,它由三組畫面組成:一交腳坐彌勒菩薩、五位聽法菩薩,是為上生內容;一倚坐佛為一人說法,一人為另一人剃度,是為下生內容。此圖豐富了下生內容。早期石窟中,有的還刻有彌勒經,如北齊北響堂山石窟和隋代曲陽縣八會寺經龕,就刻有鳩摩羅什譯的《佛說彌勒下生成佛經》。

　　早在北朝和南朝時期出現的這些雕刻彌勒上生下生經變、刻寫彌勒經、舉辦龍華會等佛教實踐活動，顯示了當時彌勒信仰的普遍流行。五代以後，出現了所謂笑口彌勒像。相傳當時浙江奉化有一位和尚，身體肥胖，衣着隨便，常以杖挑一布袋，四處遊方，人稱布袋和尚。他示寂前，留下一偈：彌勒真彌勒，分身千百億。時時示時人，時人自不識。布袋和尚袒腹大肚，滿臉堆笑，憨態可掬，人們認為他是彌勒轉世，就紛紛照他的模樣來塑造彌勒像，笑口彌勒因之而出。笑口彌勒形象給人以十分親切的感覺，因而深受中國人的喜愛。它的出現表明，彌勒經在數百年的傳播中進一步的中國化。

　　在敦煌，自南北朝至宋朝，有關彌勒信仰的經變、絹畫、抄經等，數百年間綿延不絕，是中國彌勒信仰最具特色的地區之一。如盛唐第445窟的彌勒經變是最有代表性的繪畫作品，盛唐第39窟以繪塑結合形式來表現彌勒上生和下生世界等，都非常值得關注，下面我們將予以重點介紹。

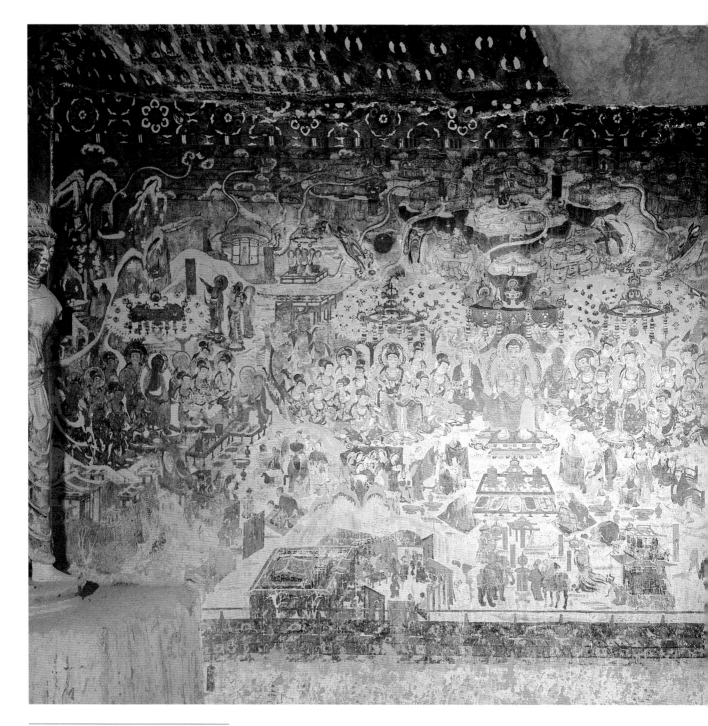

1 彌勒經變

這是敦煌最有代表性的彌勒經變之一。
上方繪有許多宮殿，表示上生世界；壁
畫大部分表現的是下生世界，有彌勒轉
世、三會說法等。內容豐富，技法精
湛。
盛唐 莫445 北壁

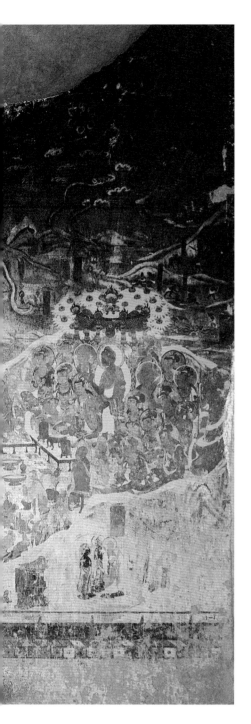

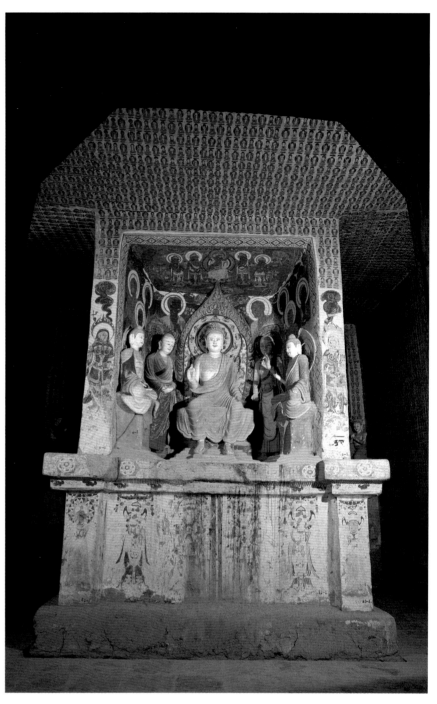

2 彌勒塑像

龕內主尊塑像彌勒為倚坐，窟頂繪菩薩
說法圖。這是以繪塑結合形式來表示上
生和下生。以這種方式表現彌勒說法的
洞窟較少。

盛唐　莫39　中心柱東向面龕內

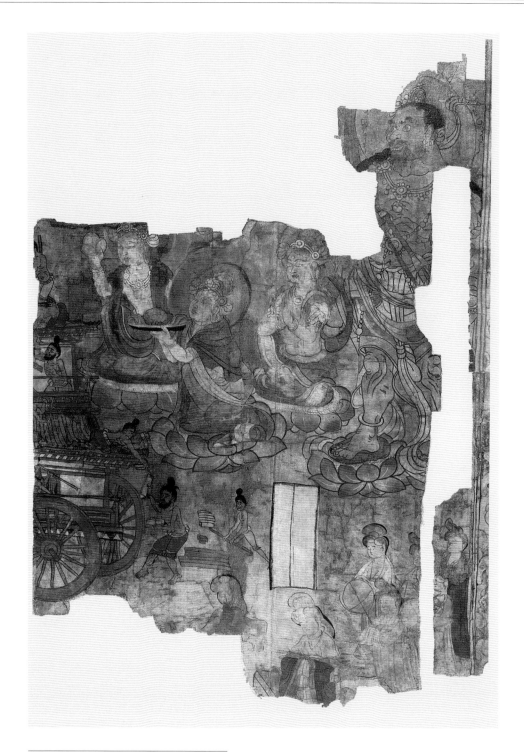

3 絹畫彌勒經變

此為藏經洞發現的絹本彌勒經變殘本，
可見拆幢等內容。圖中有若干仕女，她
們髮髻高聳，風采宜人，大約屬於度女
出家。較完整的一身力士顯得孔武有
力。

晚唐　藏經洞出土　聖彼得堡艾爾米塔什博物
館藏

第一節　　交腳與倚坐：彌勒形象的特徵

中國早期的彌勒造像隨着彌勒信仰的流行而產生，其後彌勒形象不斷發展，形成上生像和下生像；上生像為彌勒在兜率天宮時的菩薩像，下生像為彌勒於未來成佛時在下生世界的佛像。現存中國最早有紀年的彌勒造像大約是公元390年徐常樂造的彌勒銅像。在敦煌及敦煌以東地區的石窟和造像碑中保存了大量的彌勒圖像，著名的如北涼石塔、雲岡石窟和龍門石窟。

有關彌勒的佛經，除部分介紹了彌勒的身長外，都沒有描述其形象，因而在實際造像中出現了多種彌勒形象，並在早期形成了有中國特色的交腳與倚坐兩種基本坐式。交腳坐像、倚坐像主要流行於西域以東地區，敦煌石窟此類造型較多，至唐時它們仍是彌勒最基本的坐式。在印度和中亞地區，則主要流行立像、結跏趺坐像。

一、敦煌彌勒圖像概述

敦煌彌勒圖像資料大致由三部分組成：敦煌石窟繪塑、敦煌遺書、北涼石塔。

在敦煌繪塑中，彌勒的單尊像、說法圖、經變畫很多。彌勒說法圖是彌勒菩薩或彌勒佛說法場面，全圖至少有二身以上的眷屬如弟子、菩薩、天王等，但只有一佛，既可以表示上生像，又可以表示下生像。彌勒三會圖特點是有三身佛說法，代表三會，也有許多眷屬，屬於下生圖像。彌勒經變有許多具體情節，以反映上生和下生的內容，如剃度、三會、一種七收等。

敦煌的彌勒經變包括紙絹畫中的2鋪共102鋪，是敦煌經變畫中數量最多的經變之一。敦煌壁畫中的彌勒經變在各時代的分佈如下：隋代8鋪，初唐8鋪，盛唐14鋪，中唐26鋪，晚唐19鋪，五代13鋪，宋代10鋪。西夏時期莫高窟沒有彌勒經變，但附近的五個廟石窟第1、2窟各有1鋪。除經變外，壁畫中還有許多彌勒單尊像和說法圖。

敦煌遺書中也有若干彌勒圖像的紙絹畫，如彌勒經變就有2鋪，分別藏於英國、俄國。敦煌遺書中也有一些彌勒信仰的文獻資料，如一種未入藏的偽經《普賢菩薩證明經》，此經頗重視往生彌勒世界，云只要遠離恩愛，捨家棄俗，出家坐禪，修頭陀行，便可以見彌勒；另有一件首尾均缺的《佛說觀彌勒菩薩上生兜率天經講經文》，現存部分只解釋題目中的"菩薩"、"上生"、"兜率"、"天"四個詞，有洋洋數千言，大約是在講堂上用的；而一部《上生禮》則完整地記載了禮拜彌勒的宗教儀式。

北涼石塔因在十六國時的北涼國境內而得名，現存14座，除一座毀壞嚴重而不明外，其餘13座共有14尊彌勒菩薩像，除一身為立像，一身為結跏趺坐像外，其餘 12 尊均為交腳坐像，頗為一致。彌勒的身份也十分統一，都是在由七佛一菩薩組成的過去、現在、未來三世佛系中，以未來佛即現在的菩薩的身份出現。

二、 交腳、倚坐彌勒與阿富汗

一般認為，敦煌早期洞窟裏有較多的彌勒造像。如敦煌公認最早的一組洞窟是第268、272、275窟，此三窟的主尊分別是交腳佛、倚坐佛、交腳菩薩，它們都是彌勒。三窟雖均無年代記載，但學者們從藝術風格、崖面使用、佛教造像和石窟形制等方面認定它們建於隋代以前，為北涼或北魏之時。彌勒上述的不同形象顯示了當時彌勒造像的大致規範。

交腳坐和倚坐作為中國彌勒圖像的主要標誌，它表明，阿富汗地區的彌勒風格影響了中國中原地區，被中原化後其風格又反過來向西傳播，影響敦煌。與敦煌彌勒圖像密切相關的便是“涼州模式”和“雲岡模式”。

所謂“涼州模式”，敦煌學專家宿白先生認為佛教藝術從新疆向東傳播，首及河西地區。魏晉以來河西的政治、經濟、文化中心在武威，即涼州。北涼時期佛教信仰的文獻資料和遺跡頗多，宿白先生指出，“涼州系統的窟龕造像，大多來源於今新疆地區。……其時，龜

茲盛小乘，于闐習大乘；龜茲多鑿石窟，于闐盛建塔寺。這兩個系統的佛教及其藝術，於新疆以東首先融匯涼州地區。”形成自成一體的北涼佛教藝術系統，即涼州模式。 公元439年，北魏滅北涼，士民東遷山西平城。平城一帶在此前後移民甚多，公元460年雲岡石窟始建，融匯各地藝術特別是涼州模式，形成“雲岡模式”。作為首都附近的石窟，雲岡石窟模式又向周圍地區傳播，“所以，東自遼寧義縣萬佛堂石窟，西迄陝、甘、寧各地的北魏石窟，無不有雲岡模式的蹤跡，甚至遠處河西走廊西端、開窟歷史早於雲岡的敦煌莫高窟亦不例外。”這一傳播的歷程在彌勒佛形象的演變史中可以得到很好的證明。

敦煌彌勒交腳、倚坐藝術風格的最早源頭可追溯到阿富汗。在印度，佛傳中的仙人占夢、宮廷生活，彌勒的特徵主要是手執淨瓶的菩薩結跏趺坐像或菩薩立像，是否有彌勒佛像，較難判定；克孜爾石窟的本生故事中的佛有倚坐和交腳坐相次排列的，也無特定的身份象徵，也就是說，倚坐和交腳坐在印度一帶尚不是彌勒的專坐。但是，阿富汗的情形與此有所不同，喀布爾博物館藏一件出於巴米羊石窟第43窟的彩繪造像殘片，現存二佛一菩薩，菩薩交腳坐、三珠冠，有三角靠背、獸座，所表現的為彌勒。中國北涼石塔七佛一菩薩造像

中，彌勒菩薩為統一的坐式——交腳坐，它與阿富汗交腳彌勒菩薩有諸多可比之處，可以確定，此為阿富汗的流風所及。倚坐和交腳坐成為涼州模式中彌勒的特定坐式。由於士民和高僧的東遷，涼州模式對新形成的山西雲岡模式形成較大影響，出現較多單尊彌勒像，倚坐和交腳坐也成為雲岡模式中彌勒的特定坐式。此風傳至敦煌，在敦煌及其以東地區的倚坐佛，除少數外，基本上是彌勒佛。而早期敦煌以西地區的倚坐姿勢多表現仙人、俗人，倚坐佛像相當少。經比較莫高窟第275窟西壁主尊與北涼石塔交腳菩薩，顯示第275窟交腳菩薩與北涼石塔及阿富汗地區彌勒菩薩的風格一脈相承。在龜茲石窟中，彌勒的圖像特徵主要是交腳菩薩説法圖，一般與涅槃佛相對，反映了彌勒入滅後往生兜率天宮的思想，它們與當時的敦煌彌勒相似。

彌勒還有一種特別坐姿是一手支頤，小腿架在另一腿的大腿上，作思考狀，學術界給他取了個名字，叫思惟菩薩像。思惟即思維，造像題名多作思惟。釋迦太子也有思惟形象，而思惟菩薩多數是彌勒菩薩的化身，這一形象的起源現在不很清楚，大約與彌勒在兜率天宮常為信徒決疑有關，也就是説他的身份之一是"思想者"，如西方名雕《思想者》。

三、白衣彌勒救苦難

白衣彌勒佛是敦煌早期壁畫的又一亮點，共5鋪：北魏2鋪，第254、263窟；西魏3鋪，第288、431、435窟，均出現在有中心柱的洞窟中，位於西壁。第254、263、288窟的白衣佛有二脅侍菩薩，第431、435窟的白衣佛為單尊像。佛經中並無白衣佛一名，是我們根據諸佛均着通肩白色袈裟而擬名。《觀佛三昧海經》有段經文稱，山巖中有許多石窟，一一窟中有白佛的景象。但該經沒有提到"白衣佛"的身份，我們推測可能是彌勒。確實，第254、263、435窟白衣佛周圍繪有山巒，第431窟繪有樹，只有第288窟沒有繪出山巒、樹木。白衣佛起源可追溯到印度。斯坦因所獲敦煌文獻2113號壁畫榜題底稿中，記載："南天竺國彌勒白佛瑞像記。其像坐，白。"五代第72窟西壁龕頂西坡北起第三幅瑞像圖榜題為："南天竺國彌勒白佛瑞像記。"據上述資料，可以確定敦煌壁畫中白衣佛的來源是印度，身份是彌勒佛，具名為"彌勒白佛瑞像"。確實，由於非出自正統佛經，稱其為瑞像，似較妥貼。

白衣彌勒佛在敦煌出現並在中國長期流行，是佛教進一步中國化的體現；由於他的民間色彩，進而形成白衣彌勒教。白衣彌勒教始萌於北魏，延續到唐代，流行時間長，分佈區域廣。白衣彌勒教顯著的特點是崇尚白色，而佛經中並沒有記載彌勒是着白色袈裟。袈裟意為不正色、染色、壞色等，佛教規定袈裟必須是不正之色，不得用純色布，特別是白色布做袈裟。白色袈裟是法滅的象徵，《摩耶經》形容末法時的情景之一是："一千三百歲已，袈裟變白，不受染色。"所以白衣佛是表示末法時的彌勒。白衣佛的信仰者遍及各階層，隋文帝也崇尚白色，他是高僧智凱的弟子，而智凱是信仰彌勒的。下層百姓信仰白衣彌勒教，並且常常借彌勒下生來發動武裝暴動，參加人數多，規模大，所以正史多有記載。如隋代就出現了以彌勒教徒為主體的兩次大動亂，雖然都以失敗告終，但未根絕，至唐時尚有極大勢力。《舊唐書》卷五《太宗紀》載貞觀三年（公元 629 年）"禁白衣長髮會"。同書卷三十六"天文誌"載永隆二年（公元 681 年）"萬年縣女子劉凝靜乘白馬，着白衣，男子從者八九十人，入太史局，昇令廳，床坐勘問，比有何災異，太史

令姚玄辯執之以問。"《唐大詔令集》卷一一三所載開元三年（公元 715 年）《禁斷妖訛等敕》，提到"白衣長髮，假託彌勒下生"。説明當時民眾心中的彌勒形象是着白衣、蓄長髮的，也證明至唐時，白衣彌勒教仍十分流行。

彌勒是信徒往生與再生的教主，僧俗祈願今世卒後往生兜率天宮，未來久遠時與彌勒一起回歸婆婆世界。佛經記載的彌勒成佛時間是釋迦涅槃 56 億萬年後，而北魏、隋唐距釋迦涅槃，只有一千年，白衣彌勒教領導者卻均以彌勒佛自稱，宣傳彌勒已經下生。實際上，北魏至隋唐，屢屢發生彌勒教起事，體現了苦難中的人們盼望彌勒提前下生、救度人們的迫切心願。白衣彌勒教將佛教規定的彌勒下生時間大大提前，同時讓白衣彌勒因苦難而出現，這就賦予了白衣彌勒由説法變為反抗的新性格。

白衣彌勒佛在中國的出現與長期流行是佛教中國化的標誌之一，敦煌的白衣彌勒像則真實地反映了當時的風雲變幻。

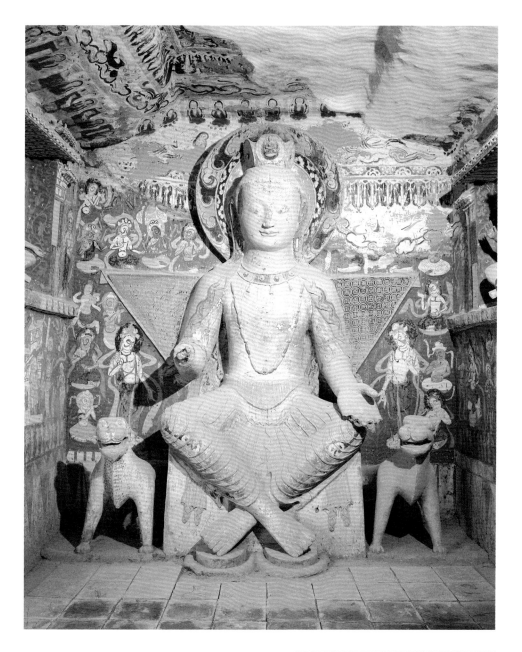

4 交腳菩薩

此窟是莫高窟公認的現存最早的洞窟之一，年代有北魏説和北涼説。此交腳菩薩為西壁前塑造的主尊，高3.34米，面相豐圓，神情莊嚴，一定程度上體現出西域佛教藝術的影響。

北魏（或北涼） 莫275 西壁前

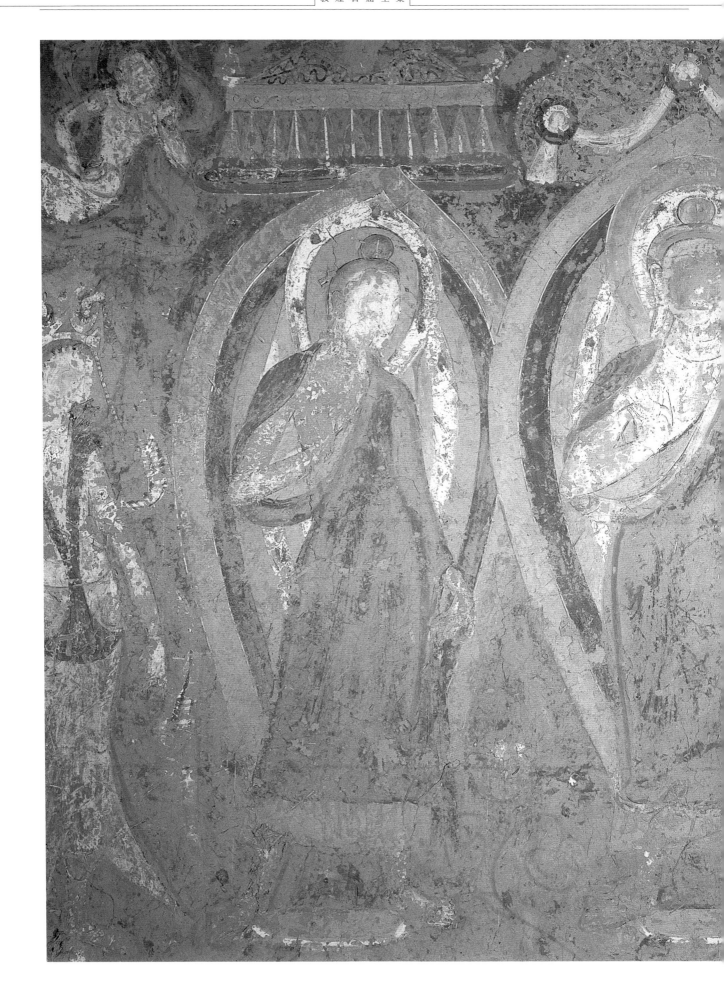

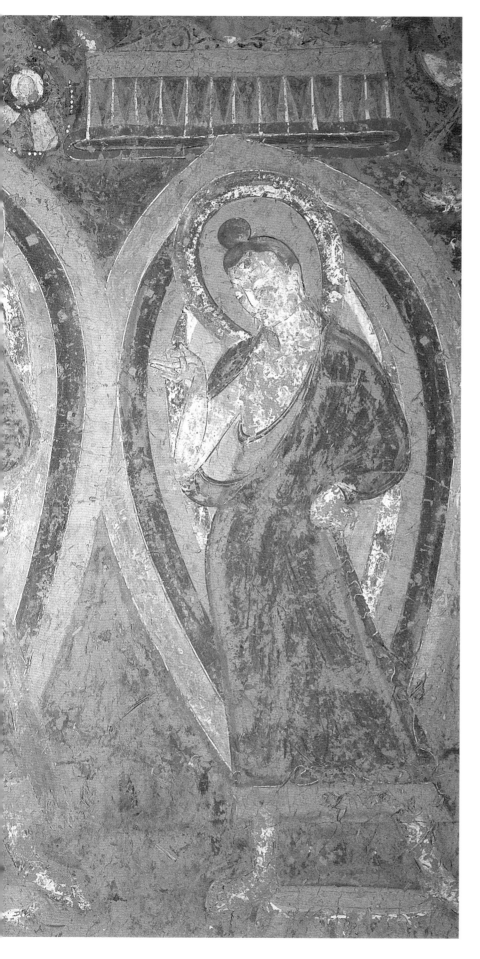

5 三世佛

此組造像的定名尚未確定，一般認為是過去、現在、未來佛，即三世佛，未來佛即彌勒佛。面相消瘦，身姿飄逸，體現了孝文帝改革之風也傳到敦煌。

北魏 莫263 南壁

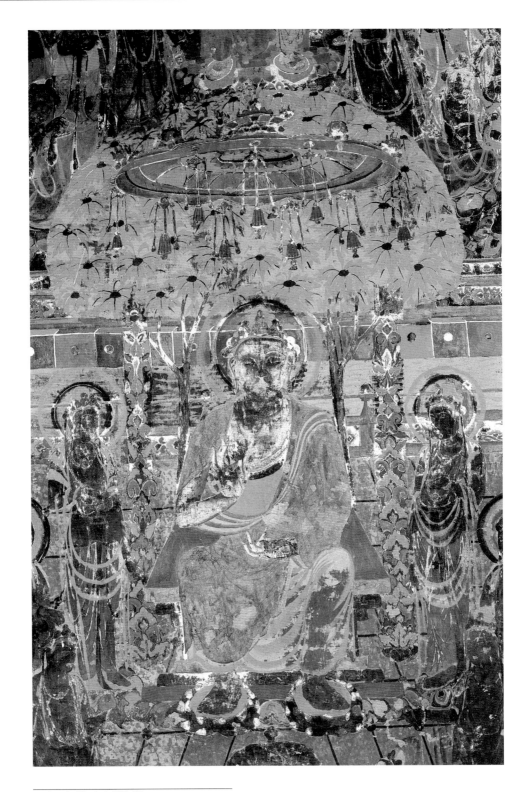

6 初唐倚坐彌勒佛

此為主尊彌勒佛。彌勒的下生形象有兩
大特徵：交腳和倚坐，此尊佛像為倚
坐。初唐時起，敦煌彌勒下生經變的主
尊均為倚坐佛，無一例外，具有相當的
穩定性。

初唐 莫331 南壁

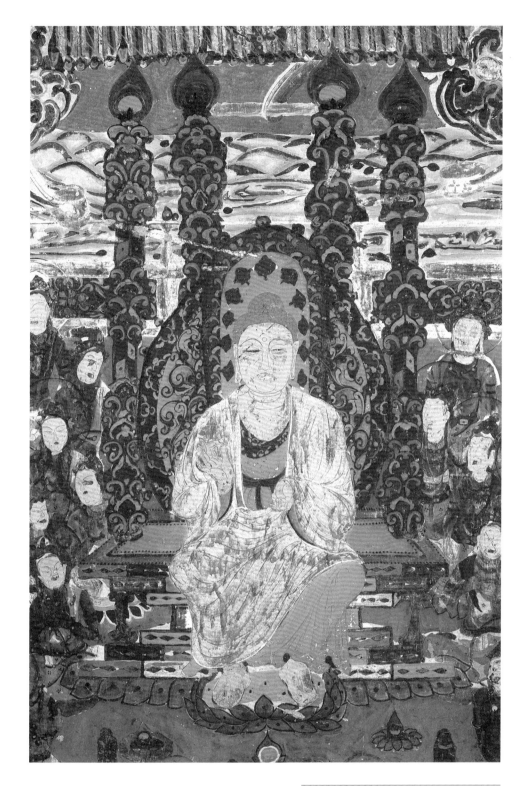

7 倚坐彌勒

此為倚坐說法彌勒，表示三會之一，背景描繪成淨土，與西方淨土變類似。

初唐 莫341 北壁

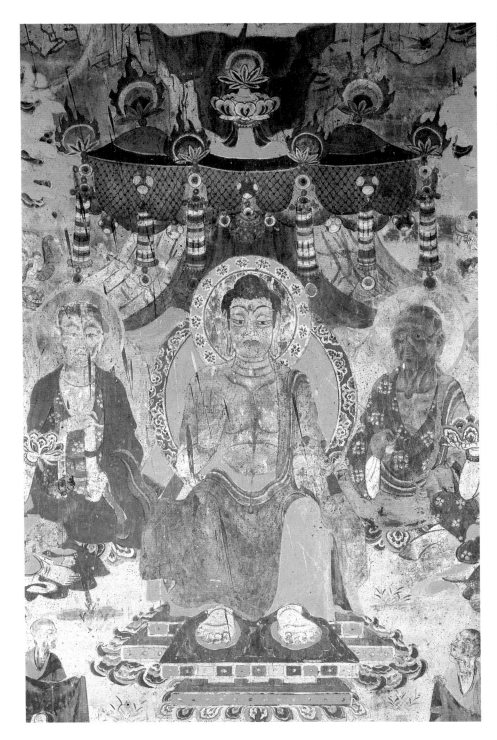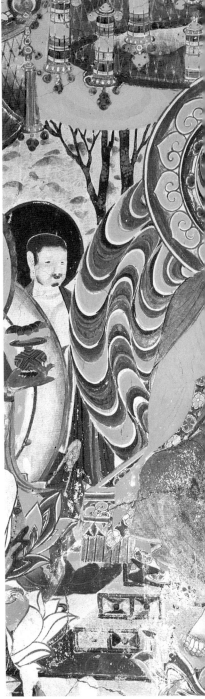

8 盛唐彌勒佛

該窟通壁繪彌勒經變，此為主尊彌勒佛。

盛唐 莫445 北壁

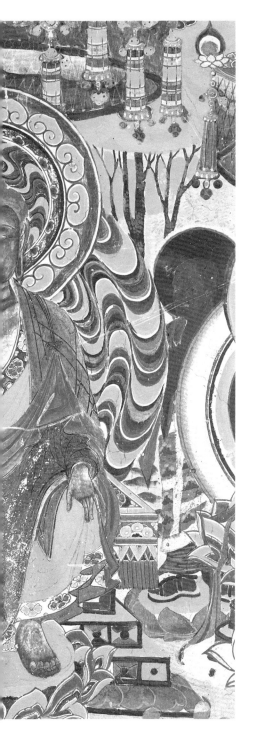

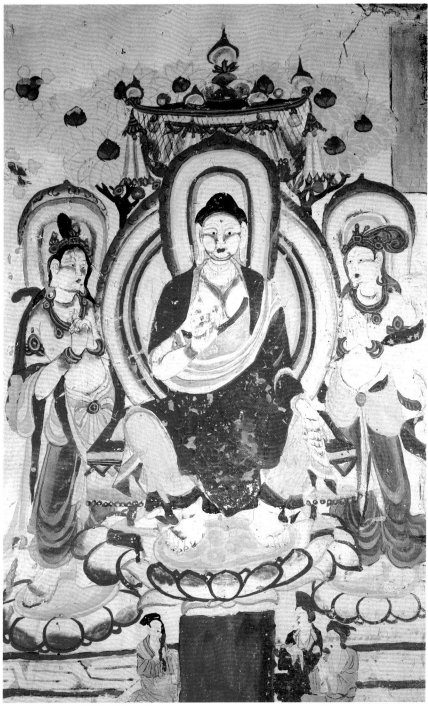

9　倚坐彌勒佛

龕上繪彌勒經變，此為主尊彌勒佛。

盛唐　莫148　南壁

10　頗具價值的彌勒三尊像

此窟即著名的＂翟家窟＂，始建於初唐，五代、宋時均有補繪。此鋪說法圖，主尊倚坐，榜題中有＂彌勒佛＂字樣，故可判定為彌勒說法圖。此說法圖對考察沒有榜題或榜題漫漶的倚坐說法圖，具有參考價值。

中唐　莫220　甬道南壁龕內西壁

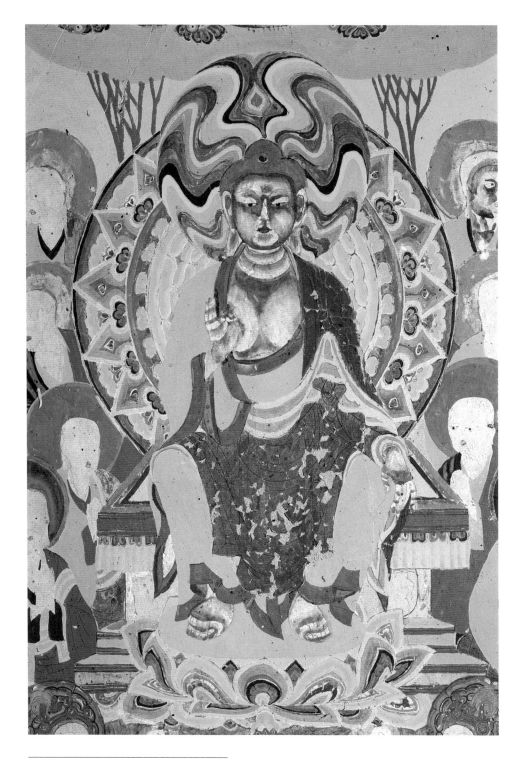

11 晚唐倚坐彌勒佛

此為主尊彌勒佛，倚坐姿式。
晚唐 莫 12 南壁

12 倚坐彌勒佛

彌勒為倚坐。

晚唐 莫 14 中心柱北向面

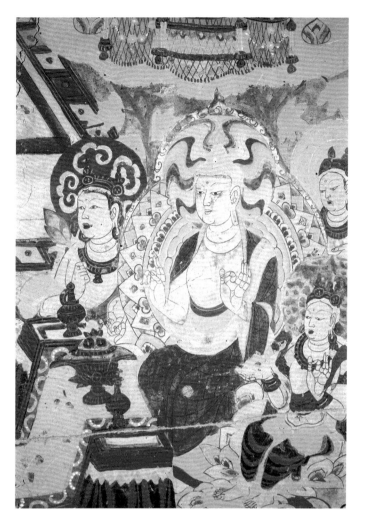

13 西魏白衣佛

敦煌在北魏、西魏時期出現身穿白色袈
裟的佛像，此為其中之一。白衣佛着通
肩袈裟，結跏趺坐，作說法印，神態莊
重端嚴。白衣佛或即是彌勒的一種瑞
像，表示末法時期彌勒下生拯救苦難。

西魏 莫 431 西壁

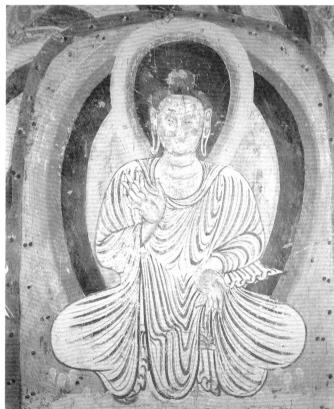

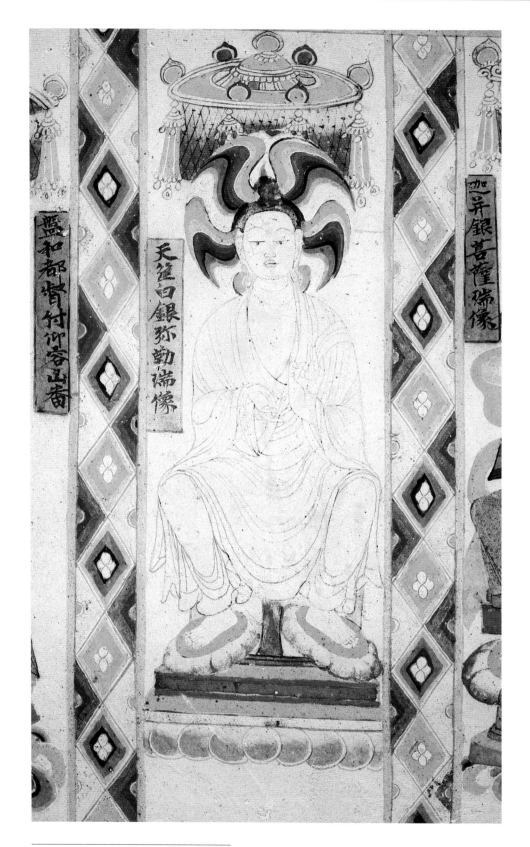

天竺白銀彌勒瑞像

盤和都督仰容圖畫

加異銀菩薩瑞像

14 倚坐白銀彌勒瑞像

唐代中西文化交流頻繁，此為印度傳來
的一種圖像。彌勒瑞像穿白色袈裟，倚
坐說法。榜題"天竺白銀彌勒瑞像"。

中唐 莫231 龕頂東坡

第二節　　上生世界的嚮往：隋代的彌勒經變

公元581年，北周貴戚楊堅取北周而代之，建立隋朝；公元589年隋滅陳，分裂三百年的中國重歸統一。在隋文帝楊堅執政的二十餘年間，政治、經濟都得到很大的發展。由於皇帝崇佛，隋代佛教極盛，敦煌直接受到影響。如三次頒舍利於全國，第一次三十州中就有敦煌；官寺崇教寺更有善藏等僧人在京城學習、寫經；敦煌出現興建石窟的高潮，至今尚留有隋窟百餘，年均建窟四個，此速度在敦煌石窟營建史上空前絕後。

隋代歷時雖短，卻是中國佛教藝術大發展的時期，彌勒經在當時的信徒很多，其經義在社會上廣泛傳播。隋代畫家董伯仁曾畫有彌勒經變，初唐裴孝源《貞觀公私畫史》記載當時有“《彌勒變相圖》一卷，……董伯仁畫。”此畫一直到中唐張彥遠時猶存，其《歷代名畫記》載：“董伯仁，雜畫台閣樣彌勒變，……傳於代。”既然是“台閣樣”的彌勒經變，當是彌勒上生經變。但許多美術史家將此句斷為“《雜畫台閣樣》、《彌勒變》。”即兩鋪畫。董伯仁善界畫，這樣的標點也許更適合董伯仁的畫風。既然他善界畫，這鋪彌勒經變當也多台閣吧。

在敦煌，隋代的彌勒圖像壁畫也是為數可觀，其中有上生經變7鋪，下生經變1鋪，還有彌勒塑像和彌勒說法圖。這時出現的下生世界圖像，更具有特別的意義。

一、上生經變

在隋代，高僧信仰彌勒非常普遍。如彥琮（公元557~610年）臨終時就是面對彌勒畫像，索水盥手，焚香，合掌諦觀，奄爾而卒。靈干（公元535~612年）曾死而復蘇，他說，在兜率天宮見到“七寶樹林，端嚴如畫”，“林地山池，無非珍寶”等。既然靈干能夢見兜率天宮的種種景觀，足見他生平對兜率天宮爛熟於胸。觀像決疑流行於南北朝時期，智嚴的事跡很有代表性，《高僧傳》卷三《智嚴傳》介紹：嚴昔未出家時，曾受五戒，有所虧犯。後入道受具足，常疑不得戒，每以為懼，積年禪觀，而不能自了。遂更泛海，重到天竺，諮諸明達。值羅漢比丘，具以事問，羅漢不敢判決，乃為嚴入定，往兜率宮諮彌勒，彌勒答云得戒，嚴大歡喜，於是步還。

隋代敦煌的彌勒經變主要是上生經變，全部7鋪彌勒上生經變均繪於窟頂，當是表示彌勒居住在“天上”的含義。這些上生經變的正中繪彌勒在大殿內說法，殿堂巍峨，顯示出彌勒在兜率天宮的說法環境。彌勒為倚坐或交腳坐，沒有立像和結跏趺坐，這對我們確定佛教藝術中倚坐像和交腳坐像的身份具有參考意義。

隋代大部分上生經變中的彌勒雙手作說法印，也有執淨瓶的，如第419、425窟。彌勒執淨瓶的形象在中原並不流行，主要出現在西域一帶，隋代敦煌出現執淨瓶的彌勒像，顯示當時敦煌的佛教藝術仍受到西域佛教藝術的某些影響，這與當時敦煌在中西文化交流中的重要地位分不開。隋代重視經營西域，絲綢之路暢通無阻，史稱"發自敦煌，至於西海，凡為三道"，"總湊敦煌，是其咽喉之地"。西域高僧來華，就有暫住敦煌的，隋帝經常派人延請，如達摩笈多。彌勒的眷屬有脅侍菩薩和伎樂，沒有出現弟子形象，這與後來的下生經變中有許多弟子、俗人不同，這顯示隋代對天國的描繪也有一定的規範性。

二、 下生經變

中國彌勒信仰起初主要流行上生信仰，它的信仰方式與後來的西方淨土信仰類似，如隋僧惠云臨終稱彌勒佛名而逝。南北朝開始流行彌勒下生信仰，一個原因是彌勒經提到，為了將來能與彌勒一起下生，今世死後要昇兜率天宮，與彌勒菩薩在一起。另外一個原因是末法思想的流行，中國佛教徒把佛教的發展分為三個階段，云釋迦牟尼涅槃後五百年是正法時期，正法之後的一千年是像法時期，然後進入長達一萬年的末法時期。南北朝時期就有佛教徒認為彌勒下生時間已到（準確地說是提前下生），白衣彌勒教出現即與之相關。中原地區在南北朝晚期出現了彌勒下生經變，敦煌到了隋代，也出現明確的下生經變。

彌勒的上生和下生有密切聯繫，在中原地區，北齊時期的彌勒上生下生經變至今仍有許多留存。1954年在成都萬佛寺出土的一批佛教文物中，就有一件約為梁（公元502~557年）時的彌勒經變浮雕。內容包括彌勒菩薩上生說法；下生三會說法、一種七收、龍雨、夜叉掃地、老人入墓、迦葉獻袈裟等。在中原佛教藝術的影響下，敦煌也出現了下生經變，即莫高窟的隋代第62窟。其北壁表現的便是彌勒下生經變，它也是敦煌最早的彌勒下生經變之一。

第62窟為隋代戍陀羅建的一個小窟，其本人、家族的供養像及題名多有保存。雖然五代時期建造第61窟時第62窟被破壞大半，但所餘壁畫十分精美。北壁繪一佛二弟子二菩薩組成的說法圖，說法圖西側繪山巒，上方繪一山中禪僧，下方繪一怒髮裸體的夜叉，面對一戴冠者。上方禪僧圖表現的是彌勒下生經迦葉禪窟的故事：釋迦涅槃時囑咐迦葉要到彌勒成佛後再入滅；彌勒成佛後，率信徒前往耆闍崛山，迦葉從禪定中覺醒，獻袈裟於彌勒。下方夜叉與俗人壁畫表現的是彌勒在華林園三會說法後，魔王夜間叫醒人們，敦促他們修行佛法。迦葉山中禪修、魔王勸化的畫面所表現的確屬彌勒下生經變的範圍，由於沒有主尊彌勒佛，畫面顯得欠完整。當然，這幅壁畫也可能是與龕內繪塑相結合，來表現彌勒下生世界的。由於龕內塑像已經毀失，現在只能作為推測了。此前，一般認為敦煌畫中的彌勒下生經變出現在初唐，現在可以提前到隋代。這鋪下生經變的發現具有重要意義，它說明：南北朝晚期出現在中原的彌勒下生經變在隋代流傳到了敦煌。這是敦煌隋代藝術以中原為源流的又一例證。

另外，一些隋代壁畫中的說法圖和龕內主尊塑像是倚坐佛，可能屬於彌勒下生圖像，如第416窟、423窟西壁龕內主尊，它們可能是要與窟頂的彌勒上生經變結合在一起，來表示上生和下生信仰的。

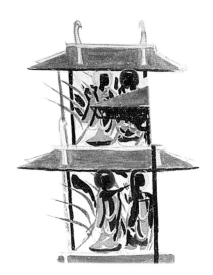

伎樂供養

彌勒接受供養

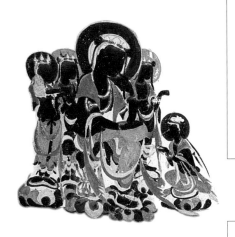

天王守護

聽法菩薩

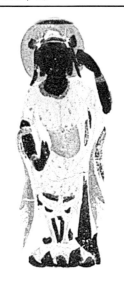

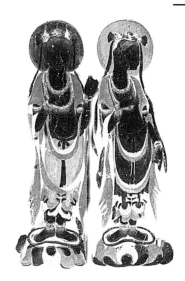

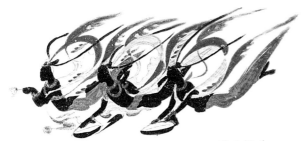

飛天供養

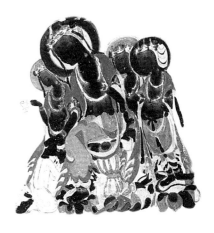

彌勒授記往生者

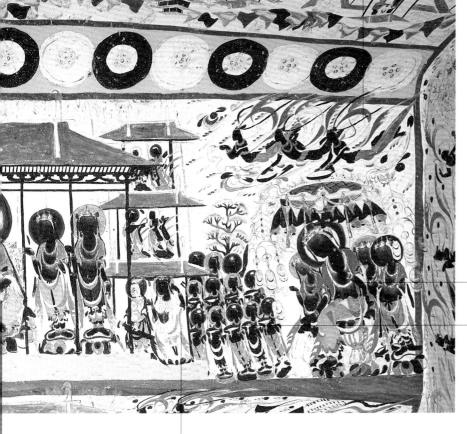

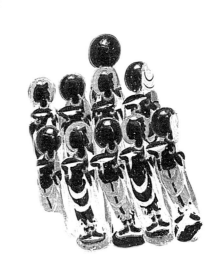

主尊彌勒菩薩　　　　　　　天王守護

菩薩供養

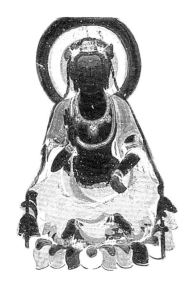

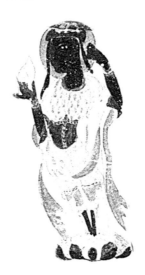

15　上生經變

主尊彌勒菩薩為菩薩裝，交腳坐於樓閣
內；樓閣內外有菩薩、伎樂等眷屬圍
繞。隋代的彌勒經變大部分是上生經
變，並且繪於窟頂，大約與兜率天宮在
天上有關。上生經變的構圖形式基本採
用此圖的樣式，有的繪出了往生兜率天
宮的俗人。

隋　莫423　窟頂西坡

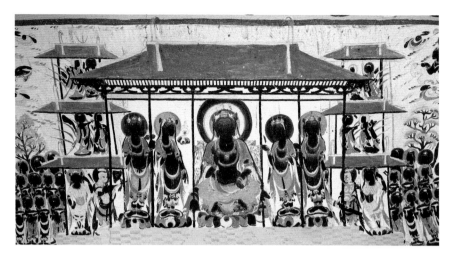

16 背屏深厚的彌勒

在大殿內彌勒菩薩交腳而坐,為諸菩薩、天人說法。彌勒深厚的背屏當時頗流行,在其他說法圖中常可見到。

隋 莫423 窟頂西坡

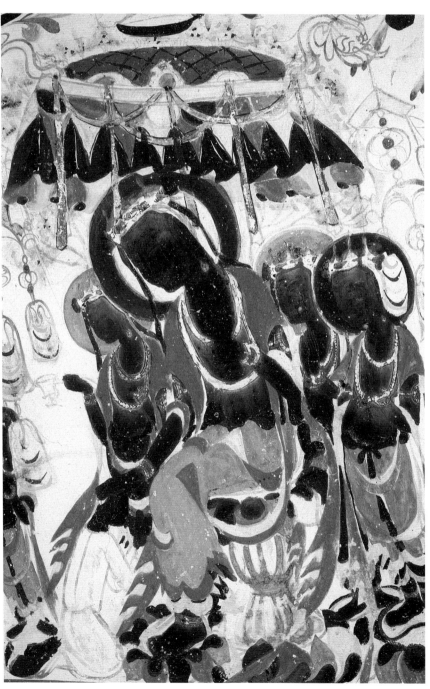

17 摩頂授記

一大菩薩正為一往生兜率天宮者授記。經文記載為往生者授記的應是彌勒,則此大菩薩是彌勒的化身。

隋 莫423 窟頂西坡

18 供養彌勒

一供養菩薩捧物跪對思惟菩薩,看來,天上世界也等級森嚴。思惟菩薩是彌勒的化身,此圖對判定早期佛教藝術中大量思惟菩薩的身份,具有重要意義。思惟菩薩依形象定名,作思考狀,也屬彌勒上生內容。其形象的起源問題尚待研究。

隋 莫423 窟頂西坡

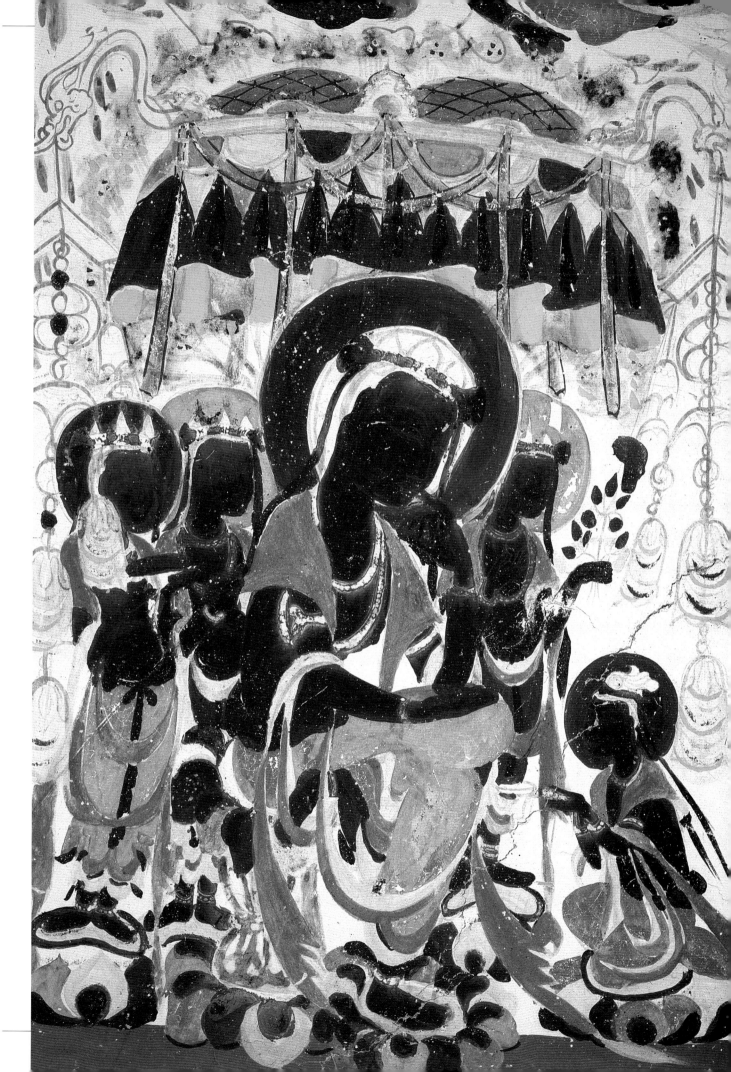

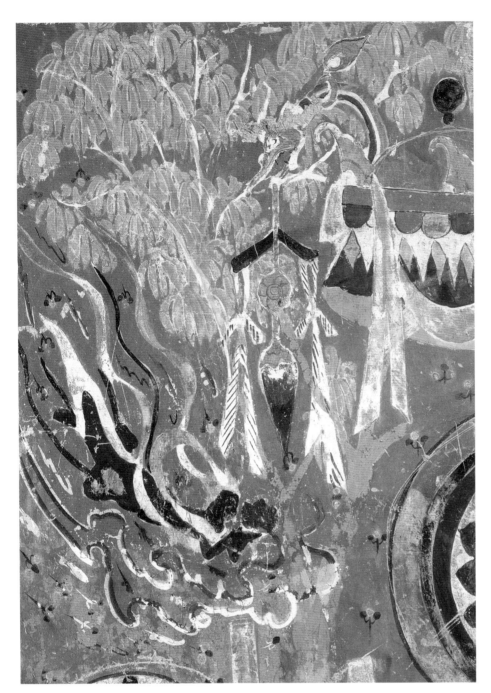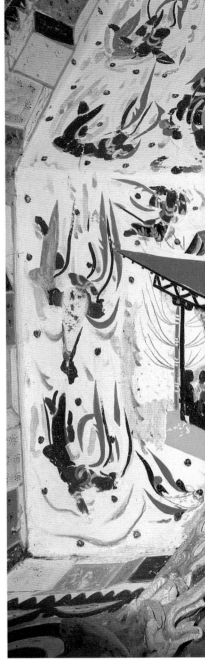

19　飛天與樹

這是一鋪說法圖的局部，雖與彌勒關係
不大，但刻劃了佛國的美好景象，可資
比較。

隋　莫425　南壁

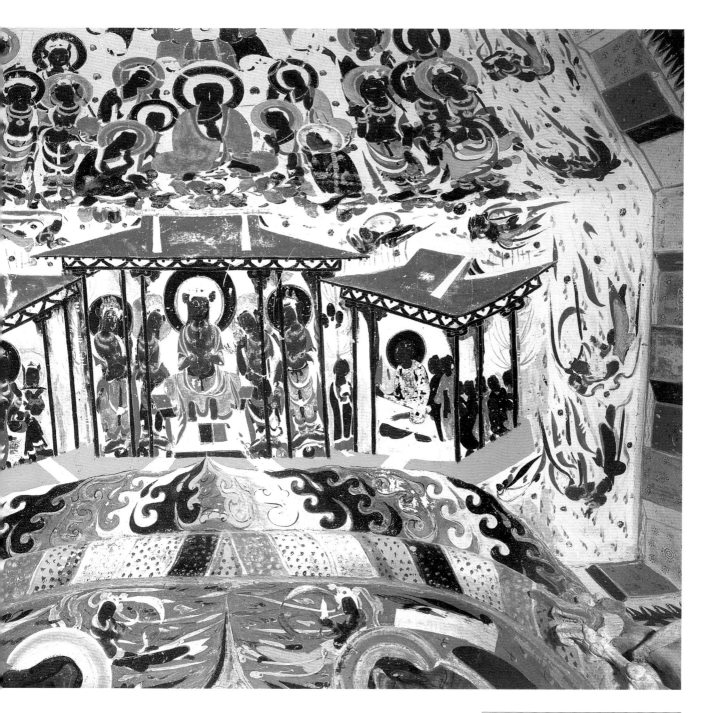

20　簡略的上生經變

此鋪彌勒經變的內容相當簡單：繪一樓
閣，內為主尊彌勒和四身聽法菩薩。彌
勒菩薩裝，交腳而坐。兩側為維摩詰經
變的內容。

隋　莫433　窟頂後部平頂

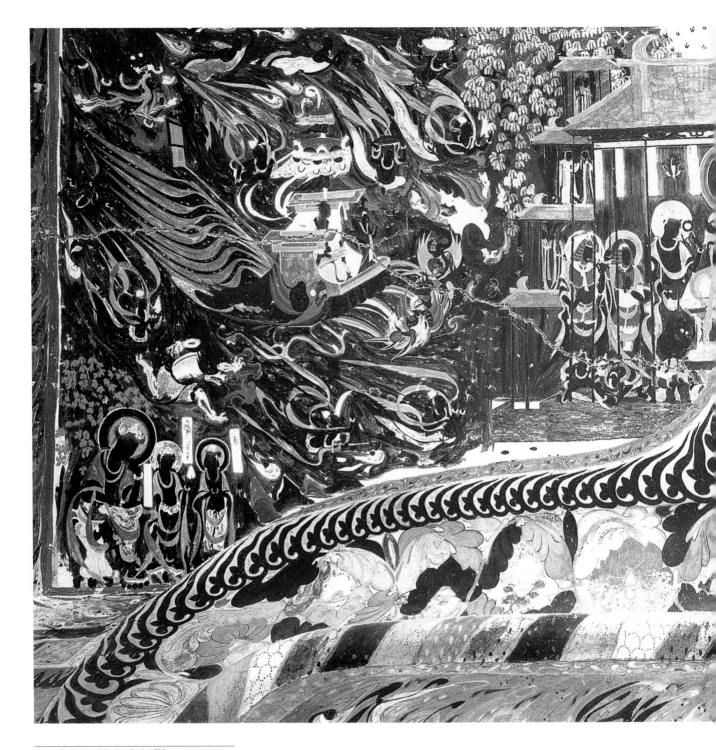

21 大場面的上生經變

在一大殿內彌勒菩薩交腳坐說法，有二
脅侍菩薩、四天王和諸天人。北側為乘
龍車的帝釋天（或云東王公），南側為
乘鳳車的帝釋天妃（或云西王母）。此
非彌勒經典內容，但因帝釋天和帝釋天
妃是天神，繪於兜率天宮周圍，亦可理
解。帝釋天下方繪摩頂授記，帝釋天妃
下方繪思惟菩薩。

隋 莫419 窟頂後部平頂

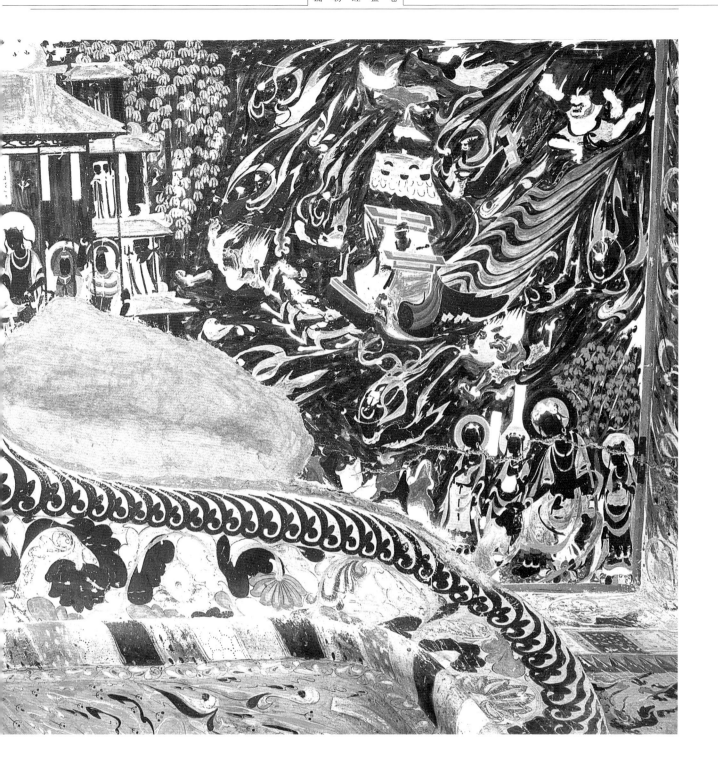

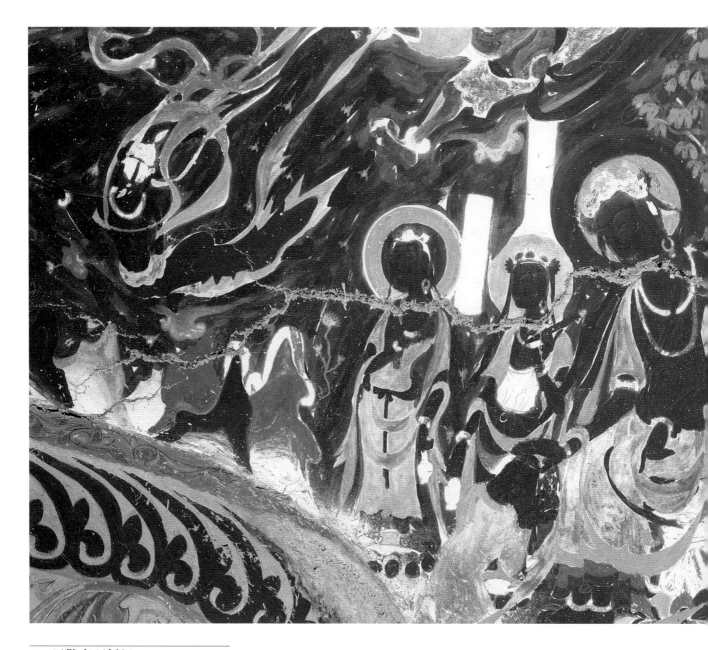

22 彌勒摩頂授記

彌勒化身為大菩薩替一俗人摩頂授記，
旁有三菩薩侍立。釋迦牟尼曾告訴弟
子：今世、來世若修福持戒，都可以往
生兜率天宮彌勒菩薩前，成為彌勒菩薩
的弟子，將來隨彌勒下生，仍是彌勒佛
的弟子。

隋 莫419 窟頂後部平頂

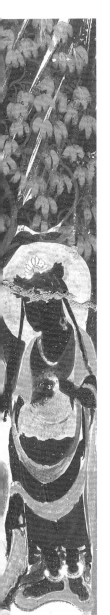

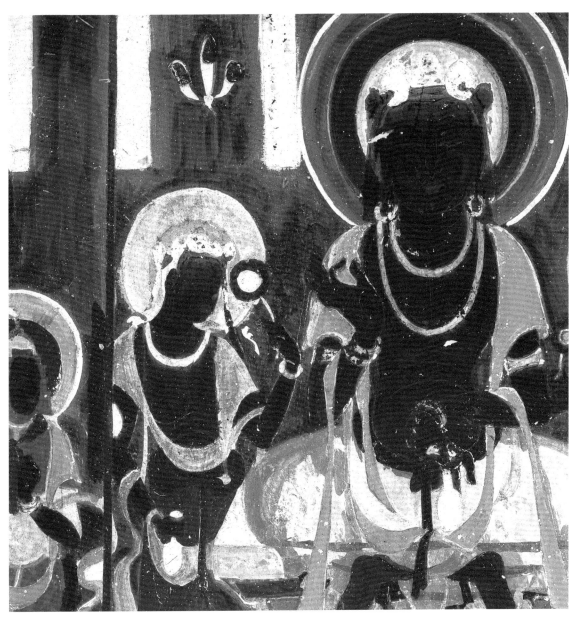

23 手執淨瓶的彌勒

彌勒手執淨瓶的形象主要見於中亞犍陀
羅藝術。此彌勒手執淨瓶，顯示當時敦
煌所受中亞藝術的影響。入唐以後不復
見。

隋 莫419 窟頂後部平頂

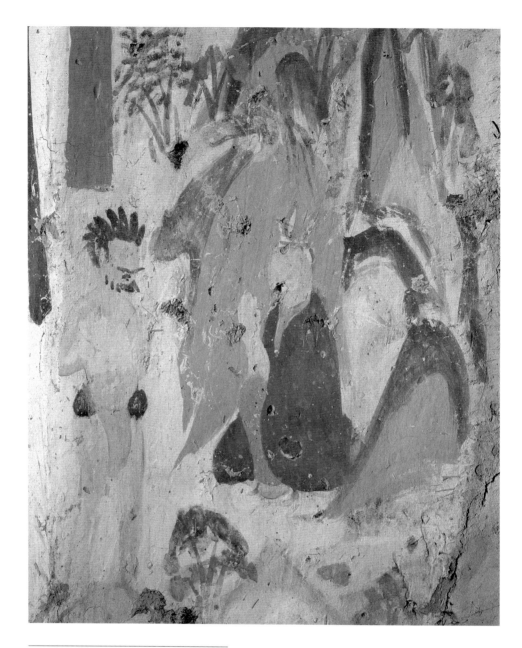

24 魔王勸化

一夜叉怒髮裸體,面對一戴冠俗人。這
是表示彌勒在華林園三會說法後,魔王
在夜間叫醒人們,敦促他們修行佛法。
隋 莫62 北壁

第三節　　華麗的淨土世界：唐代彌勒經變的革新

　　唐代中原地區的彌勒信仰仍盛，知識分子階層廣泛信仰彌勒，當時的皇室也掀起信仰的巨浪。

　　玄奘生平曾造彌勒像一千鋪，最後在眾人念南無彌勒佛聲中而終；鑒真也信彌勒，他東渡時所攜物品中便有彌勒像。白居易（公元772~846年）虔誠地信奉彌勒，他甚至與140餘人結社，信奉彌勒。公元834年，他寫下《畫彌勒上生幀讚並序》：南贍部洲大唐國東都城長壽寺大苾芻道嵩、存一、惠恭等六十人與優婆塞士良、惟儉等八十八人，以太和八年（公元834年）夏，受八戒，修十善，設法供，捨淨財，畫兜率陀天宮彌勒上生內眾一鋪，眷屬圍繞，相好莊嚴。……有彌勒弟子樂天，同是願，遇是緣，爾時稽首當來下生慈氏世尊足下，致敬無量。此後，白居易還於69歲即公元840年再畫彌勒上生圖，並寫下《畫彌勒上生幀記》：南贍部洲大唐國東都香山寺居士太原人白樂天，年老病風，因身有苦，遍念一切惡趣眾生願同我身，離苦得樂。由是命繪，事按經文，仰兜率天宮，想彌勒內眾。由此題記說明白居易到晚年都堅信彌勒。

一、彌勒經變的革新

　　敦煌存有大量唐代彌勒圖像，主要包括彌勒說法圖、彌勒三會、彌勒經變。彌勒說法圖所描繪的為彌勒菩薩或彌勒佛說法場面，全圖只有一佛。彌勒三會圖的特點是有三身佛說法，代表彌勒在下生世界的三次說法。彌勒經變的特點是有許多具體情節，能反映經文內容，如剃度、三會、一種七收等。唐代彌勒圖像與隋代相比，其特點是出現了彌勒上生下生經變和獨立的彌勒下生經變，而獨立的上生經變不再出現。這是一股革新的浪潮，它表明當時的民眾已由對神之國的嚮往轉為對人世間的嚮往，對未來人間世界的謳歌越唱越響。

　　唐時的彌勒經變基本繪在南壁和北壁，不同於隋代的繪於窟頂。初唐的上生下生經變由上生和下生兩部分組成，在當時及以後的彌勒上生下生經變中，上生部分的表現手法與隋代大不相同，隋代獨立的上生經變主要畫面是彌勒菩薩在一大殿，即善法堂內說法，突出彌勒及其周圍的眷屬，沒有對整個兜率天宮進行描繪；而初唐時期所表現的一般是：大海中央有一須彌山，山頂有一大院，即兜率天宮，四周彩雲圍繞，彌勒在院內善法堂中說法，彌勒的形象很小。初唐時期上生下生經變的下生部分繪有琉璃鋪地、樓閣寶池等景觀，並增加了剃度場面。

　　獨立的下生經變着重表現下生世界三次說法的彌勒三會，沒有繪兜率天宮。經變中的琉璃鋪地、樓閣寶池等華麗景觀是對彌勒下生世界的描繪，體現了彌勒淨土的風貌。

莫高窟的洞窟大部分坐西朝東，西壁有龕，東壁有入口，大型經變畫就繪在南、北兩壁。初唐的南壁和北壁多為通壁一鋪，彌勒經變亦然。此時的彌勒經變主要是描繪兜率天宮和下生世界，沒有太多的故事情節，於是畫工以大手筆展示富麗輝煌的景觀，表現當時人心目中的淨土世界。初唐的彌勒經變以淨土景觀為主要描繪對象，與當時的西方淨土經變有較多的相似之處，這種情況的出現或許是受較之早出的西方淨土經變影響所致。初唐外交大臣王玄策、赴西域求法僧人靈運等人曾從西域帶回彌勒像，但是否在敦煌流行，因無參照資料，目前不能肯定。

盛唐和中唐時期，彌勒經變主要是表現下生世界，內容豐富，情節增多，形成自己的特色；晚唐及以後，內容逐漸簡略化，表現形式也走向公式化。

略言之，敦煌彌勒圖像發展的大致軌跡是：南北朝時期在單尊塑像和説法圖中有上生菩薩像和下生佛像；隋代出現上生經變，還在中原佛教藝術的影響下出現一鋪下生經變；初唐出現內容較為簡略的上生下生經變，表現形式與西方淨土經變類似；盛唐以後的壁畫着重對下生世界的描繪，其特有的藝術風格也在此際形成。

二、南北大像

唐皇室對彌勒的信仰前所未有。武則天信佛，《資治通鑒》卷二〇四記天授元年（公元690年）七月，"東魏國寺僧法明等撰《大雲經》四卷，表上之，言太后乃彌勒佛下生，當代唐為閻浮提主。制頒於天下"。寺僧法明大獲恩寵。在這批和尚興風作浪下，武則天先稱"聖神皇帝"（公元690年），後又稱"慈氏越古金輪聖神皇帝"，更依彌勒經所述，在殿前置七寶，朝會陳之。武則天熱衷造像，敕各州建大雲寺一所，令學問僧"昇高座講解"。流風波及敦煌，也建起大雲寺，並開鑿了擬武則天為彌勒的第96窟北大像。大像為倚坐，高34米。

武則天政權結束之後，唐宮廷幾經動亂，至玄宗時方告太平，由此步入"開元盛世"。玄宗也信仰彌勒，《佛祖統紀》卷四十記載"開元元年（公元713年），敕以寢殿材建安國寺彌勒佛殿"。雖開元三年曾敕令禁斷彌勒教匪，但這只是清理邪教，而非滅佛，所以彌勒造像活動沒有因此而停頓。當時，敦煌是中央政府的重要門戶，有豆盧軍即"歸義軍"之設，與中央保持密切的聯繫。及開元九年，玄宗已在位十年，社會安定。或許當時敦煌僧處諺與鄉人馬思忠等慮及前人曾為武則天建北大像，故動念為今皇帝建一大像。遂建造第130窟南大像，身份也是彌勒。敦煌遺書《瓜沙兩郡大事記》對此有載：“辛酉，開元九年（公元721年）。僧處諺與鄉人百姓馬思忠等，發心造南大像彌勒，高一百廿尺。”與北大像為敕建不同的是，南大像似乎沒有得到官府的支持，所以修建時間較長，高度也稍遜北大像，為26米，也是倚坐。南北二大像為莫高窟最高的二尊佛像。

十分有趣的是，初唐之際，四川樂山也建起了高71米的彌勒大佛。敦煌南北二大像與樂山大佛，共同見證了唐朝彌勒信仰的盛況。

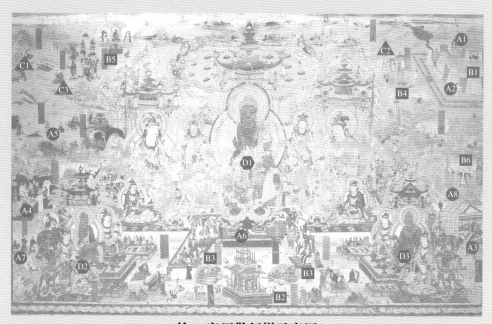

榆25窟彌勒經變示意圖

A. 下生世界
　A1. 翅頭末城龍王夜雨
　A2. 羅剎掃地
　A3. 五百歲行嫁
　A4. 老人詣墓
　A5. 一種七收
　A6. 七寶供養
　A7. 見寶生厭
　A8. 樹上生衣

B. 彌勒出家度世人
　B1. 彌勒投身
　B2. 觀拆幢悟出家
　B3. 為眾人剃度
　B4. 彌勒回翅頭末城
　B5. 聽經得往生
　B6. 抄經得往生

C. 迦葉傳架裟
　C1. 迦葉山中禪定
　C2. 迦葉現神通
　C3. 迦葉傳袈裟給彌勒

D. 三會說法
　D1. 三會說法之一
　D2. 三會說法之二
　D3. 三會說法之三

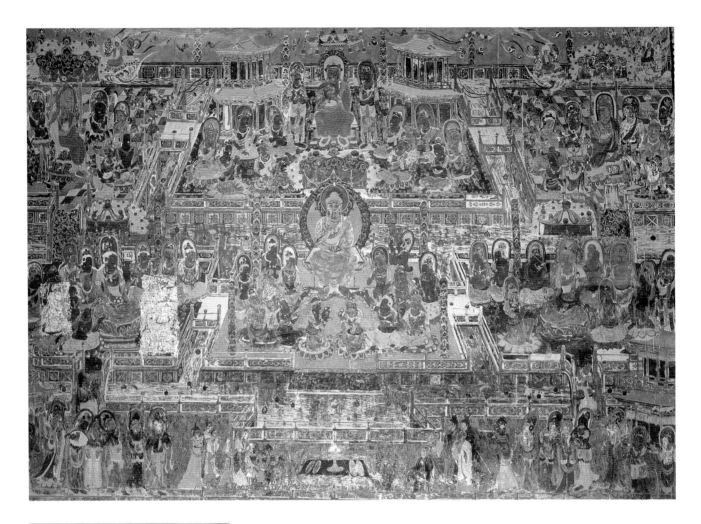

25 上下生合繪的彌勒經變

圖的上部為屬於上生的彌勒菩薩在兜率
天宮說法，下部為屬於下生的彌勒三會
和剃度。初唐開始出現上生和下生並繪
一處的彌勒經變，隋代流行的獨立的上
生經變不再出現。與後來的彌勒經變相
比，初唐的彌勒經變內容較少。

初唐 莫329 北壁

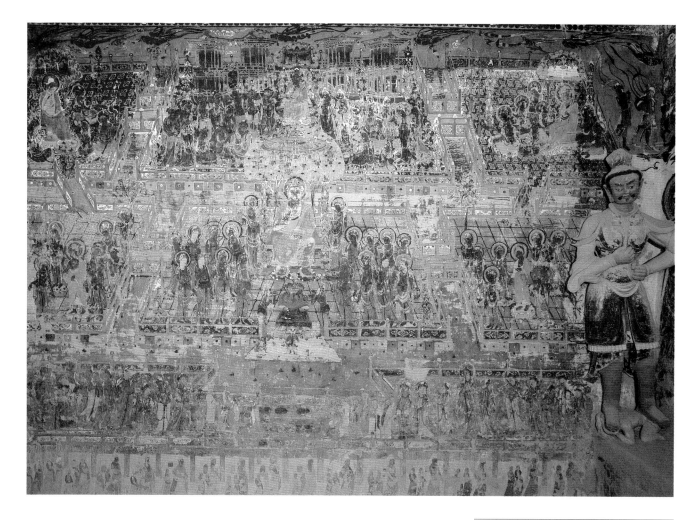

26 彌勒經變

初唐的彌勒經變幾乎沒有繼承隋代彌勒
經變的內容和形式,採用的是西方淨土
經變的構圖形式,因而具有濃厚的淨土
意匠。隋僧心目中的"七寶樹林、端嚴
如畫","林地山池、無非珍寶"等景
觀不見於隋代,但它們在此幅初唐彌勒
下生圖像中得到展現。

初唐 莫331 南壁

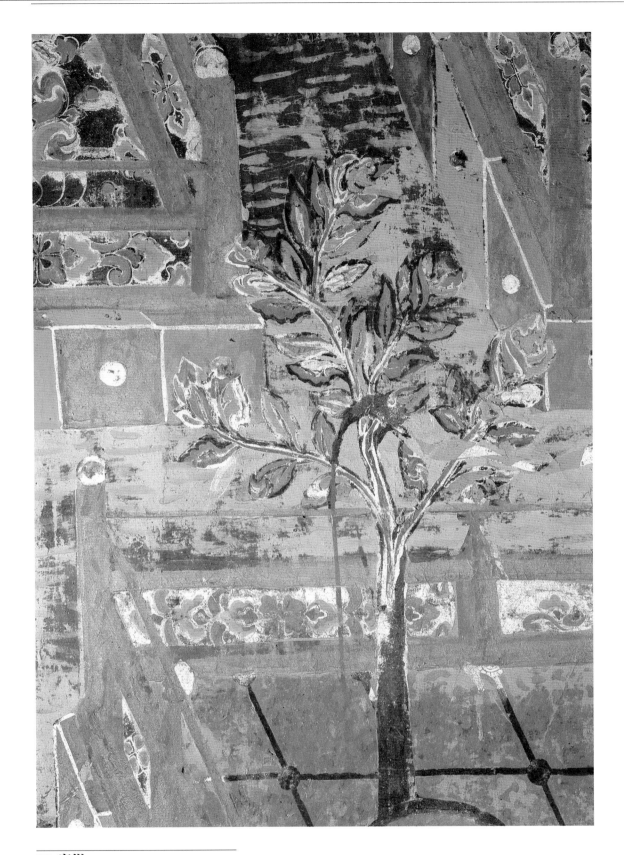

27 寶樹

此鋪經變通過對寶樹等的刻劃，凸現了
下生世界的美妙，展示出當時人們心中
的彌勒淨土。

初唐 莫331 南壁

28 遊戲坐的彌勒

此為東側的彌勒與二菩薩，彌勒為遊戲
坐。圖中還對淨土景觀作了較多的描
繪。

初唐 莫334 南壁

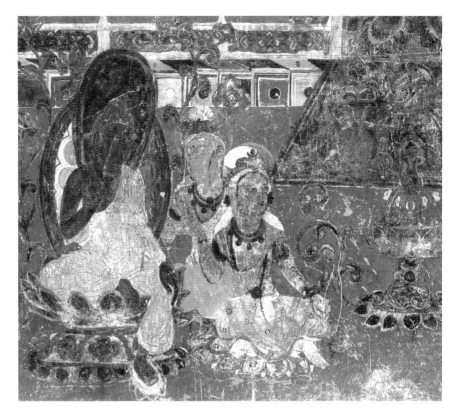

29 三會

彌勒成佛以後，有三次大規模的説法，
度人無數，稱"彌勒三會"。在敦煌彌
勒經變中，常用三身倚坐佛説法來表示
彌勒三會。但此經變中的三會，正中主
尊佛倚坐，另二佛卻是側身向主尊作遊
戲坐，而不是常見的倚坐。大約是由於
畫面較小，為了將焦點集中在畫面中央
才這樣處理的。真是獨具匠心。

初唐 莫334 南壁

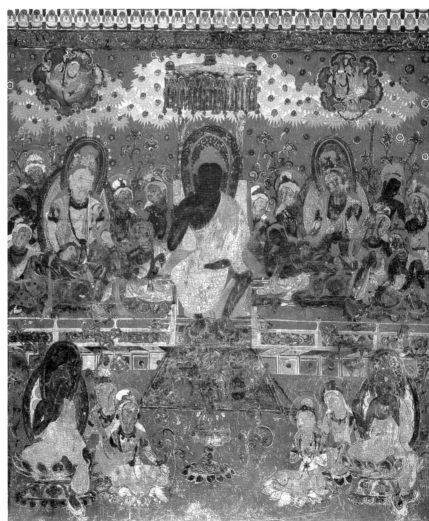

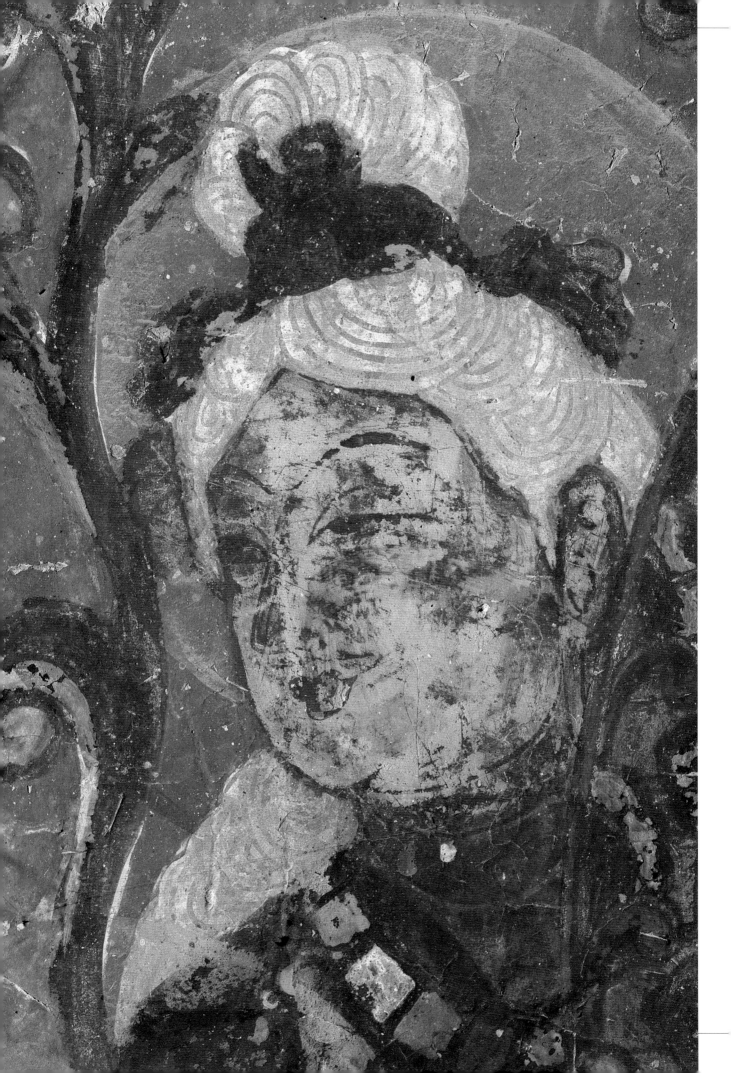

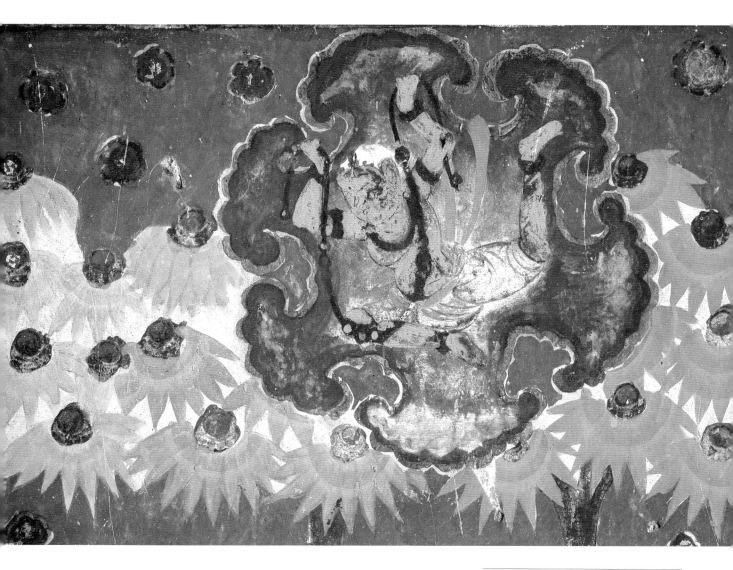

31　飛天

飛天主要出現在西方淨土經變中，在此
彌勒經變中繪出飛天，顯示其接受了西
方淨土經變的素材與風格。
初唐　莫334　南壁

30　豐滿的脅侍菩薩

此脅侍菩薩豐滿圓潤，髮髻高聳，體現
了唐代流行的"畫菩薩如宮娃"的入世
情懷。唐代佛教藝術之所以有永恆的魅
力，重要的原因便是它的這種人性化。
初唐　莫334　南壁

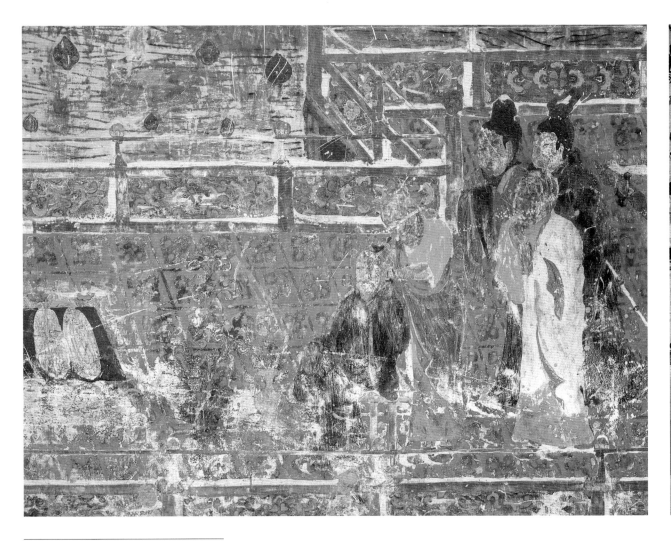

32 為長者剃度

剃度師正為一長者剃度，後立二侍女一
比丘。長者面色坦然，雙目有神。充分
體現了畫師高超的藝術才能。

初唐 莫329 北壁

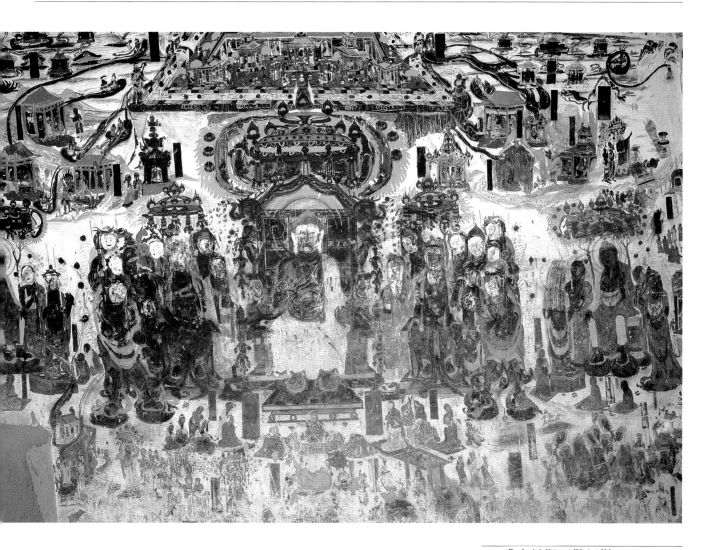

33 盛唐早期彌勒經變

此窟大約建於盛唐早期，彌勒經變的構
圖和內容較為特別，如兜率天宮周圍還
繪有其他諸天、降魔成道等，這在一般
的彌勒經變中不多見。

盛唐 莫208 北壁

34 上下生合繪的彌勒經變 見下頁▶

圖的上層為上生經變，主要表現兜率天
宮；下層為下生經變，有彌勒佛傳、未
來彌勒世界風土人情等。內容豐富。

盛唐 莫33 南壁

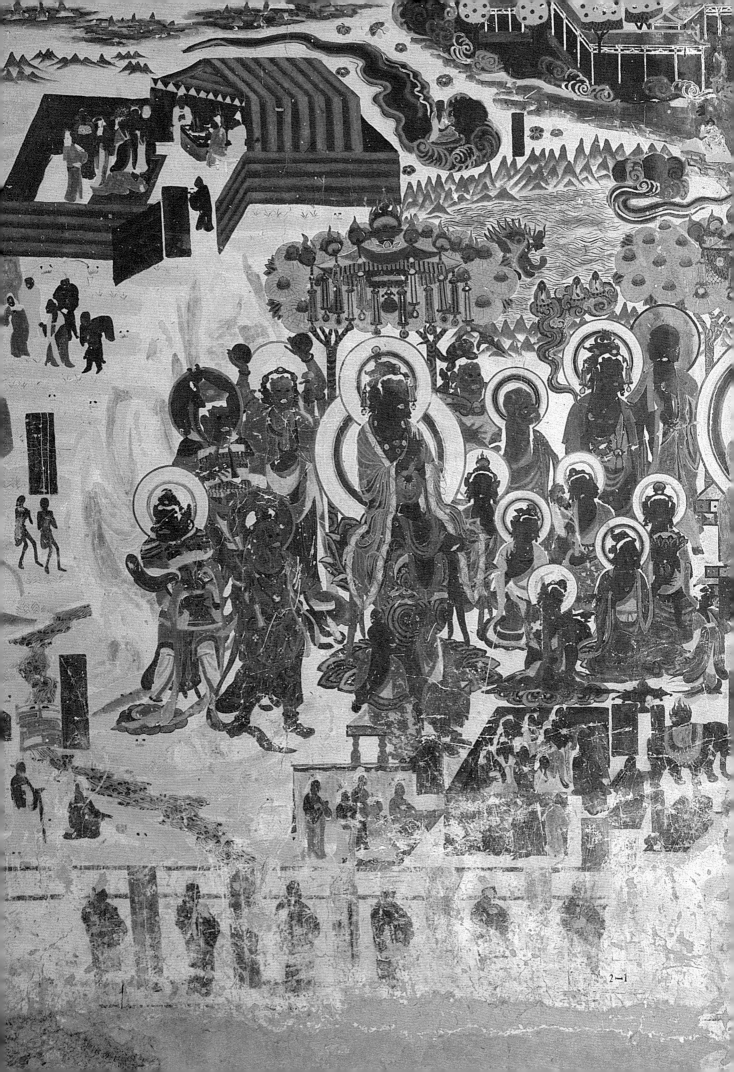

2—1

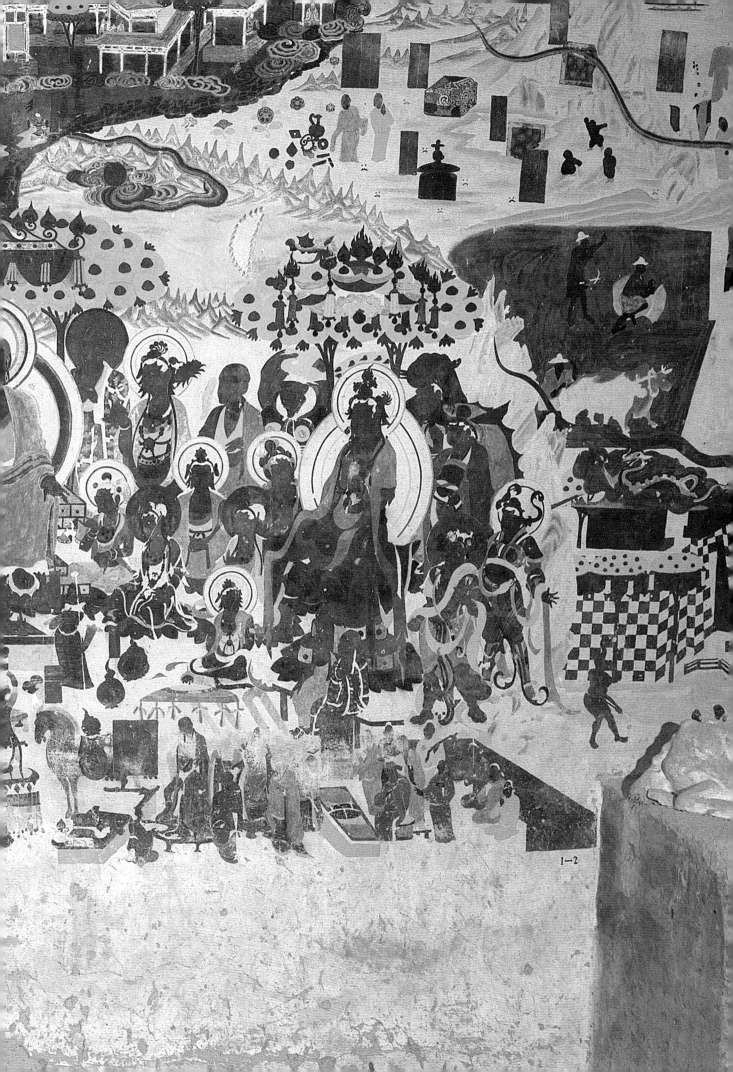

1-2

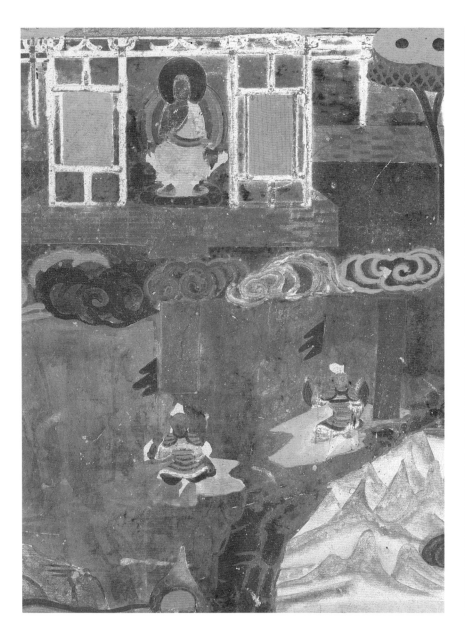

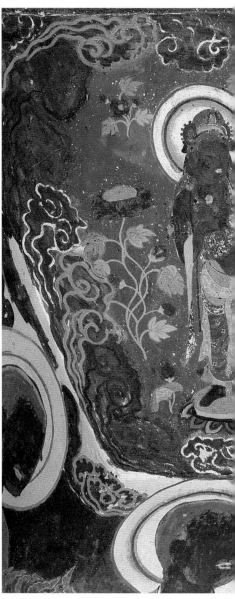

35 兜率天宮彌勒佛裝説法

這裏描繪的是須彌山，有天王守護，以
表示四天王天；山上方是彩雲烘托的兜
率天宮，表示兜率天宮是懸浮空中的。
彌勒着佛裝袈裟，在善法堂倚坐説法。
彌勒居兜率天宮時應是菩薩身份，但在
古代一些人心目中卻是佛，如敦煌遺書
《上生禮》中就有稱名"南無兜率天宮
慈氏如來應正等覺"的。此圖是當時人
們心情的反映。

佛教認為在娑婆世界上方有27重天，從
下往上依次為四天王天、三十三天、夜
摩天、兜率天等。前三天依附於大地，
又稱地居天；兜率天以上各天是浮在空
中的，故稱空居天。

盛唐 莫33 南壁

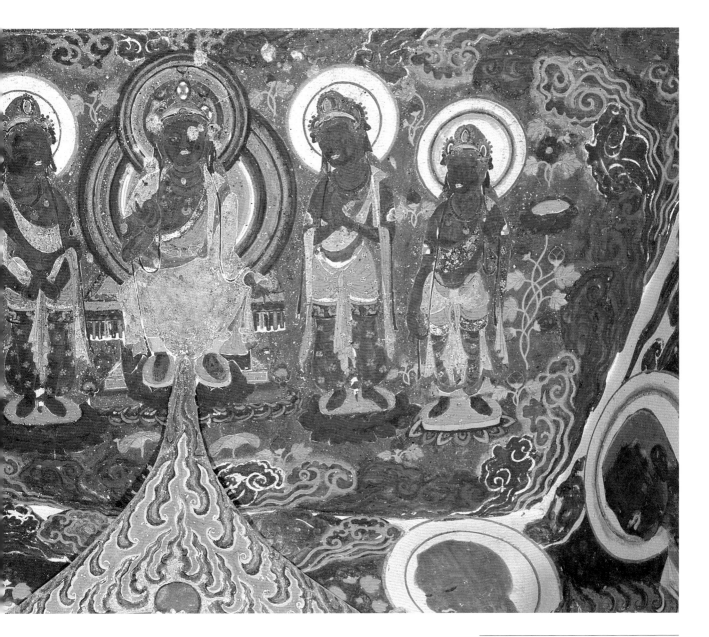

36 彌勒説法

位於龕頂，菩薩倚坐説法。因龕內塑像
主尊是倚坐佛，可以推知此菩薩即是彌
勒的上生像。

盛唐 莫39 中心柱東向面龕頂

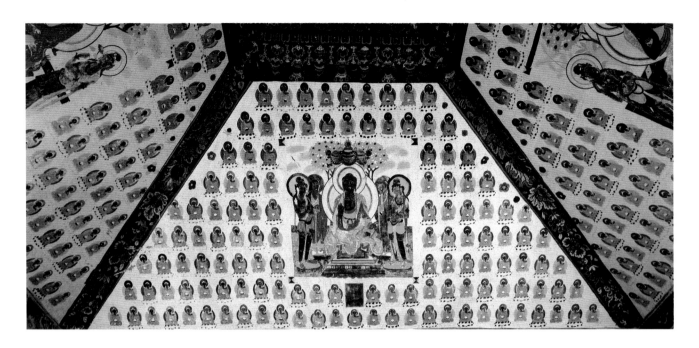

37 倚坐彌勒佛

此窟窟頂為藥師千佛,均手托藥鉢;千
佛中央為倚坐彌勒佛說法。這組造像可
與日本同類造像相比,顯示當時佛教藝
術的萬里同風。

盛唐 莫117 北坡

38 彌勒經變

此鋪彌勒經變由上生、下生組成。上生
經變較簡略:彌勒在兜率天宮的善法
堂,前面有二人,善法堂周圍有其他宮
殿。須彌山描繪生動:周圍有日、月,
下方有大海、摩竭魚。

屬於下生內容的樹上生衣等繪在三會說
法的周圍。

盛唐 莫116 北壁

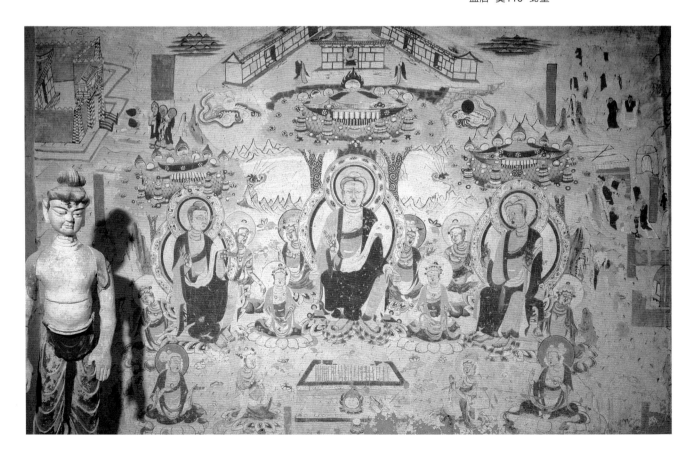

39 日天和須彌山

大海中須彌山聳立日天高懸。上生經變
和下生經變之間的銜接，有不同的表現
方式，或將上生和下生內容繪在相互連
接的樓閣內，或在三會上方繪出彩雲圍
繞的兜率天宮，或在三會上方繪出大海
中的須彌山，山頂為兜率天宮等。此鋪
經變即以日天和須彌山來連結上、下生
世界。

盛唐 莫116 北壁

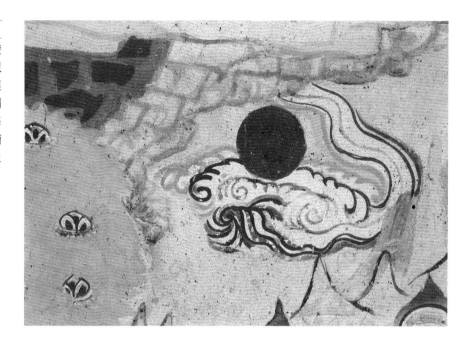

40 盛唐晚期彌勒經變

上層的上生畫面較大，宮殿錯落有致，
正門題有“兜率陀天宮”五字。此窟建
於大曆年間，為盛唐晚期。

盛唐 莫148 南壁

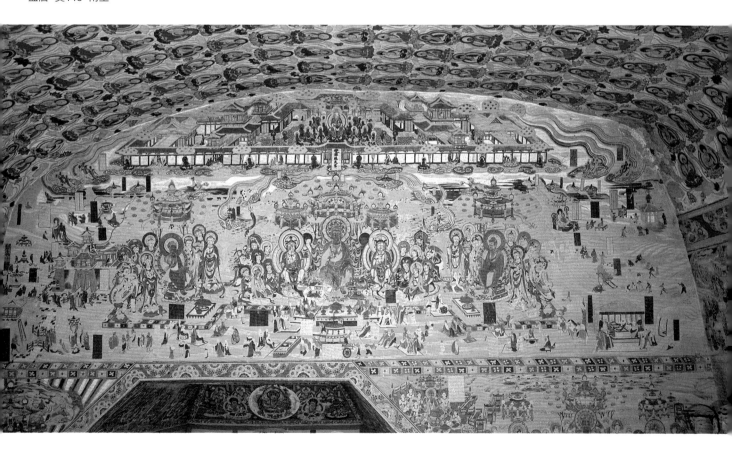

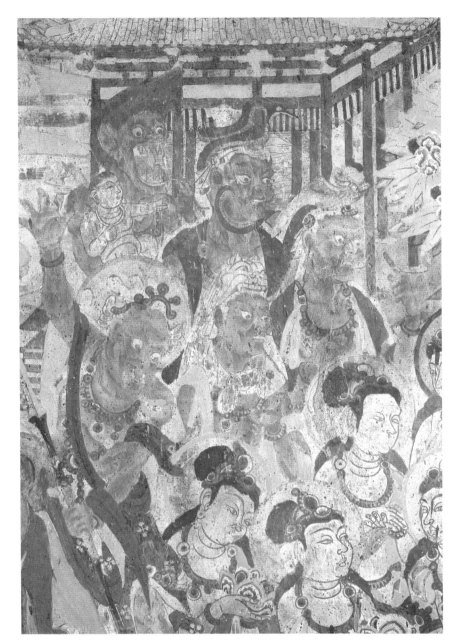

41 鬼子母護法

此處繪5身護法神，面目猙獰，最後一身是鬼子母，她的特徵是懷抱嬰兒。鬼子母是佛教造像中常見的題材，但彌勒經典中並沒有提到她，大約是畫工所加。嚴格地說，淨土世界歌舞昇平，無需諸神守護，但彌勒經變中一般都有天龍八部等諸神護法。

盛唐 莫445 北壁

42 兵士把守兜率天宮

兜率天宮周圍繪護城河，城牆四角有兵士把守。此場面不見於經文，是畫工根據現實世界創造的。初盛唐的彌勒經變多數為通壁巨製，氣勢宏偉；同時也注意對細節的描繪，此圖即是細節生動的壁畫之一。

盛唐 莫208 北壁

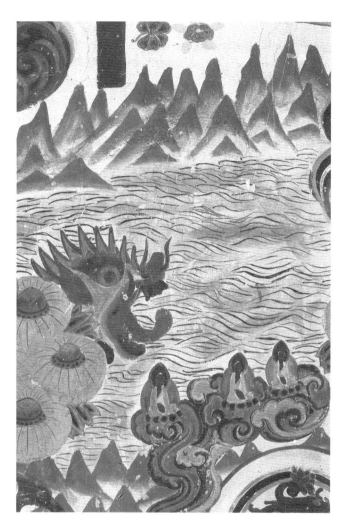

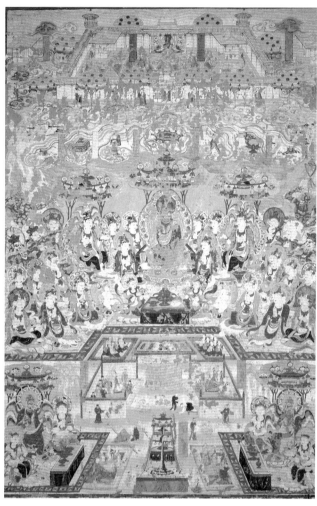

43 摩竭魚

摩竭魚意為大魚，大約是鯨魚之類。在
神話傳說中摩竭魚是水神的坐騎，佛經
常有提及。因須彌山周圍是大海，所以
繪出摩竭魚。彌勒經典無此記載。

盛唐 莫33 南壁

44 內容豐富的彌勒經變

此鋪彌勒經變延續了唐前期的構圖形
式，上方的上生經變畫面簡潔，下方的
下生經變以彌勒三會為中心，有諸多情
節穿插在三會周圍，十分豐富。

中唐 莫202 南壁

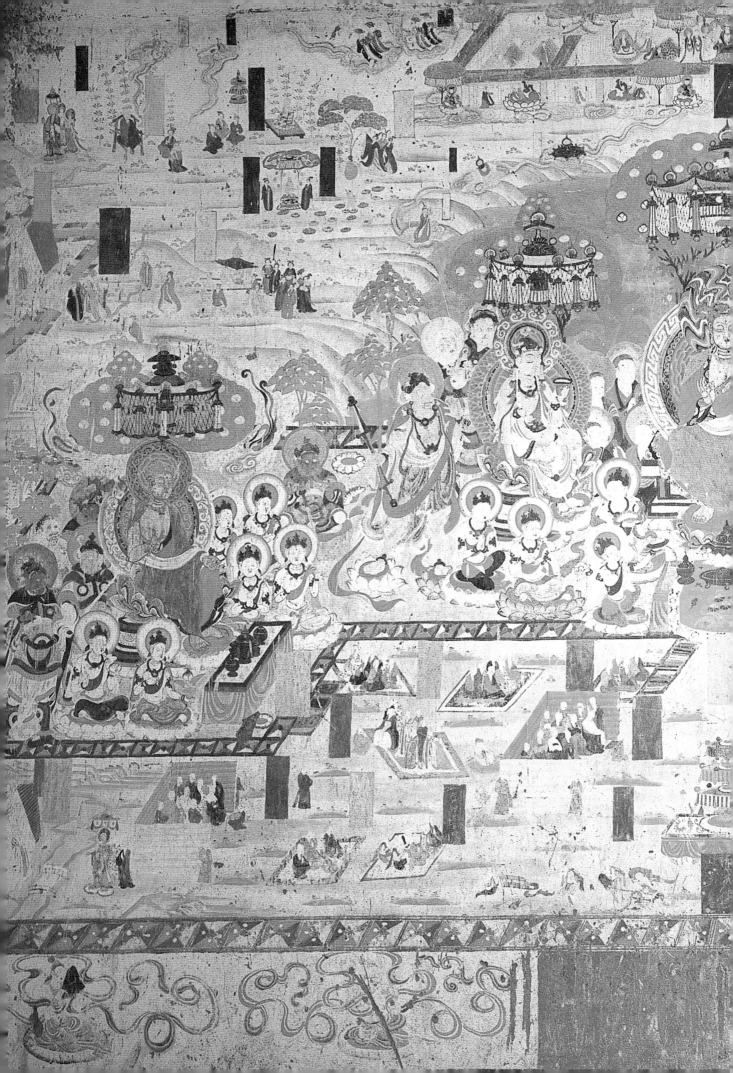

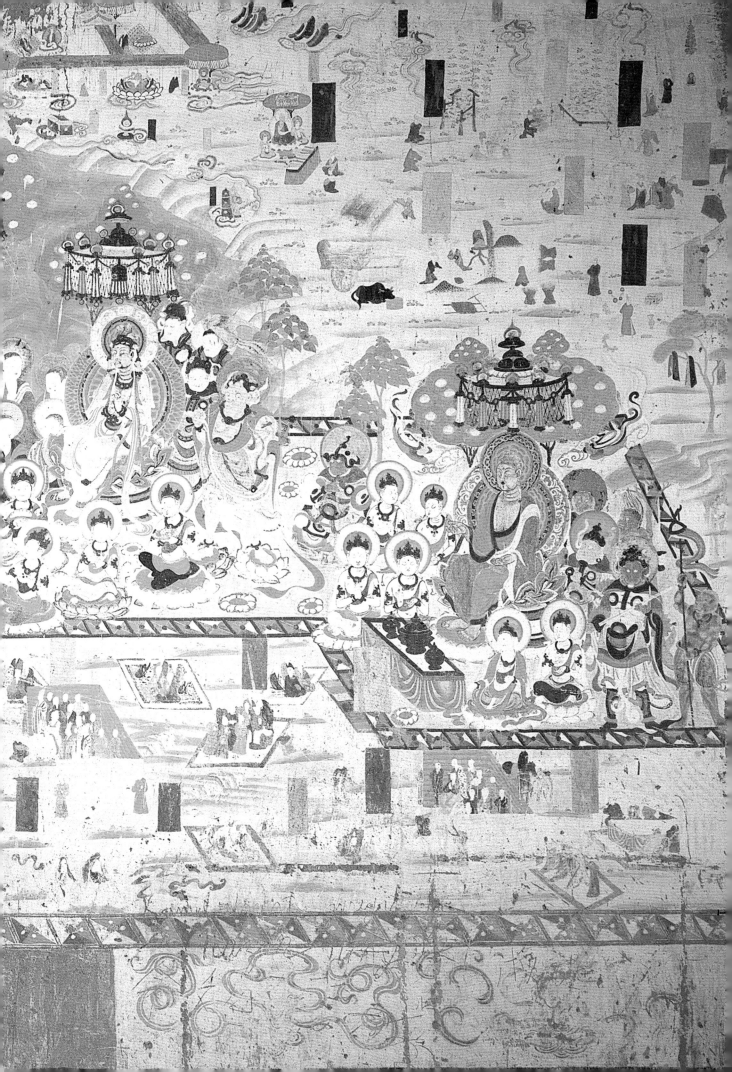

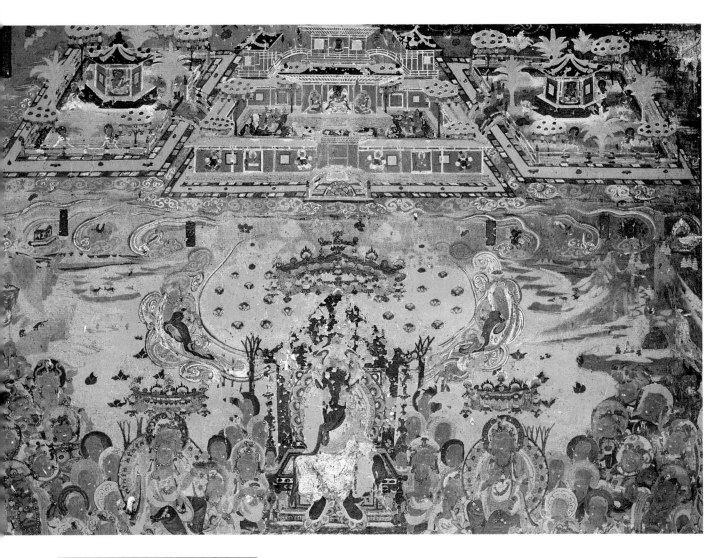

46 金碧輝煌的上生經變

上半部主要是對兜率天宮的描繪：有各
種奇樹異草，樓台亭閣間有虹橋相連，
宛若花園。繪製精緻，顯然是將兜率天
宮當淨土世界來描繪的。

中唐 莫231 北壁

45 彌勒經變　　　　　◀見上頁

畫面主體為三會説法；三會上方為上生
經變，下方有剃度、婆羅門拆幢等內
容。

中唐 莫159 南壁

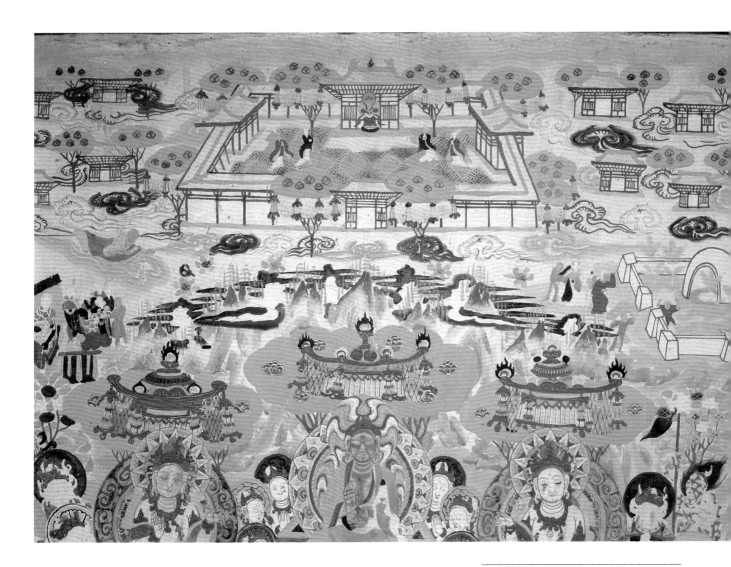

47 **上生經變**

兜率天宮琉璃鋪地，有人活動其間；周
圍有化城，化城內的樹木形態相似，具
有裝飾性。

中唐 莫358 南壁

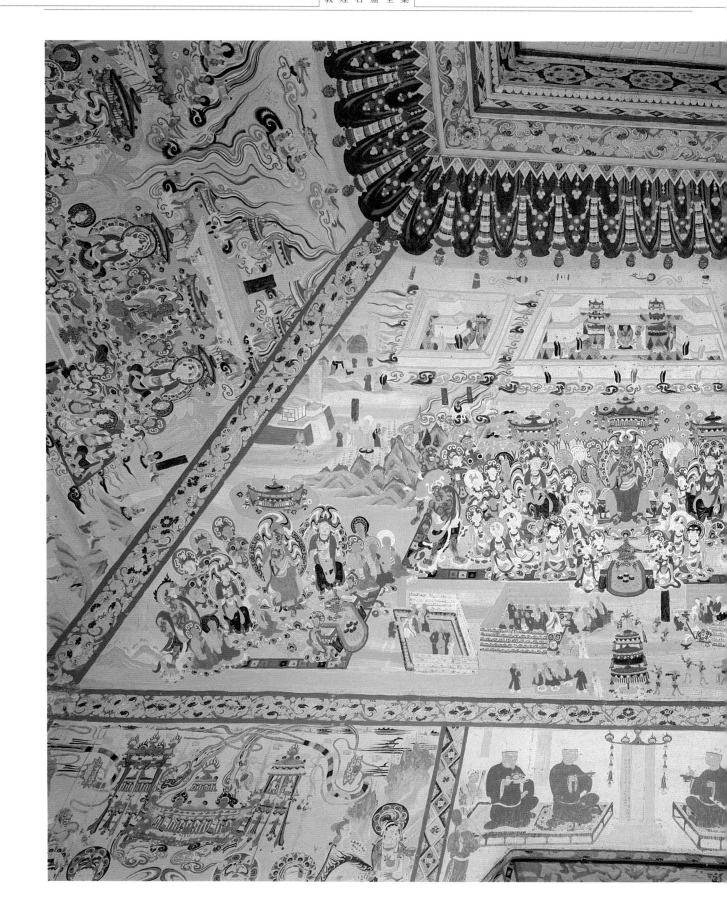

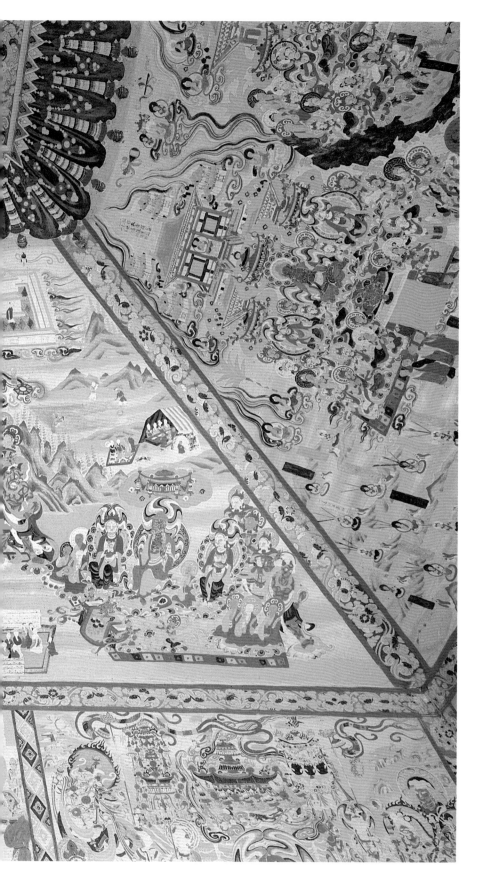

48 三院式兜率天宮

此彌勒經變中的兜率天宮分作三院，諸院下方均有雲彩烘托，象徵兜率天宮空居天上。

晚唐 莫9 窟頂東坡

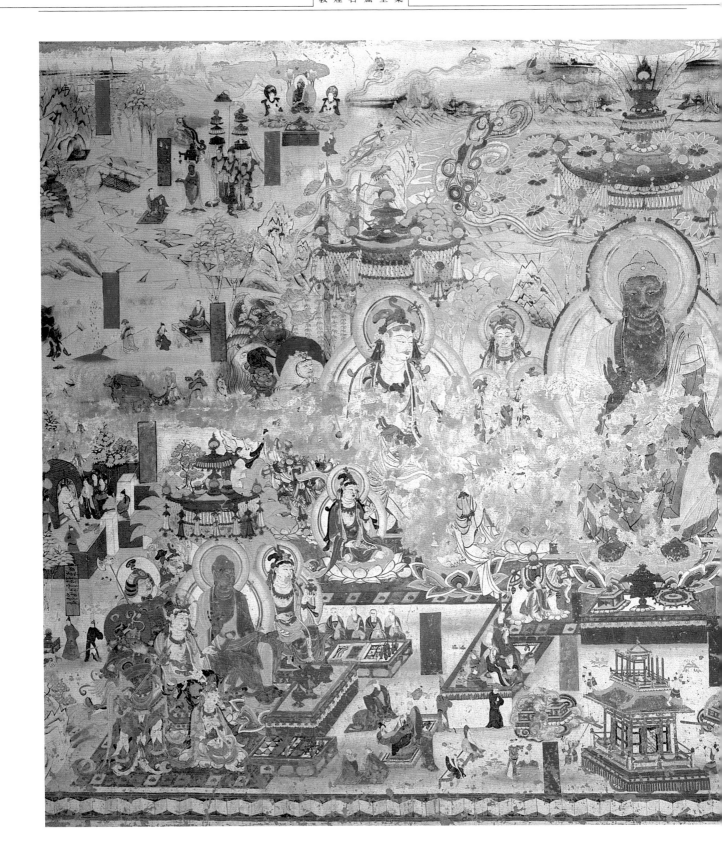

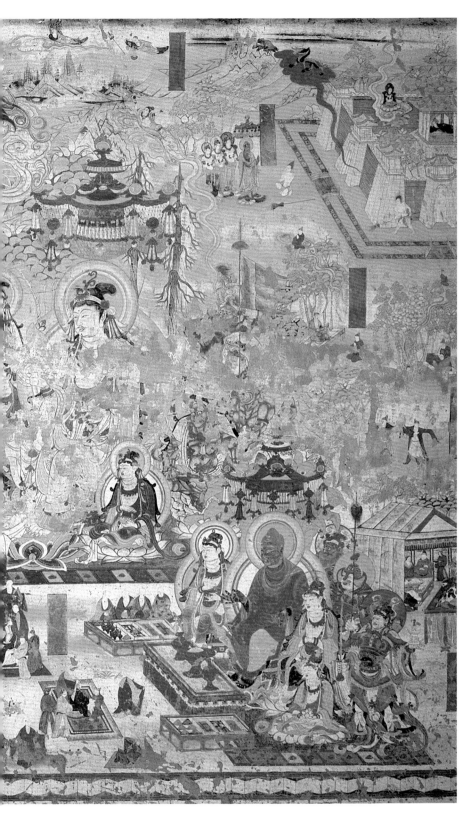

49 精美的彌勒經變

此窟壁畫精美,是榆林窟也是敦煌石窟
中最優秀的洞窟之一。建於中唐前期,
有盛唐餘風。此鋪彌勒經變只繪出下生
經變,沒有上生內容。

中唐 榆25 北壁

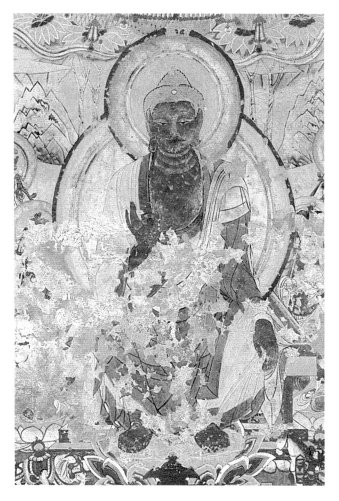

50 主佛

中唐 榆25 北壁

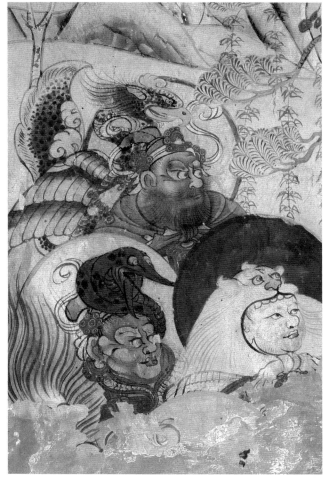

51 天龍八部

天龍八部諸神,神態生動。天龍八部即
天神、龍神等八護法神,是佛教繪畫主
要題材之一。

中唐 榆25 北壁

52 托塔天王

此神手托寶塔，為托塔天王。托塔天王
即毗沙門天王，是四天王中的北方天
王。四天王是佛教繪畫的主要題材之
一，托塔天王較其他三方天王更為人們
所熟悉。在敦煌石窟中，四天王隋代多
繪於主室東壁門兩側，唐宋時期多繪於
前室或主室窟頂四角，擔任守護任務。

中唐　榆25　北壁

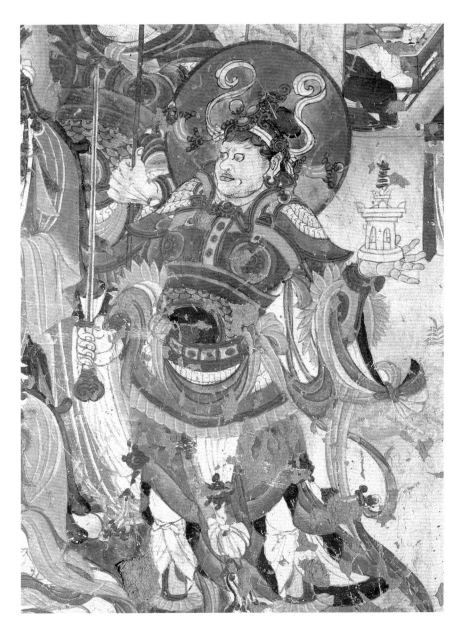

53 彌勒下生

此畫展示彌勒下生內容：彌勒下生前
夕，娑婆世界已經是太平世界，龍王在
空中灑水，地上夜叉葉華掃地，環境幽
雅；彌勒從兜率天宮投胎到翅頭末城，
在龍華樹下成佛，三會說法。因故事發
生的地點相同，所以各情節繪於一處。
其中入胎的畫面較為奇特，一般都是夢
日入懷，而此畫是夢一菩薩乘彩雲而
來，符合彌勒在兜率天宮時的身份。城
外的情節為彌勒三會說法後率眾回城。

中唐　榆25　北壁

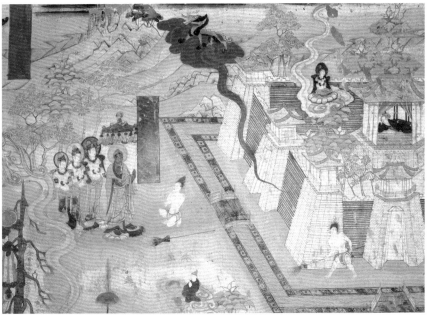

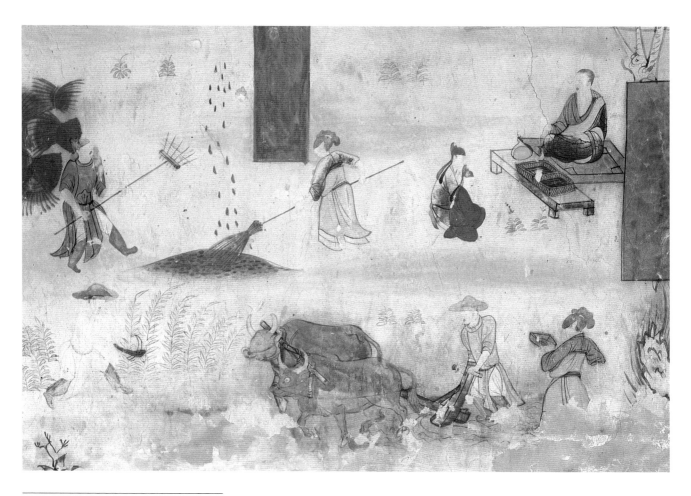

54 一種七收

此部分細部清晰,色彩如初。收割者使用的鐮刀、耕牛的繩均描繪精細。農夫捋袖扶犁、農婦緊隨其後,持簸箕播種,突出了搶收搶種的農忙氣氛。

中唐 榆25 北壁

55 五百歲行嫁

屋內賓客舉杯暢飲,新郎在客人前致禮跪拜,新娘立於旁。這是表示婚禮上男拜女不拜的習俗。據說該習俗始於初唐的武則天時期,在吐蕃統治時期的洞窟裏也出現此圖,説明當時漢俗依然在敦煌流行。新娘為吐蕃裝束,賓客中也有吐蕃裝束的。可證洞窟所處時代和當時漢藏文化的交互融合。

中唐 榆25 北壁

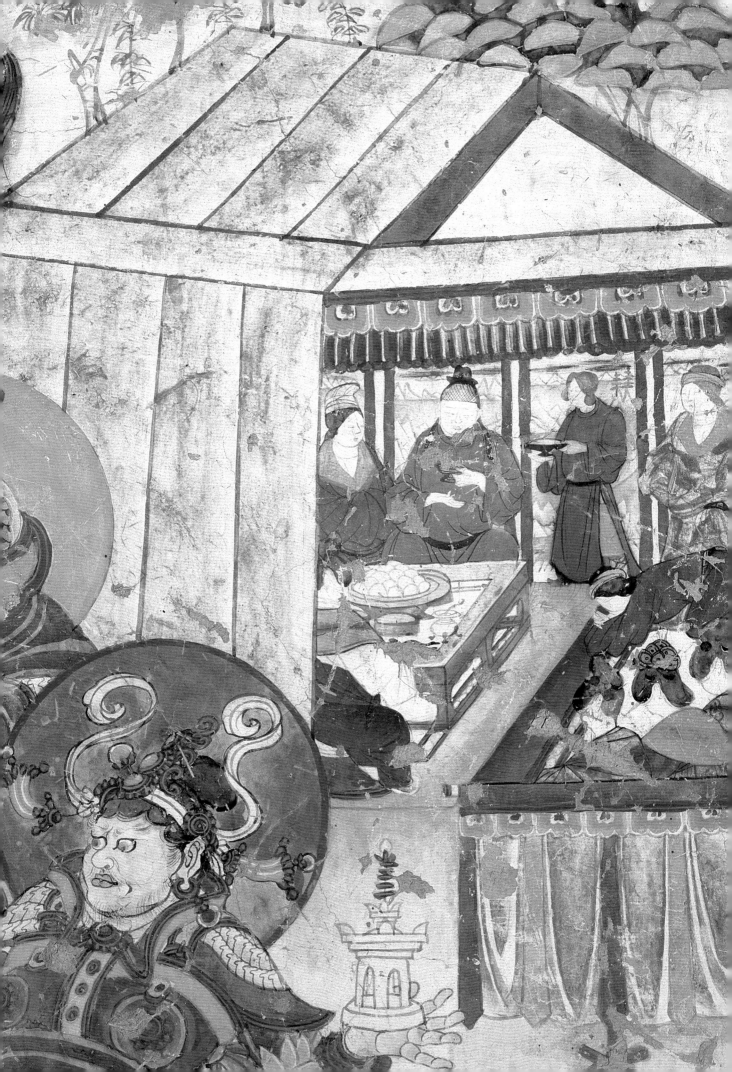

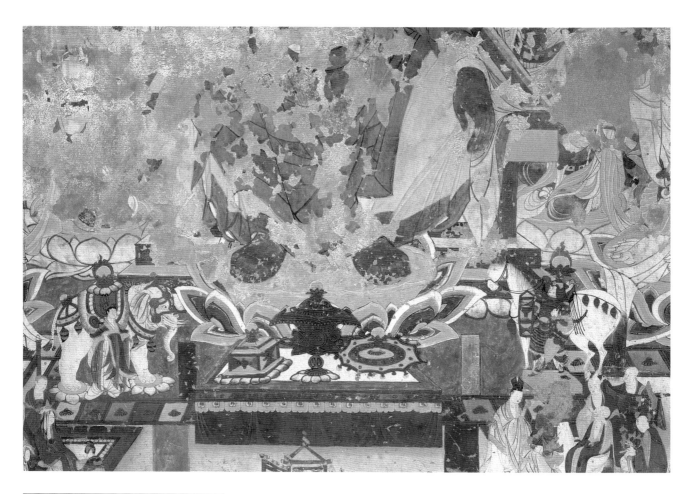

56 七寶供養

中唐 榆25 北壁

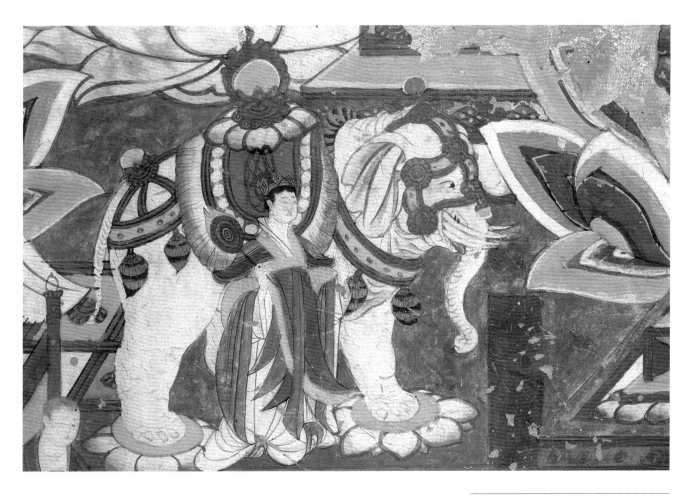

57 象寶、女寶

象是古印度主要的運輸工具，傳說最優
秀的象有六牙，左右各三。此為六牙白
象，腳踏蓮花，身飾瓔珞，為象寶。緊
挨象旁的婦女是女寶。

中唐　榆25　北壁

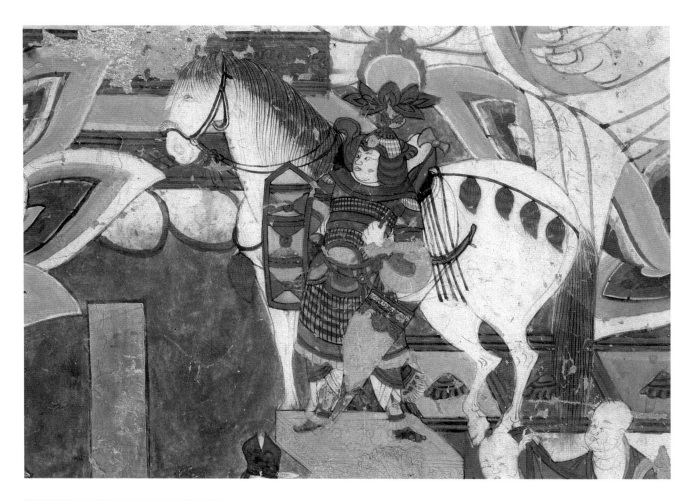

58 兵寶、馬寶

兵寶為一戰將，盔甲嚴身，手執兵器。
馬是古代戰爭中重要的工具，自然為
寶。將馬寶和兵寶繪在一起，獨出心
裁。

中唐 榆25 北壁

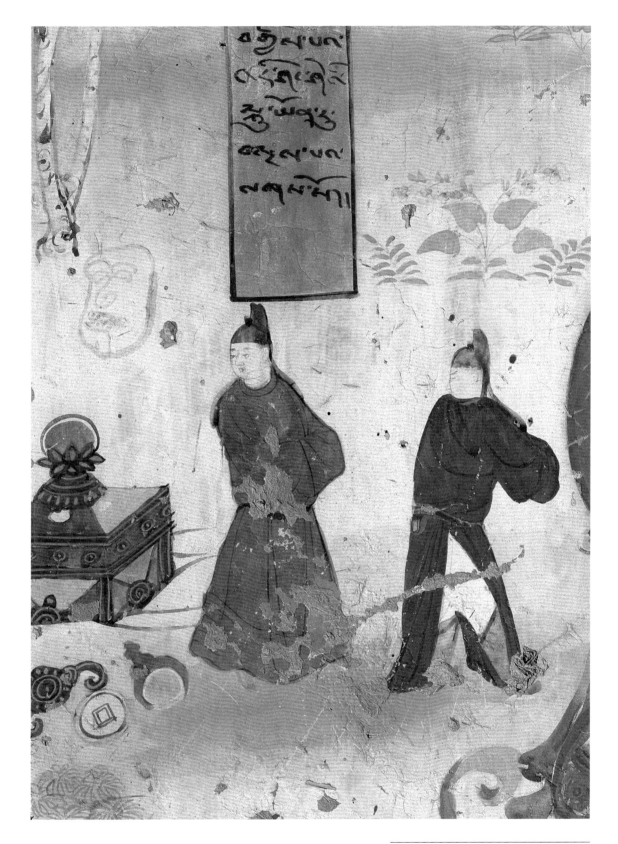

59 見寶生厭

二男子邊走邊回頭看地上的金錢、寶匣
等物，並不拾取。壁畫屬吐蕃統治敦煌
初期，但二男子服飾仍為唐裝，與史書
記載當時不改本俗相一致。

中唐 榆25 北壁

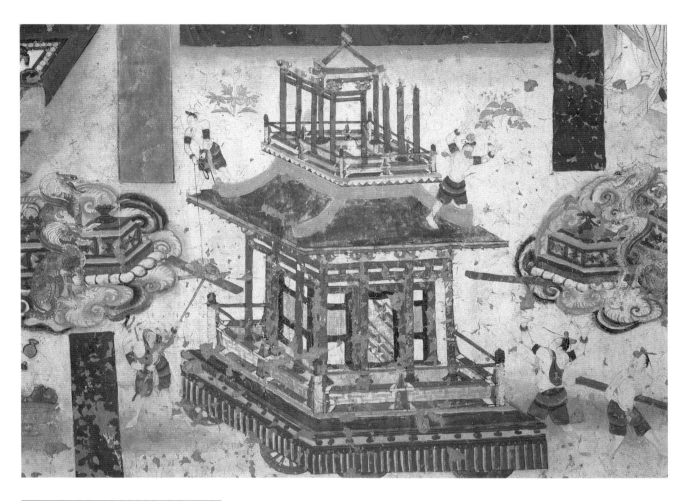

60 拆幢

幢有四輪，形如亭子，分為二層，婆羅
門正在拆上層。圖像清晰，是研究古代
建築的參考資料。

中唐　榆25　北壁

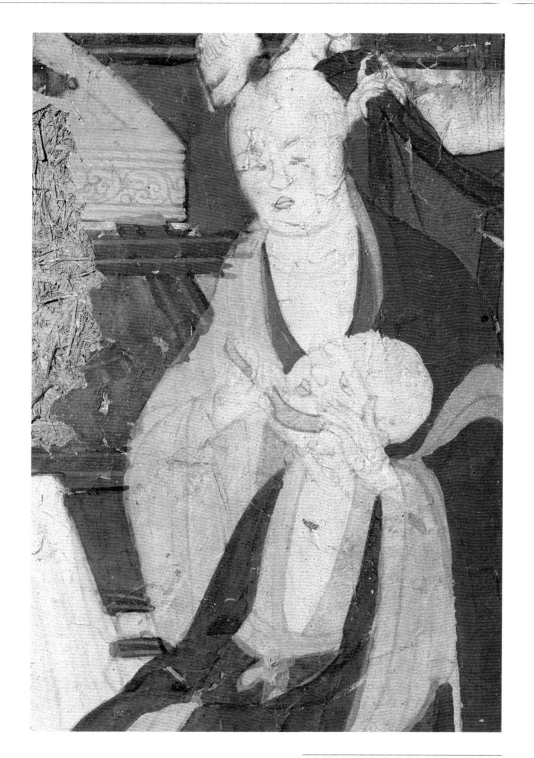

61 為眾人剃度

一剃度師正為一人剃髮，另一剃度師則
為另一人刮鬍鬚，後立一比丘，手持袈
裟。此為男度的局部。

中唐 榆25 北壁

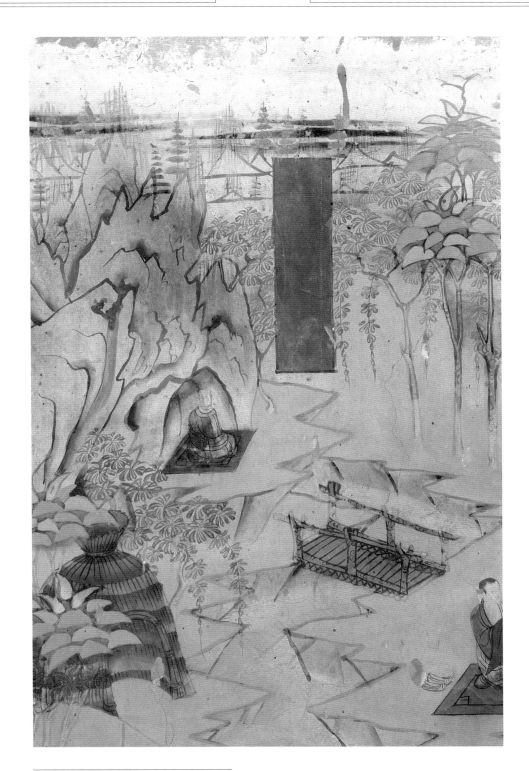

62 迦葉山中禪定

迦葉在狼跡山禪窟禪定。狼跡山險峻巍
峨，山道曲折，山下有河有橋。
中唐 榆25 北壁

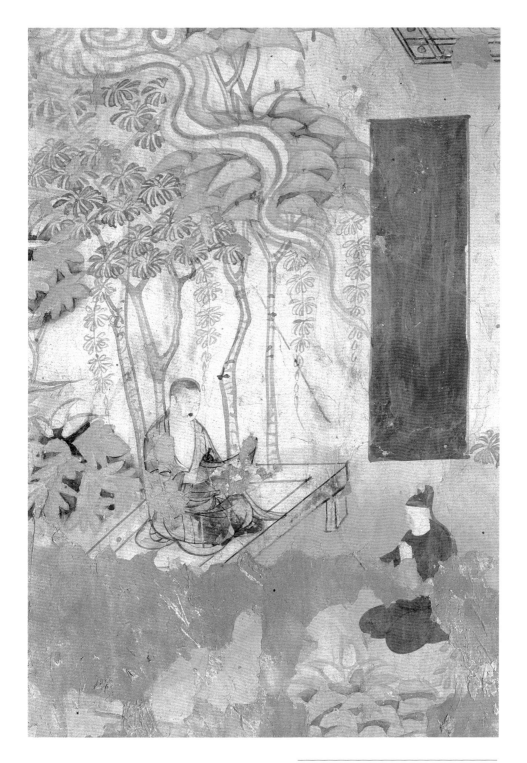

63 聽經得往生

一僧人在席上展經而誦，一俗人跪地諦
聽。這是表示聞彌勒經便往生兜率天宮
的情形。

中唐 榆25 北壁

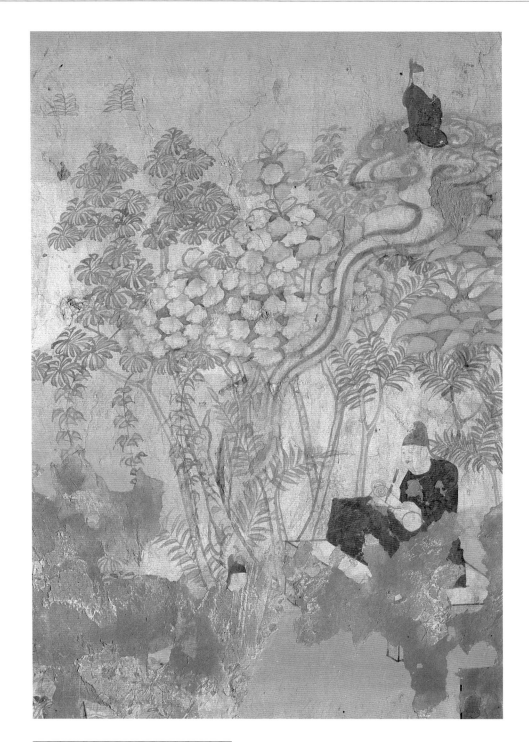

64 抄經得往生

這裏表現的是抄經得往生兜率天宮的情
形。畫工十分細膩地繪出抄經者的服飾
乃至面部表情、執筆手勢等；由此可以
了解到中唐筆的形狀和握法。

中唐 榆25 北壁

第四節　　理想之國：盛唐及其後經變的主要內容（一）

　　盛唐時，彌勒經變仍主要是通壁一鋪的形式，此時它從西方淨土經變的形式中走出來，確立了自己的風格：一方面經變的內容增加了許多，另一方面在表現形式上，經變開始通過人物活動來表現彌勒淨土世界，發生了從突出自然景觀到注重人物日常活動的變化。這一變化是如此成功，以致成為最重要的表現手法；盛唐之後，彌勒經變的主要內容與表現形式再沒有更多的創新。

　　彌勒在下生世界的活動實際上就是彌勒佛傳，其中少數內容與釋迦牟尼佛傳一樣。敦煌壁畫中表現釋迦牟尼佛時，多邪惡與正義之間的紛爭，如維摩詰經變、勞度叉鬥聖變，敵對雙方針鋒相對，諷刺挖苦，以致動用暴力，氣氛緊張；而彌勒世界是淨土，雖有拆幢等不愉快的事，但畢竟矛盾的程度不那麼激烈，畫面仍洋溢着田園牧歌般的輕鬆愉快。

　　下生故事發生在娑婆世界，主要在翅頭末城具體展開。彌勒下生經典將該城描繪成烏托邦式的理想國。敦煌的彌勒經變用生動的畫面向我們展示了這個理想國土，主要體現在以下八組畫面。

1. 一種七收

　　吃、穿，是人類生活的基本保證，下生經典對翅頭末城的介紹首先從吃、穿這兩方面開始。竺法護譯本、義淨譯本描繪彌勒降臨前，翅頭末城糧食無需人工栽培，自然生成。鳩摩羅什譯本說是"一種七獲，用功甚少，所獲甚多"。敦煌彌勒經變用耕種而非自然生長的畫面來詮釋這句經文，比較接近鳩摩羅什譯本。十幾字的經文繪成犁田、收割、揚場、田間用餐等一系列農耕場面，是當時農民生產和生活的真實寫照。

2. 樹上生衣

　　竺法護譯本和義淨譯本均提到："諸樹生衣服，眾彩共莊嚴"。有趣的是，莫高窟和榆林窟有二鋪彌勒經變是用衣架上掛着衣服、眾人在旁穿衣這一場面來表示的。敦煌遺書中有一份彌勒經變榜題底稿，也有"彌勒下生，衣生架上時"的字句。樹上生衣的想法是從樹葉的生長受到啟發，而木架生衣則接近日常生活。

3. 嫁娶

　　介紹翅頭末城在吃、穿兩大基本生活方面與當今不同之後，接着就是婚嫁狀況："女年五百歲，方乃作婚姻。"頗為誇張，但仔細算的話，相對於人壽八萬歲，女人五百歲出嫁也不算大齡。婚嫁是人們最熟悉不過的事，所以彌勒經變中予以大肆鋪陳，出現了宴飲、新郎新娘行拜禮、奠雁、樂舞、合巹等場面，將只有十個字的一段經文用許多成系列的生活畫卷來表示，畫面真實而有趣,體現了經文和經變之間的巨大差別。

4. 龍雨

經云,彌勒下生前夕的翅頭末城乾淨衛生,有大力龍王多羅尸棄,黎明時分在翅頭末城上空"降微細雨,用淹塵土"。類似現代灑水車的功能,畫面是城上方的雲彩中有一龍。

5. 夜叉掃地

龍王降雨之後,又有名叫葉華的夜叉"常護此城,掃除清淨"。畫面上,夜叉上身赤裸,下身穿犢鼻褲,在城門外掃地。

6. 老人入墓

彌勒下生世界仍有生老病死,活到八萬歲時,就會無疾而終,死亡的方式是"人命將終盡,自往詣尸林"。尸林即墓地。這種死亡方式在古代社會曾有流行。敦煌壁畫對此的表現一般是,老人坐墓穴內,外面是向他告別的親屬。

7. 路不拾遺

翅頭末城,國土豐樂,人們視財寶為糞土。"是時眾寶,無守護者,眾人見之,心不貪着,棄之於地,猶如瓦石、草木、土塊,時人見者,皆生厭心。"繪金銀珠寶散地,數人路遇,側視而去。敦煌壁畫對此有所表現,但義淨譯本無此內容。

8. 國有七寶

七寶是指金輪寶、白象寶、紺馬寶、神珠寶、玉女寶、主藏寶、主兵寶。鳩摩羅什譯《彌勒大成佛經》對七寶的形狀、用處等一一作了描繪和說明。如女寶是"顏色美妙,柔軟無骨",主藏寶是口中吐寶、手腳出寶。七寶一般繪於彌勒三會周圍,中唐第386窟南壁繪有彌勒經變,七寶獨立繪在南北壁接近地面的部位,南壁繪馬寶、珠寶、女寶,北壁繪輪寶、象寶、主藏寶、兵寶。宋代第76窟東壁無彌勒經變,但門上繪有七寶。

七寶概念體現了古人追求富裕(珠寶、主藏寶)、強盛(輪寶、象寶、馬寶、兵寶)的思想,而女寶圖像,也可幫助我們把握當時人們的審美追求。

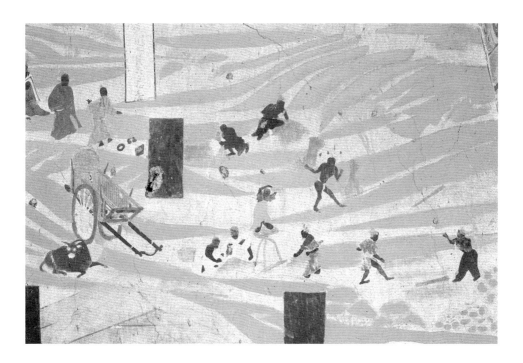

65 收穫

此為收穫場面，有收割、捆紮、挑擔、
打場、揚場等農事。旁邊停着牛車，牛
臥旁休息，隨時等着主人的召喚。生活
氣息濃厚，可見畫工對生活觀察的細
緻。

盛唐 莫148 南壁

66 耕種、收穫

此圖為耕種、收穫的場面。榜題保存完
好："爾時一種七收，用功甚少，所收
甚多。爾時彌勒世，一種七收。"

五代 榆20 南壁

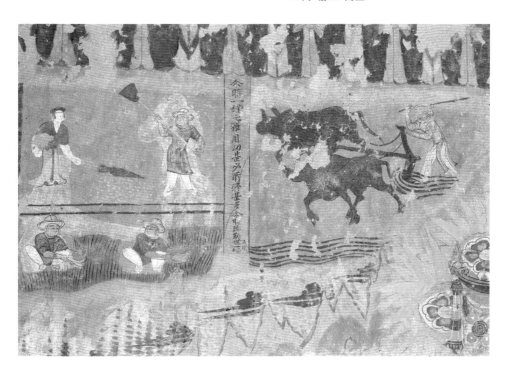

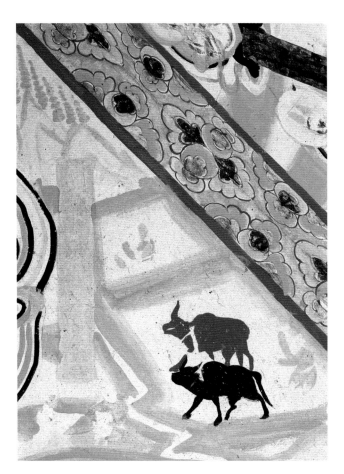

67 農夫勞作腰佝僂

農夫勞作時,彎腰成佝僂狀;真實地反
映了現實生活中勞動的艱辛,恰恰讓人
感受到與經文相反的一面,真是"用功
甚多,所穫甚少"。

宋 莫25 窟頂東坡

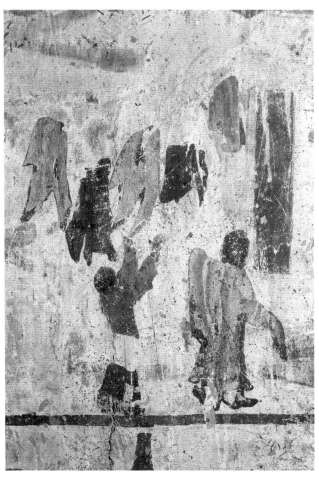

68 樹上生衣

樹上掛着許多衣服,樹下有二人,一人
伸手欲取樹上衣服,一人邊穿衣服邊離
去。經文中並沒有提到人自取之,而畫
面則增加了取衣穿衣的生動場面。樹上
生衣是古代人們從大自然中領悟到的人
生理想,《大樓炭經》也說北方世界豐
衣足食,有"衣被樹",人們隨意取
着。

盛唐 莫445 北壁

69 樹上生衣

大樹上長滿衣服,樹下二人,一人已經
穿好衣服,一人正張臂試穿。畫工比較
關注大樹的生長環境,對周圍景物的描
繪着了許多筆墨。這裏對穿衣、景物作
刻意的描繪,充分體現了經變與經文的
巨大差別。

盛唐 莫116 北壁

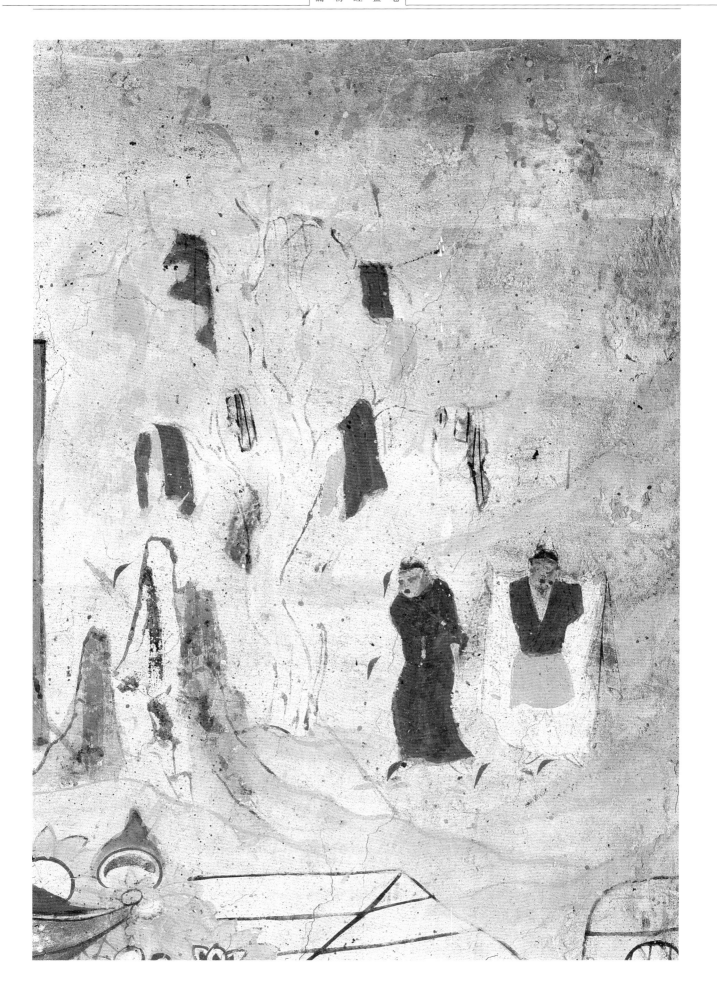

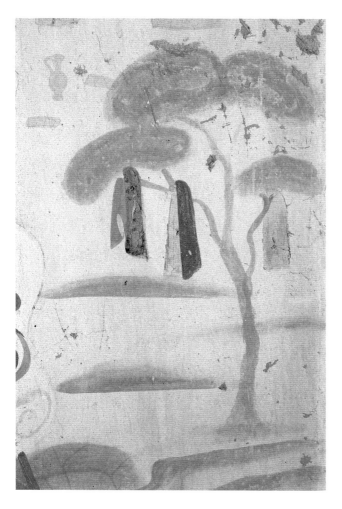

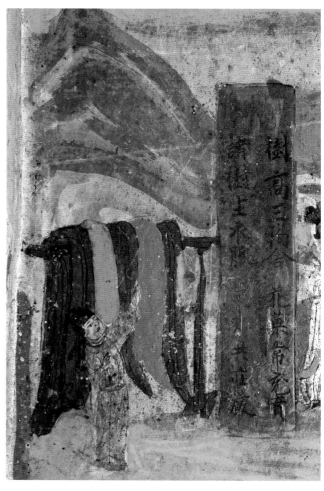

70 樹上生衣

小樹上有衣服三件，沒有取衣者形象。
樹枝也繪得簡略而具有裝飾性。

中唐 莫202 南壁

71 木架生衣

敦煌彌勒經變中，木架上自然生長衣服
的畫面只有兩幅，此為其一。榜題文
字："諸樹生衣服，眾彩共莊嚴"。顯
示木架生衣是經文所載樹上生衣的改
動，這樣讓人容易理解和接受。

五代 莫72 北壁

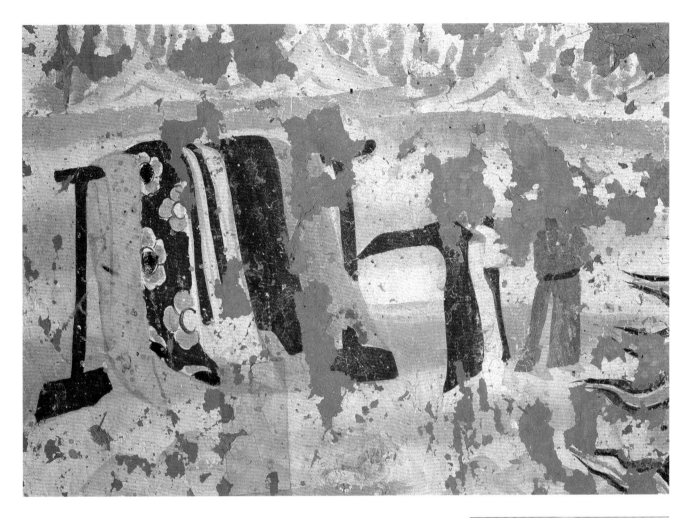

72 木架生衣

與上圖相似。在莫高窟和榆林窟分別出
現基本一樣的木架生衣畫面，揭示兩處
有一定的關聯性。

五代 榆36 前室東壁

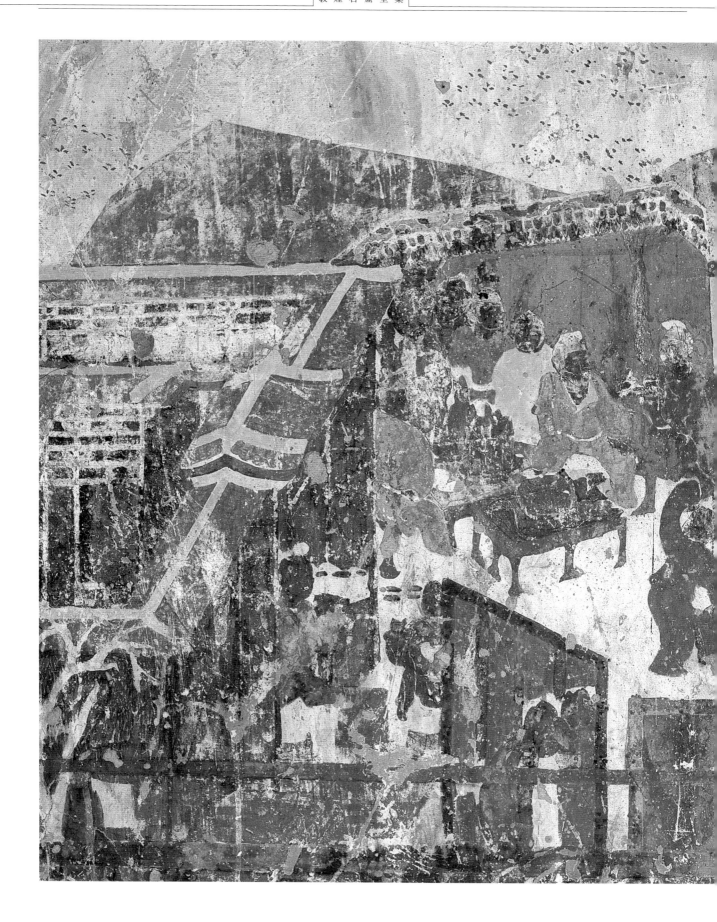

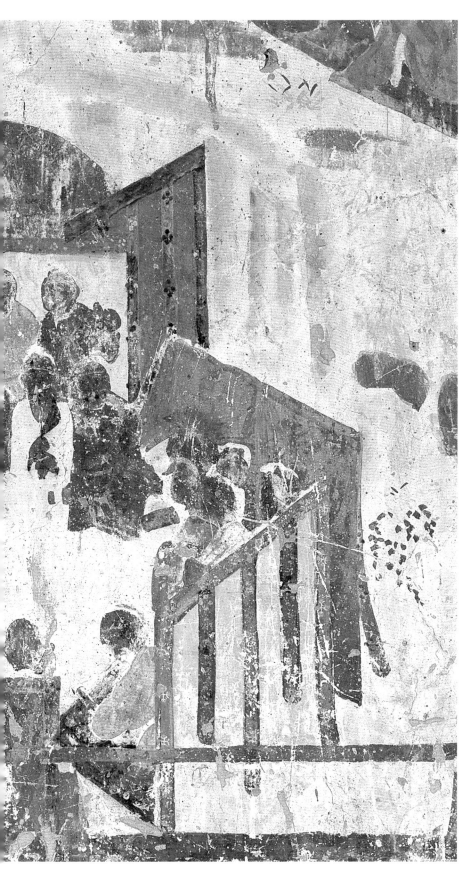

73 樂舞

屋內正舉辦宴席，並有樂舞表演。大約
樂舞十分精彩，引得食客們也轉身觀
看。一派喜慶氣氛。

盛唐 莫445 北壁

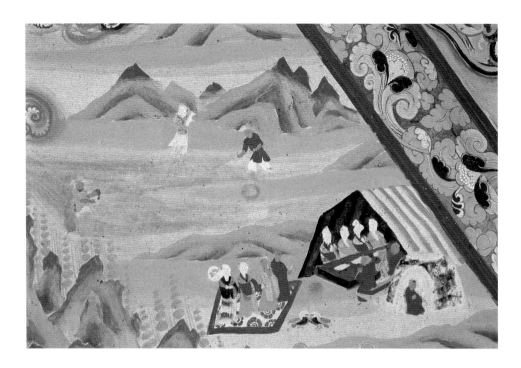

74 婚禮奠雁

這是舉辦婚禮時的情景,設穹廬形帳,
賓客在內宴飲。帳外地上繪二雁,是為
表現奠雁之意。大雁隨季節而遷徙,舉
行奠雁儀式是取其順時,這是中國禮
俗,《儀禮》有載。

晚唐 莫9 窟頂東坡

75 女年五百歲行嫁

畫面似表示墓地,但上面的“女年五百
歲行嫁”榜題卻屬嫁娶,大約是當時畫
工或書寫手的疏忽。

晚唐 莫9 窟頂東坡

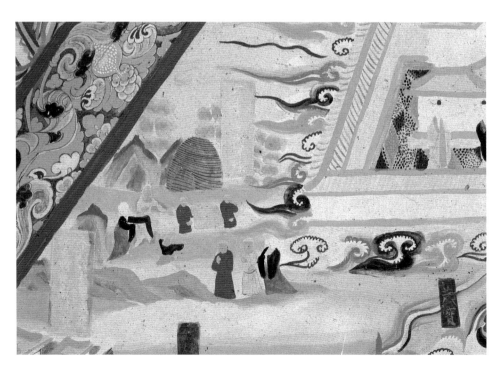

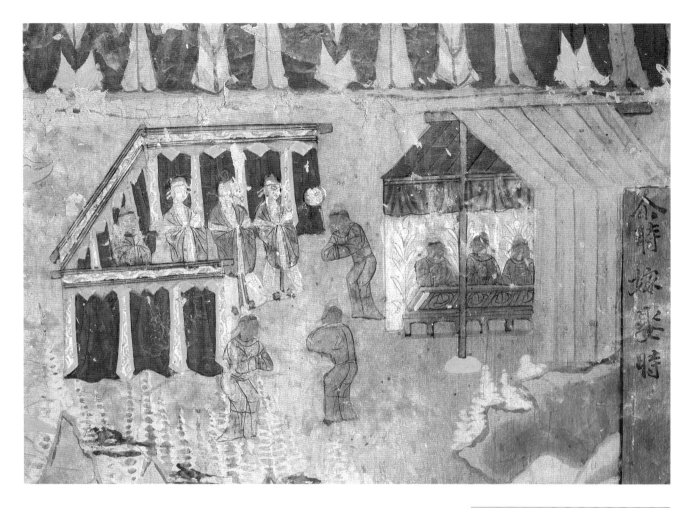

76 婚禮來賓

婚禮時情形。穹廬內設席,帳外男女賓
客來來往往,互行拜禮,熱鬧非凡,表
現出賓客盈門的場景。這裏用當時流行
的社會習俗來表現淨土世界風貌,是現
實生活的直接寫照。

五代 榆20 南壁

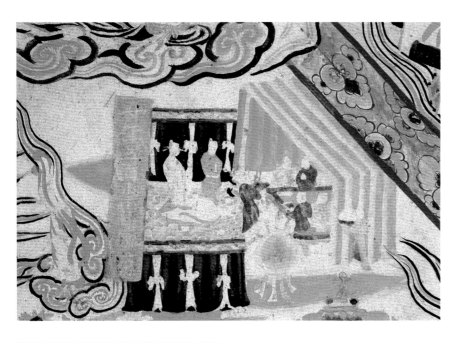

77 宋代的嫁娶

此為舉辦婚禮時的情景，畫面較簡略，
但"女年五百歲行嫁"之榜題尚存，可
窺當時圖文對照闡述經義的原貌。

宋 莫25 窟頂東坡

78 老人入墓

墓室內坐二老人，外面有四人一馬，為
送老人入墓者，其中一人正在拱手作
揖，依依惜別。

中唐 莫360 南壁

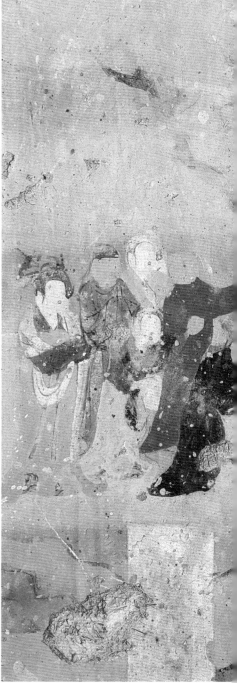

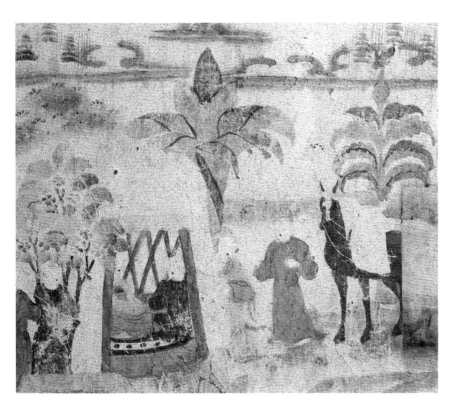

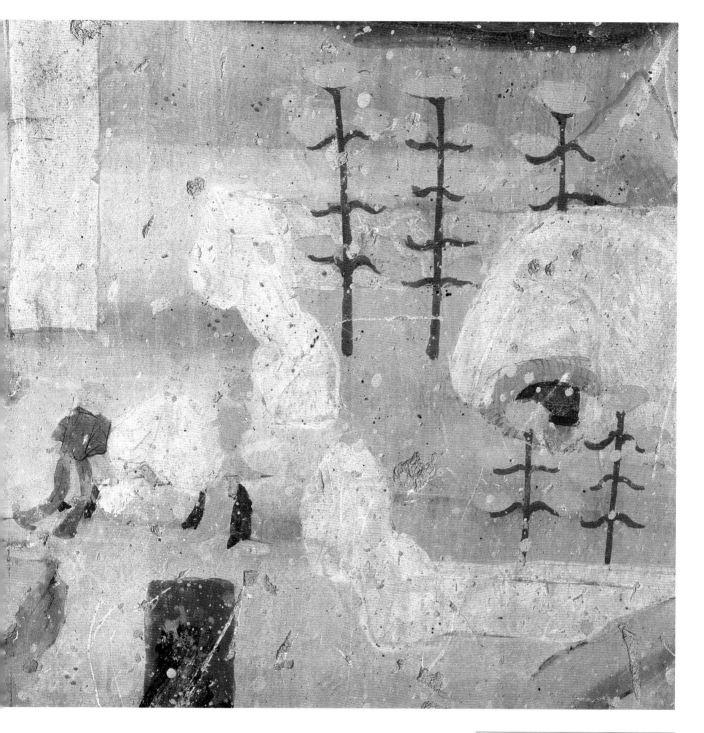

79 痛別老人

一羣男女悲痛地向墓中老人告別，抒發
了人們對永別者的真摯感情。

晚唐 莫12 南壁

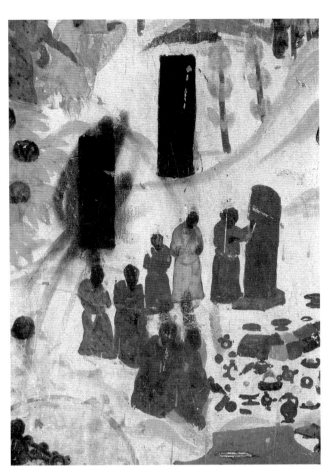

80 眾人觀寶而不取

地上撒滿珊瑚等珍寶,眾人圍觀而不取。惜歲月久遠,壁畫顏色變黑,難睹眾生"皆生厭心"的表情。

盛唐 莫208 北壁

81 七寶

輪寶、象寶、馬寶、珠寶、女寶、藏寶、兵寶集中繪於一處。並未將經文所形容的諸寶的特徵完全描繪出來,如兵寶只是一武士形象,女寶則為貴夫人形象;而藏寶為一寶匣,與經文所云為口、四肢出寶的神人出入很大。

盛唐 莫445 北壁

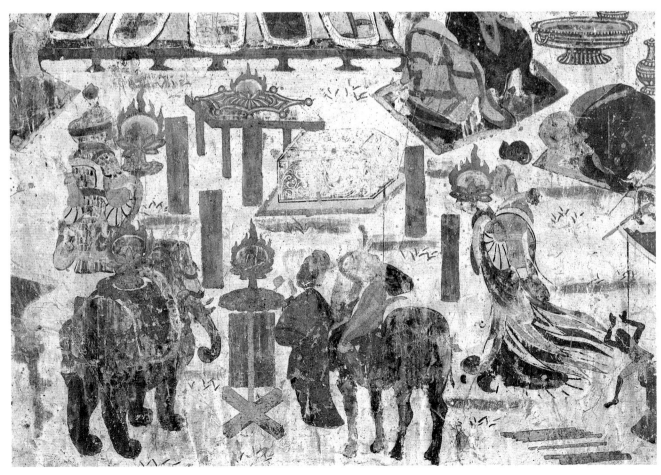

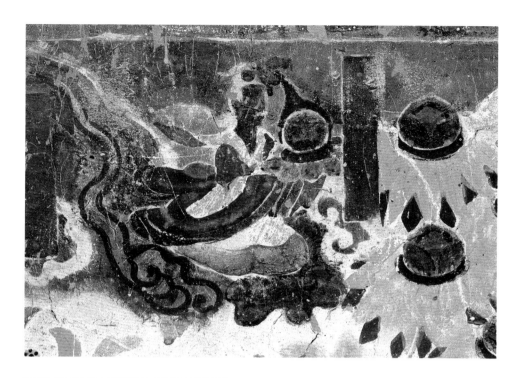

82 女寶

女寶為一天人形象，褒衣博帶，雙手捧
寶，乘祥雲而來，頗具仙意。

盛唐 莫109 南壁

83 輪寶

此輪寶在彩雲中，表示在空中飛行。輪
是印度帝王的標誌，法輪現而聖王出，
故理想帝王稱轉輪聖王，釋迦說法也稱
作轉法輪。

中唐 莫386 北壁

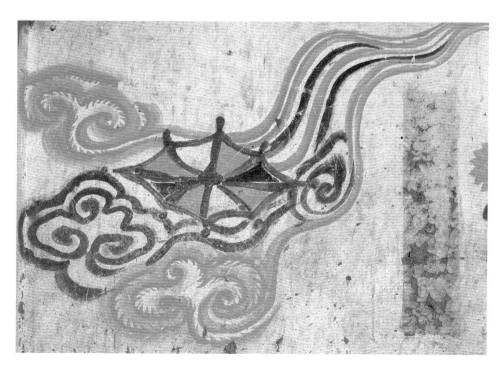

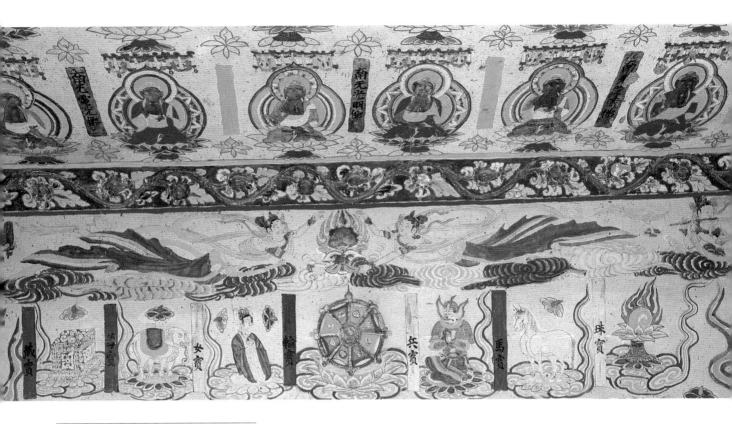

84 宋代七寶

此窟無彌勒經變，但東壁門上繪有七
寶，形象與彌勒經變中的七寶相同，當
是受到彌勒經變的影響。

宋 莫76 東壁門上

第五節　　彌勒生平：盛唐及其後經變的主要內容（二）

彌勒在娑婆世界成長的歷程也是下生經變主要的入畫題材。經云，彌勒見娑婆世界一片歌舞昇平，知下生時機已到，便投胎於翅頭末城大臣善淨、淨妙夫婦為子，長大出家，修行成佛，最後以繼承釋迦牟尼的袈裟而結束全經。至於彌勒生活八萬四千歲後，是如何自詣墳墓而涅槃的，則所有佛經都無記載。彌勒入滅後，師子佛、光炎佛、柔仁佛等繼任為娑婆世界的佛，綿綿無限。

幾種彌勒經典對彌勒生平的記載詳略和前後次序有所不同，全文的邏輯性不強，有點雜抄色彩，大約是從說唱文學中來。古代西域流行的回鶻文、吐火羅文等語種的講唱文（劇本）《彌勒會見記》，為我們研究彌勒經典的形成和發展提供了參考資料。

1. 彌勒誕生

關於彌勒投胎之事，義淨譯本最詳細，其他譯本均一筆帶過。義淨譯本的故事情節基本類似釋迦牟尼傳。彌勒菩薩從兜率天宮觀察到翅頭末城大臣善淨、淨妙夫婦品行端正，便托身為父母。淨妙懷孕十月，在花園攀樹枝而彌勒從其右腋誕生，帝釋天親自接持。彌勒落地即能走，行七步而步步生蓮，天神散花，龍吐水洗浴彌勒身，然後乘輿回宮。

入畫的情節有：夢日入懷、花園誕生、步步生蓮、九龍灌頂、乘輿回宮等。經文並沒有說淨妙是夢日受孕，顯然是畫工借鑒了釋迦牟尼傳的內容。另外，《菩薩處胎經》云，釋迦牟尼從右腋誕生，彌勒從頭頂誕生。但敦煌彌勒經變中，彌勒仍從右腋誕生。

2. 悟無常而出家

彌勒少小學藝諸事，佛經簡略帶過，而對促使彌勒出家學道的事件卻有具體敘述，那就是拆幢。幢大致相當於現代的彩車，國王將一幢贈與彌勒，彌勒轉贈婆羅門。有的彌勒經典說是國王直接贈予婆羅門的。一千婆羅門羣起瓜分，彌勒見寶物轉眼被毀壞，頓悟人生無常如寶幢，因而出家學道。彌勒經變對拆幢場面作了生動描繪。

娑婆世界在彌勒下生前夕的美景，已見前述，正是那時的娑婆世界已經成為淨土，彌勒才下生。這裏出現了品行修養低下的婆羅門，不識寶幢之珍貴而羣起分拆，又顯得淨土不淨。但古代的信仰者和現代的研究者往往會忽略這些矛盾之處，只把這些不愉快的事當作彌勒出家的原因。

3. 降魔成道

彌勒經過修行，最後在龍華樹下“降四種魔”而成佛。此內容僅見鳩摩羅什譯《彌勒大成佛經》，只有2鋪彌勒經變有此情節，即盛唐第208窟、中唐第112窟。但不能說有此畫面的彌勒經變完全根據該譯本繪製，如第208窟還有彌勒誕生的場面，而此經文只見義淨譯本，據此推測有些彌勒經變可能依據一個以上的譯本而繪製。

4. 剃度出家

彌勒成道後，國王、大臣等一一隨彌勒出家。初唐以後，敦煌大部分彌勒經變均有剃度出家場面，及至盛唐，畫工更加注意對一些細節的描繪，畫面充滿生活情趣。

5. 三會說法

彌勒成佛後，進行了三次大規模的說法，分別度96億、94億、92億人，是為"彌勒三會"。敦煌壁畫一般用較大的畫面繪出三組佛說法圖來表示三會說法。

6. 入城乞食

義淨譯本云："三轉法輪已，人天普純淨，將諸弟子眾，乞食入城中。"壁畫中一般將它與龍雨、葉華掃地等情節繪在一起。

7. 衣鉢相傳

釋迦牟尼臨終囑咐迦葉等弟子護持佛法，直到彌勒成佛。彌勒成佛後，率眾人至耆闍崛山，又名狼跡山，彌勒以神力劈開山體，見到禪定中的迦葉。梵王吹海螺將迦葉喚醒，於是迦葉向彌勒獻上釋迦牟尼的袈裟。衣鉢相傳的典故可能來自於此。

彌勒成佛之時，娑婆世界的人要比現在的人高大許多，彌勒的隨從見迦葉就像我們見小昆蟲一樣。迦葉因個頭小，被稱為"人頭蟲"。彌勒遂請迦葉現十八種神通，或身滿虛空，或身小如芥，或履水如地，或身上出火等，令眾人敬畏。迦葉完成釋迦交給的使命後，歸於涅槃。

8. 修行見佛

經云，如果遵循了釋迦的教導，以供養佛塔、施捨等種種方法修行正道，就會"來生我法中"，即與彌勒一起下生。壁畫中有大量聽者將經文內容廣泛宣傳、流佈的情節。這是佛經的一種程式，叫"流通分"，就是結束語。這些修功德的畫面也常見於其他佛經和經變，如法華經變。

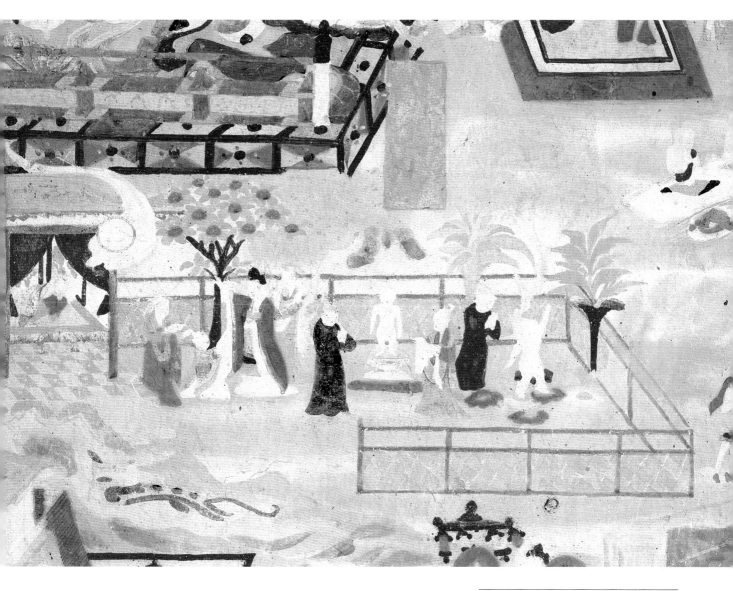

85 夢日入懷

圖右的淨妙夫人正在熟睡，屋外空中有
日天乘雲降臨，淨妙覺而感孕，十月後
生下彌勒。佛經中並沒有記載淨妙感日
而孕事，此情節在彌勒經變中也不多
見。

中唐 莫361 北壁

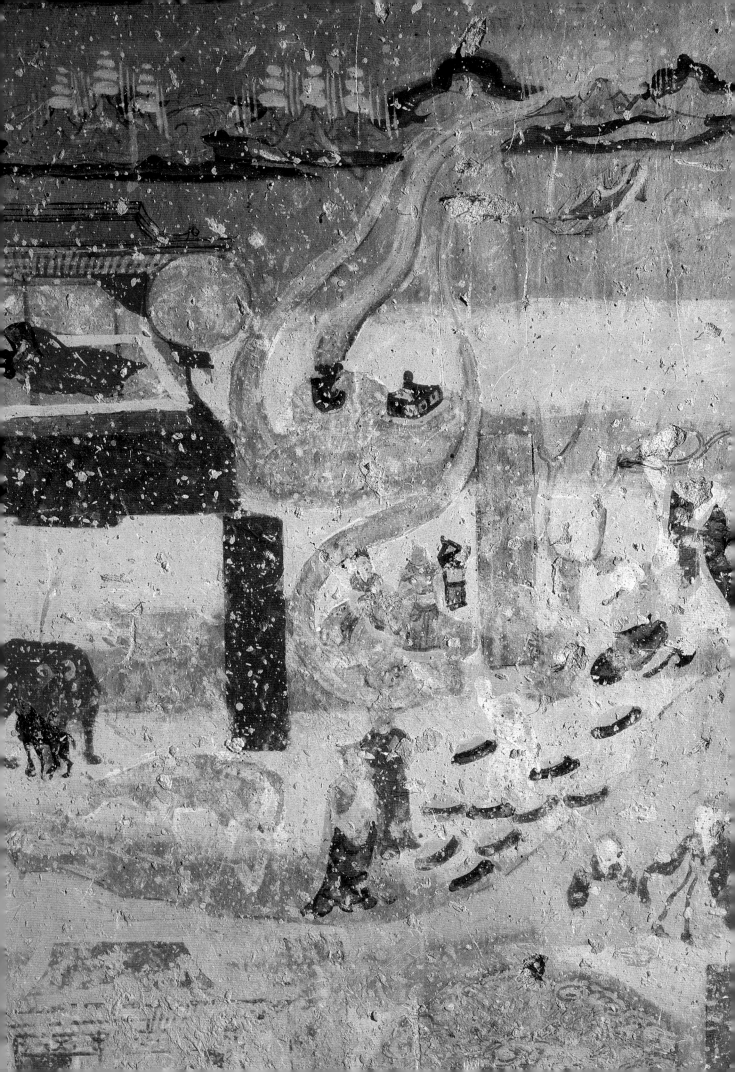

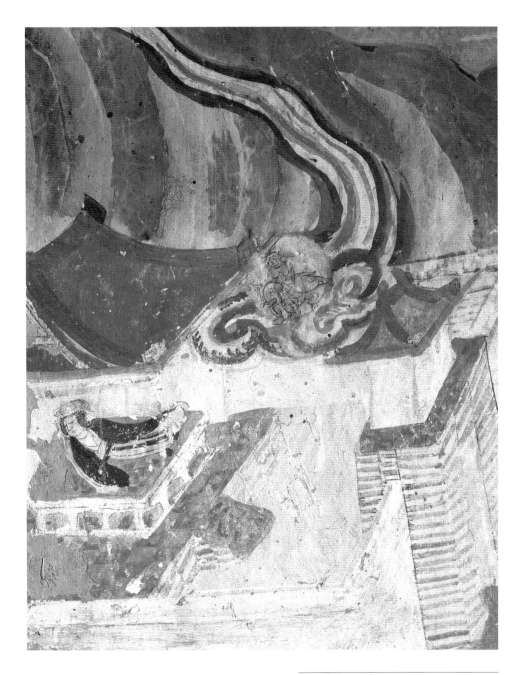

87 乘象入胎

一深宅大院，淨妙夫人臥於床，彌勒乘
象，駕彩雲而下。經文只提到托生，沒
有提到具體形式，畫工則創作出夢日入
懷、乘象入胎等情節，使彌勒經變更加
有血有肉。

宋 莫72 北壁

86 夢日入懷

晚唐 莫12 南壁

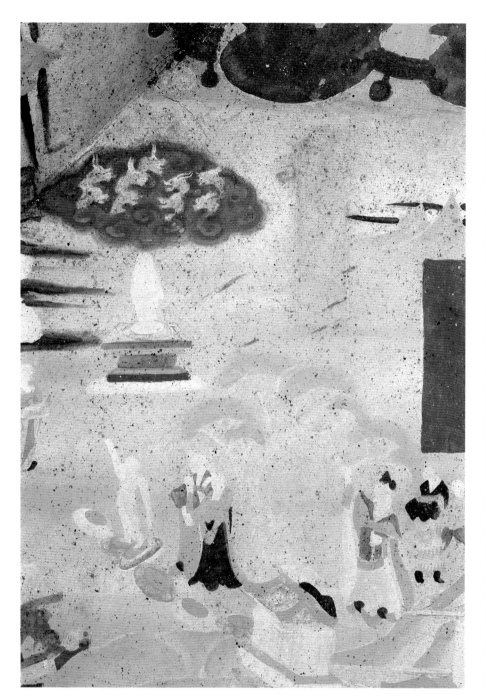
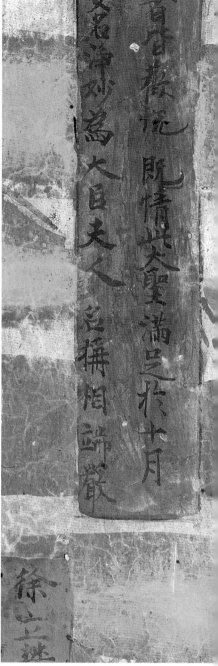

88 樹下誕生、步步生蓮、九龍灌頂

這一組畫面與釋迦牟尼傳壁畫幾乎完全
一樣：淨妙在花園攀樹枝而右腋生彌
勒；彌勒行七步，步步生蓮；九龍為彌
勒灌頂洗浴。畫面將經文記載彌勒從母
親頭頂生改為從右腋生，模仿釋迦牟尼
佛傳的痕跡較重。

中唐 莫186 窟頂南坡

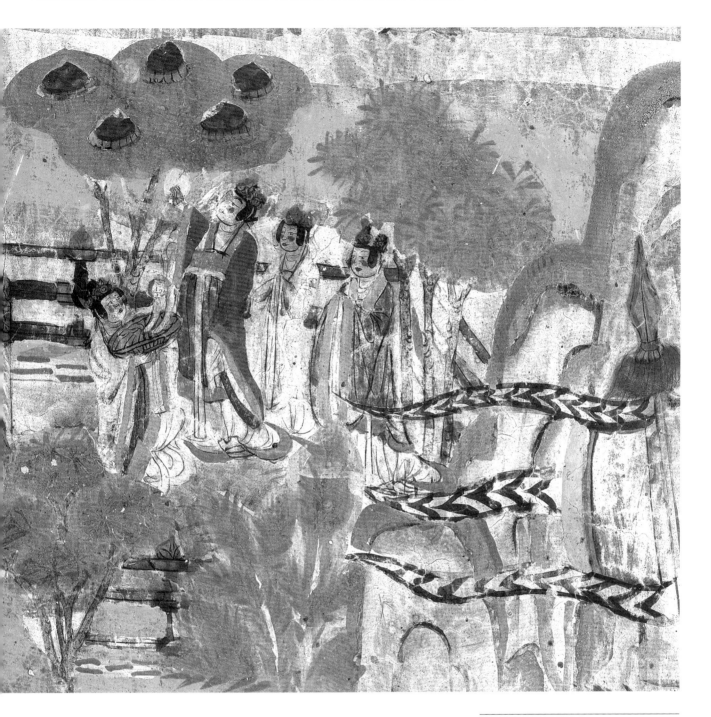

89 樹下誕生

花園樹林茂密，淨妙右手攀樹幹，右腋
生彌勒，帝釋天正在接生。描繪花園景
物頗多，似是一幅風景畫。

五代 莫72 北壁

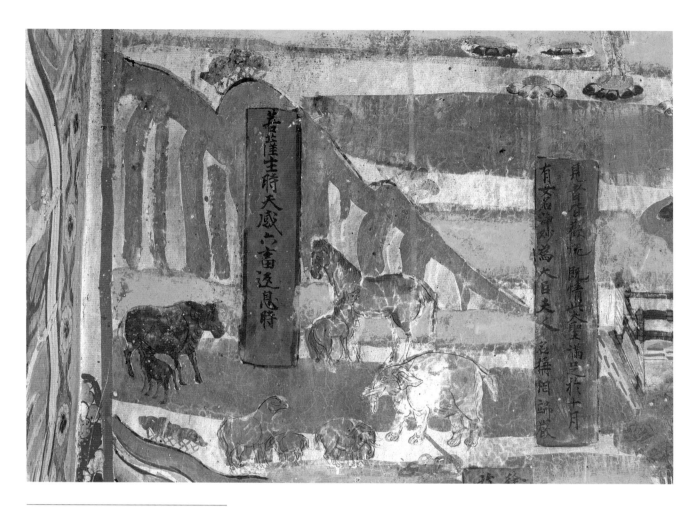

菩薩生時天感六畜遠息時

見菩薩教化既情菱整滿足於十月有女名淨妙為大臣夫人是挿泡舔畝

90 六畜遠息

彌勒誕生時，花園裏的動物也悄悄遠
離，不打擾新生兒。榜題為："菩薩生
時，天感六畜遠息時。"彌勒經典並無
此內容，顯然是畫工從現實生活中聯想
到的情節。

五代 莫72 北壁

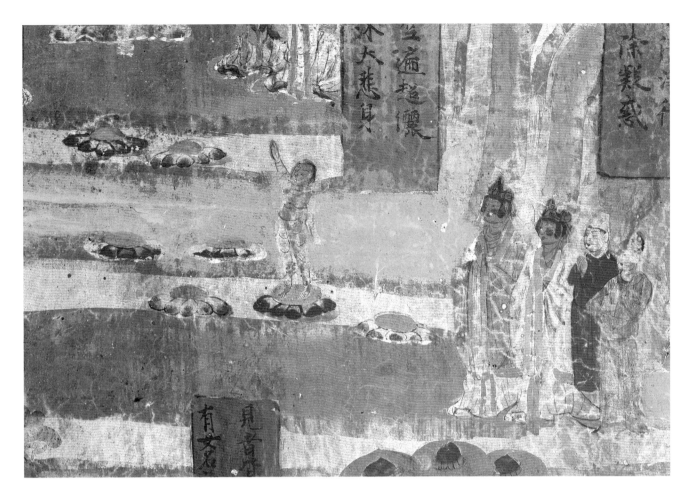

91 步步生蓮

地上有七朵蓮花,彌勒踩在其中一朵
上,以手指天。彌勒誕生後七步生蓮,
並宣佈"我此身最後,無生證涅槃",
即表示將來會成佛。此畫面在釋迦牟尼
佛傳故事畫中常見到,釋迦的宣言是:
"天上天下,唯我獨尊。"

五代 莫72 北壁

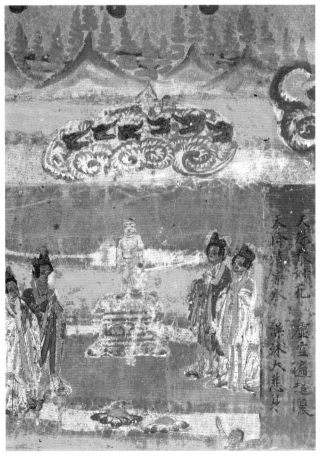

92 九龍灌頂

彌勒誕生後,空中有龍吐水為其沐浴。
釋迦牟尼佛傳中明確提到是九龍灌頂,
這裏只繪出六條龍,大約是受到壁面的
限制。榜題:"天降清涼水,澡沐大悲
身,天殊散妙花,虛空遍超灑。"

五代 莫72 北壁

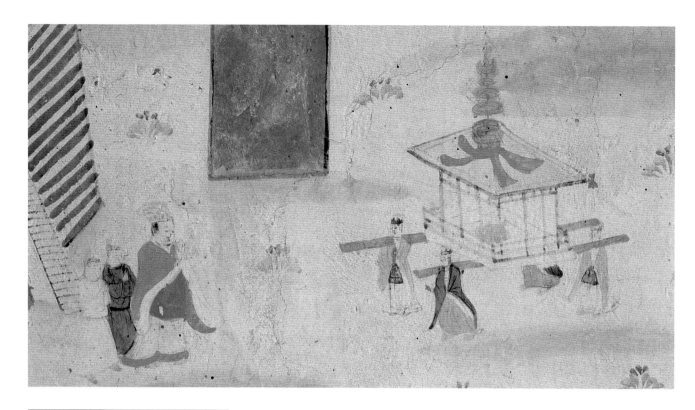

93 乘輿還宮

四人抬輿回宮，宮門外有一戴通天冠者
和二侍者在迎接。表示彌勒誕生後，乘
輿從花園回宮，受到父親善淨的迎接。

中唐　莫129　北壁

94 拆幢

婆羅門正在拆卸寶幢。旁跪一戴通天冠
者，雙手合十敬禮，為彌勒。彌勒見寶
物轉眼毀壞，頓感人生無常，於是出家
學道。此寶幢有平台、有車輪，類似現
今節日遊行用的大花車。

盛唐　莫148　南壁

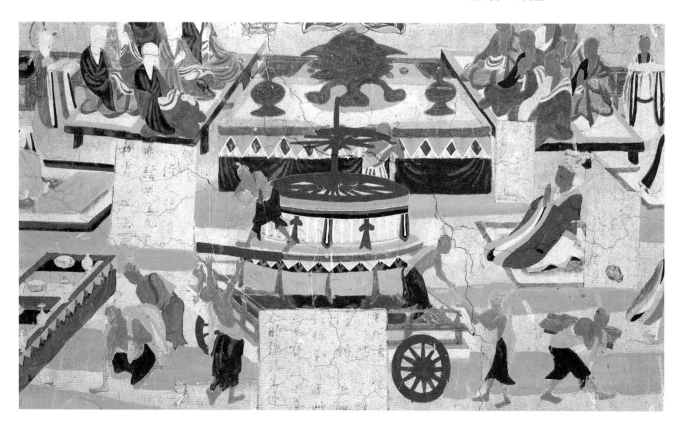

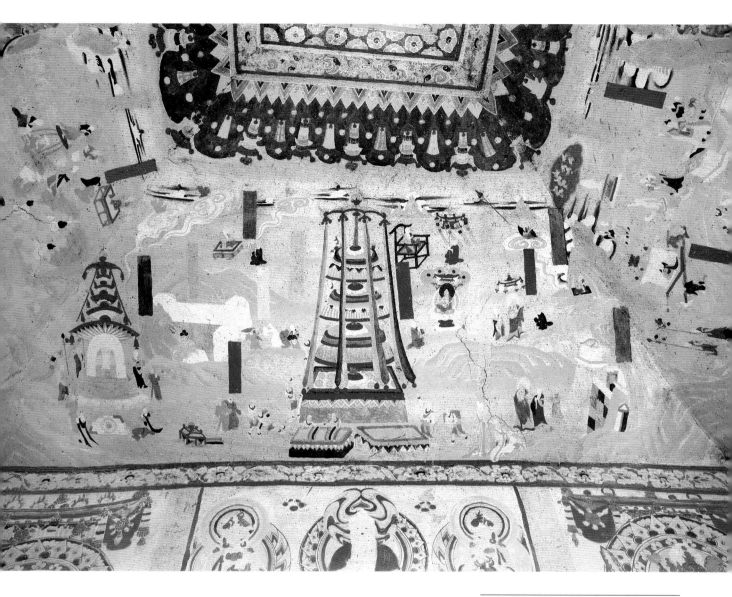

95 拆幢

幢用布幡製作，具有裝飾性。若以幢周
圍人物身材來衡量，此幢約有十人高。
這鋪彌勒經變繪於窟頂四坡，東坡以拆
幢為中心，但又與北坡的內容有機相
連，其餘三坡以三會為中心，這樣的佈
局較少見。

中唐 莫186 窟頂東坡北坡

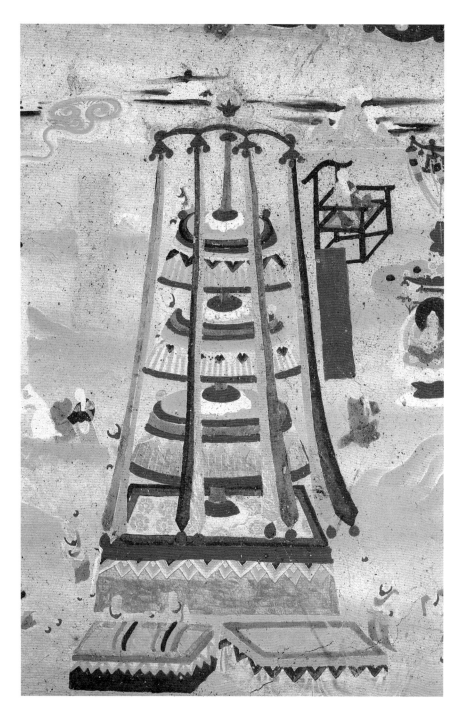

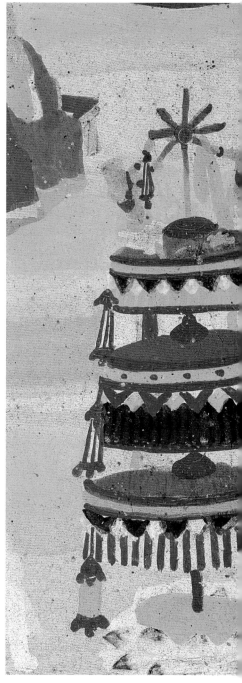

96 拆幢

中唐 莫186 窟頂東坡北坡

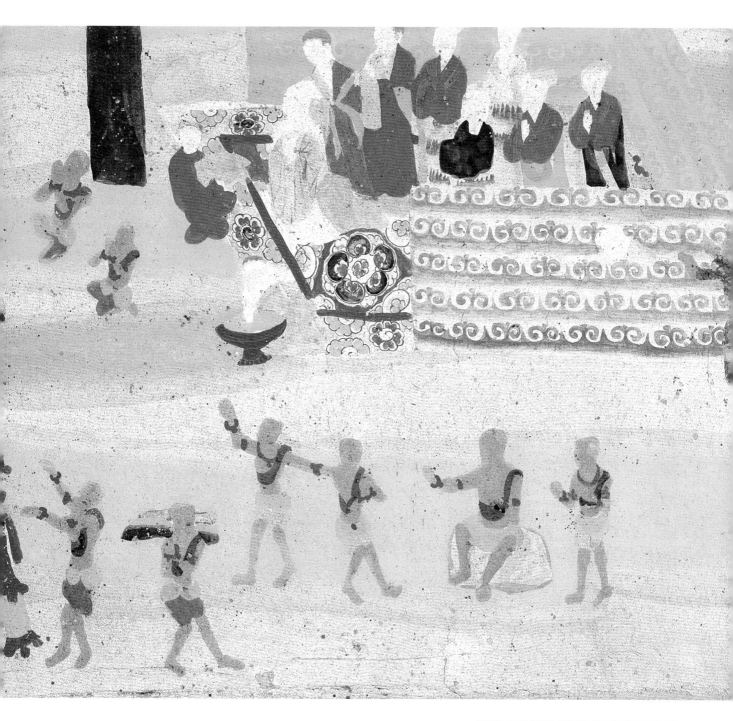

97 如詩如歌的拆幢圖

此幢分三層,布絹製作,中心柱為一木
竿,結構較簡單。二婆羅門正在頂上拆
卸部件,幢下人各司其職。畫中人物或
舉手、或投足、或彎腰,其動作頗合詩
歌舞蹈的韻律之美。

晚唐 莫9 窟頂東坡

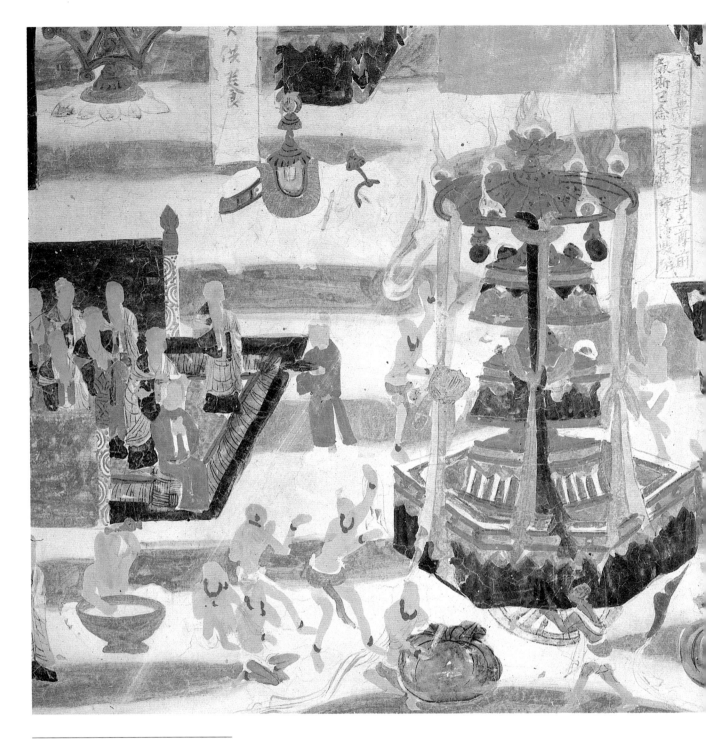

98 拆幢

此幢雖小，仍在下方安置活輪。婆羅門
人數較多，有的在拆卸，有的在用包袱
裹物品。

五代 莫61 南壁

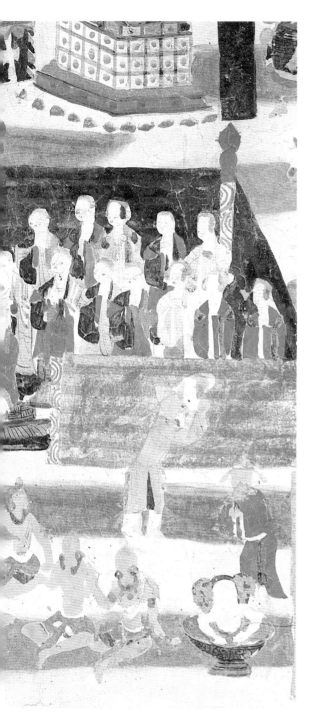

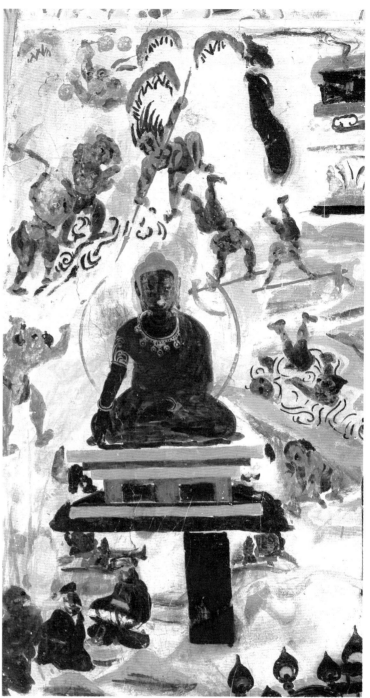

99 降魔成道

彌勒出家學道,最後降六種魔而成佛。
雖然壁畫變色嚴重,但仍可感受到諸魔
的猙獰和彌勒的鎮靜無畏。

盛唐 莫208 北壁

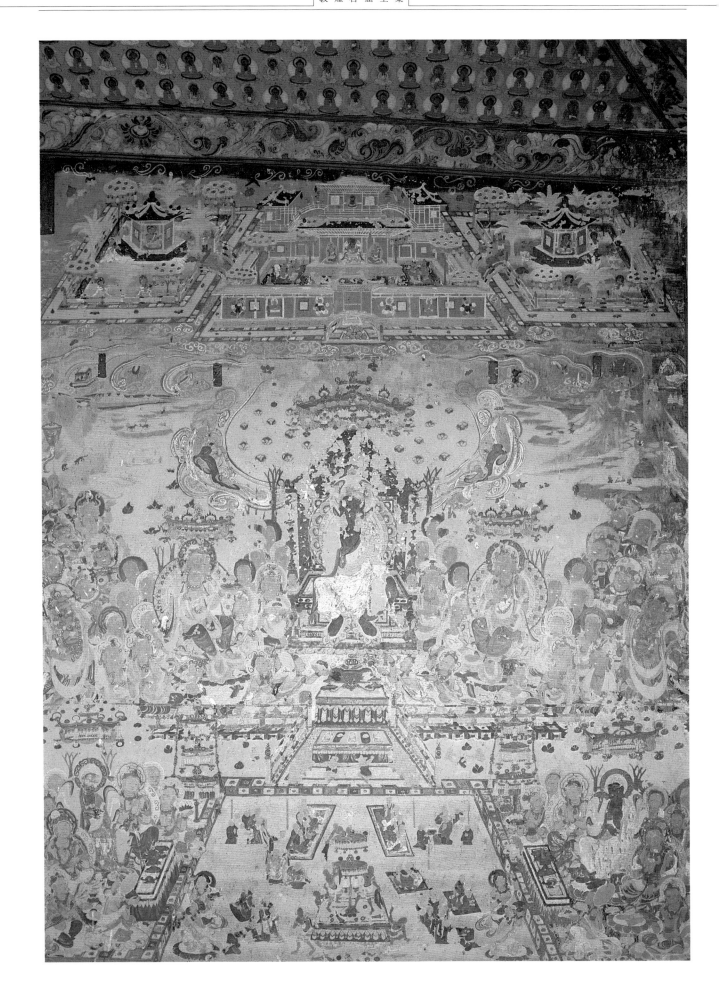

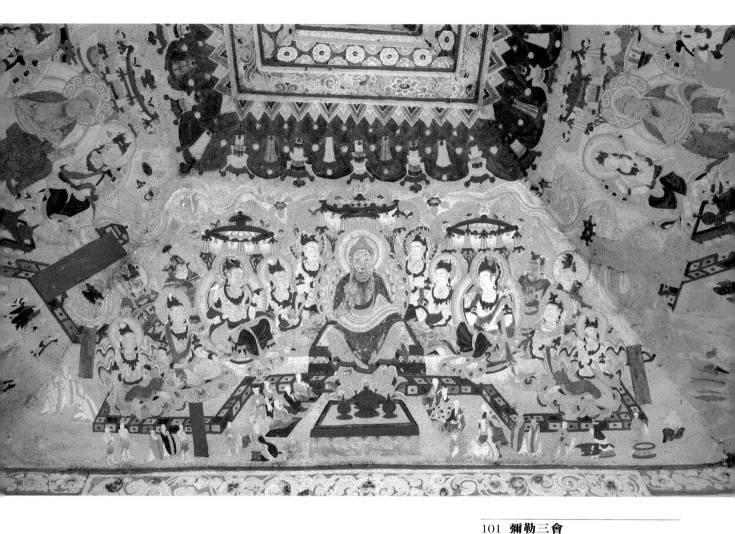

101 彌勒三會

該窟窟頂四坡繪彌勒經變,以西坡為中心,將彌勒三會繪於西、南、北三坡,東坡則繪拆幢。三會和拆幢的周圍穿插彌勒佛傳,這種設計較為少見。此為西坡,是彌勒經變的中心。

中唐 莫186 窟頂西坡

100 龍華樹下說法

此鋪下生經變雖無大型宮殿卻顯得宏富華麗。彌勒在龍華樹下說法。上生和下生的說法環境是不同的:彌勒在兜率天宮時,在善法堂說法,即在宮殿內說法,隋代所有獨立的上生經變都是;彌勒下生成佛後,主要是在龍華樹下說法,共說了三場,即龍華三會。因此,下生世界一般不繪大型宮殿,這是下生經變與其他經變足資區別的一點。

中唐 莫231 北壁

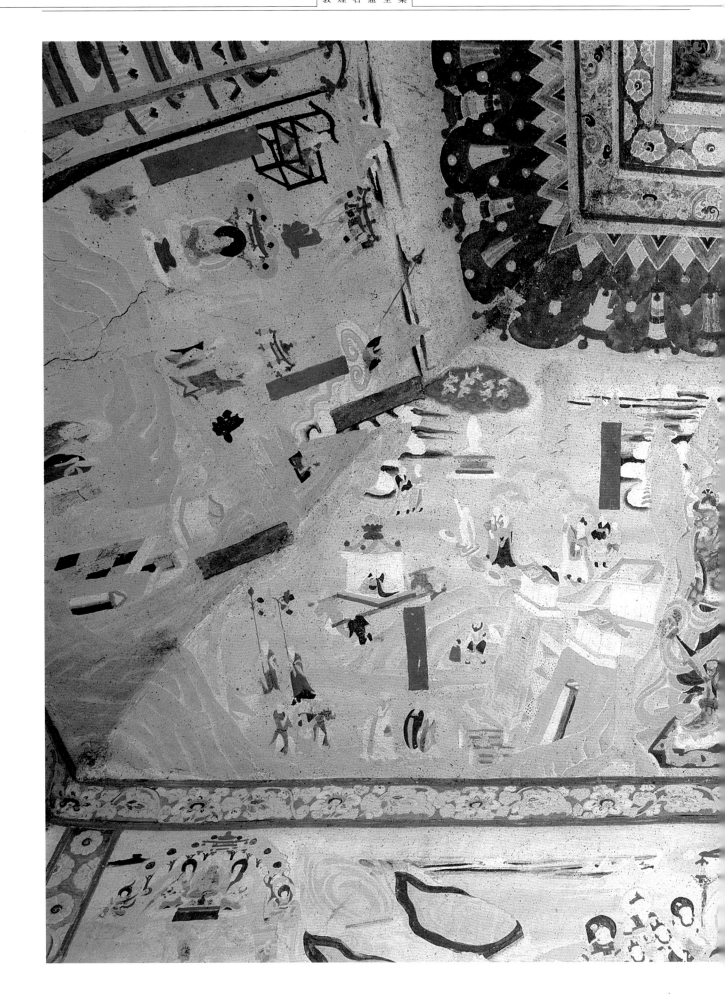

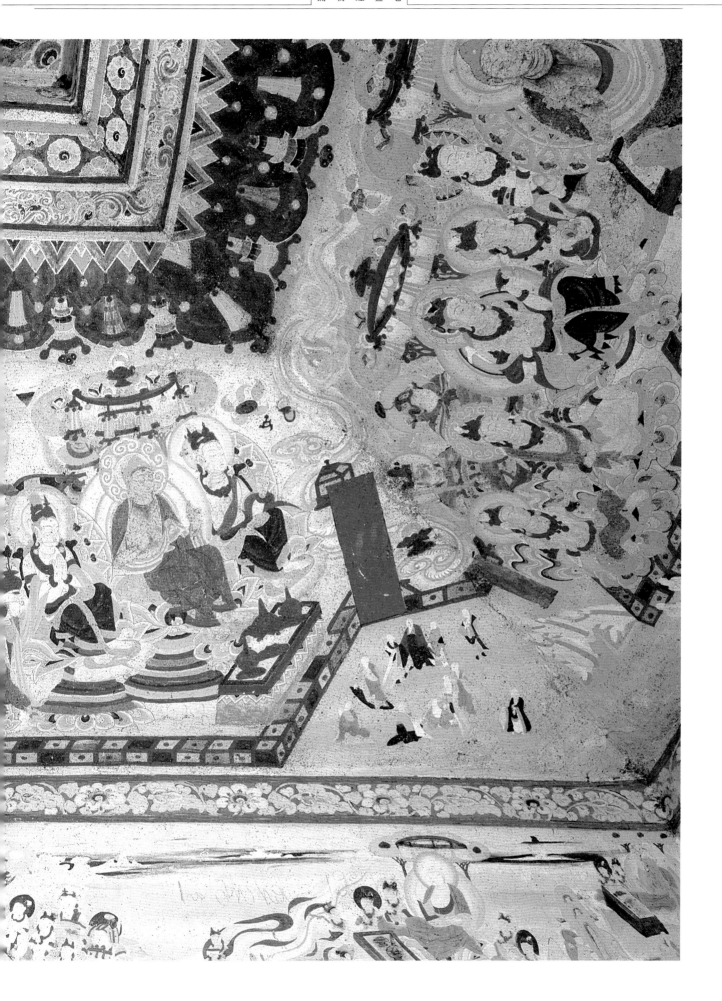

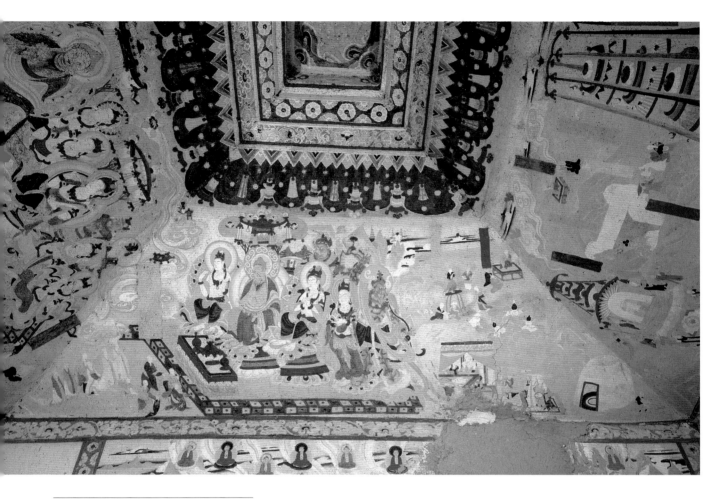

103 彌勒三會

此為繪於窟頂西坡的三會之一。畫面重
心偏向西坡，卻又與北坡的內容有機相
連。

中唐 莫186 窟頂北坡

102 彌勒三會　　　　◀ 見上頁

此為繪於窟頂西坡的三會之一。畫面重
心偏向西坡，但又與南坡的內容有機地
結合在一起。

中唐 莫186 窟頂南坡

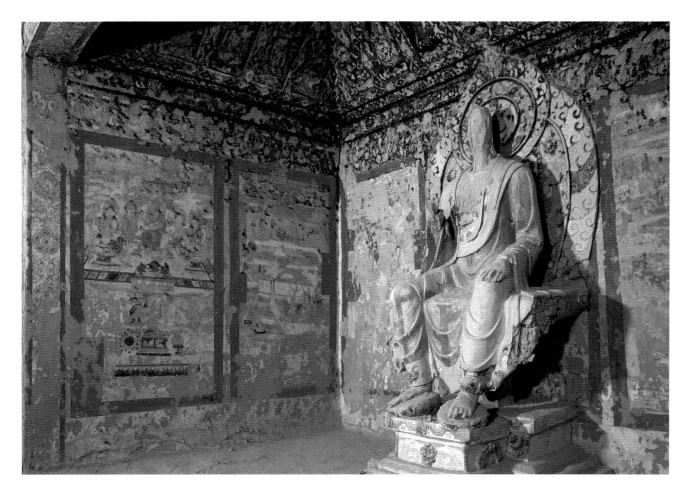

104 繪塑結合的彌勒三會

西壁龕內塑像主尊為倚坐佛，南、西、
北壁各繪二扇屏風畫，其中南壁和北壁
東側一扇為倚坐佛說法圖。屏風畫的內
容有樹上生衣、拆幢、剃度等。這種以
繪塑結合表示彌勒三會的形式在敦煌較
少見。

中唐 莫240 西壁龕內

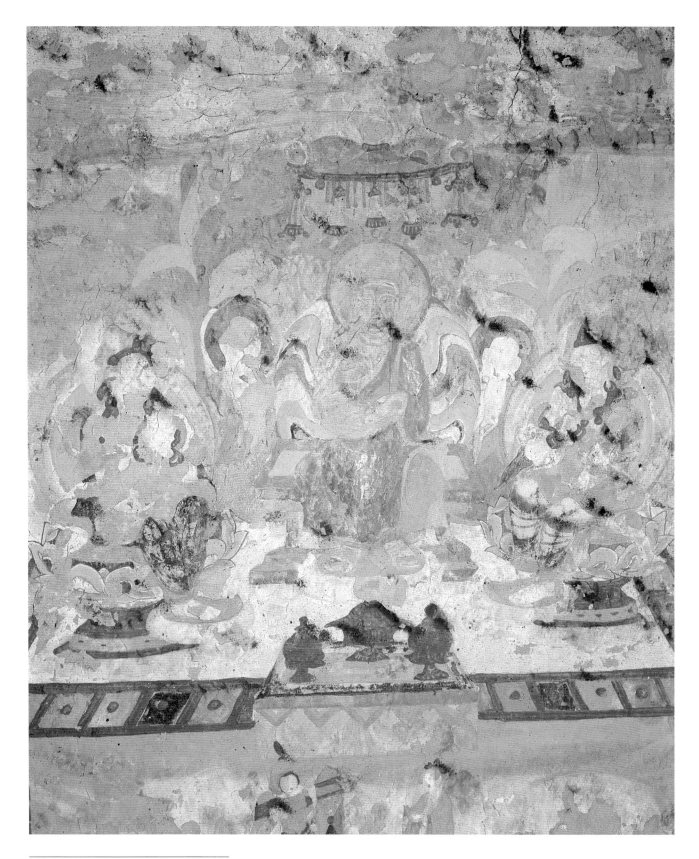

105 彌勒三會

此為繪在屏風畫中的彌勒三會之一，彌
勒的二大脅侍菩薩也是倚坐。

中唐 莫240 西壁龕內南壁

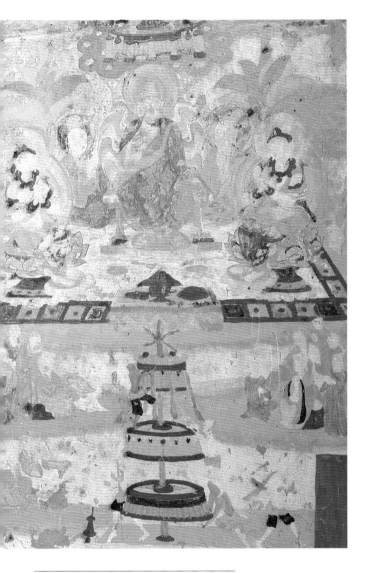

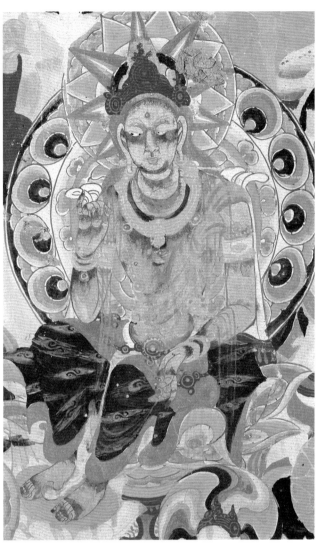

106 彌勒三會

中唐 莫240 西壁龕內北壁

107 脅侍菩薩

這身脅侍菩薩趨於寫實，重視暈染。中
唐彌勒經變的價值不僅體現在其所反映
的經文內容，還體現在它所反映的歷史
和藝術的變化。中唐人物畫與唐前期相
比，更重視暈染與寫實，此圖就體現了
這一藝術風格的變化。

中唐 莫369 北壁

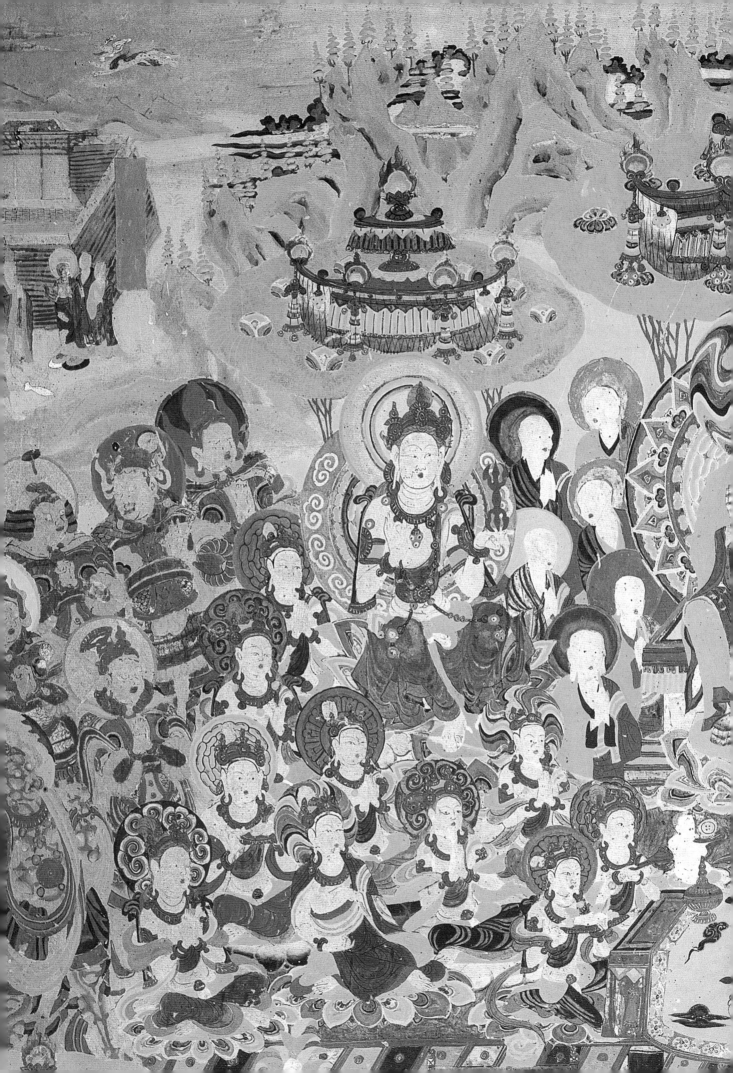

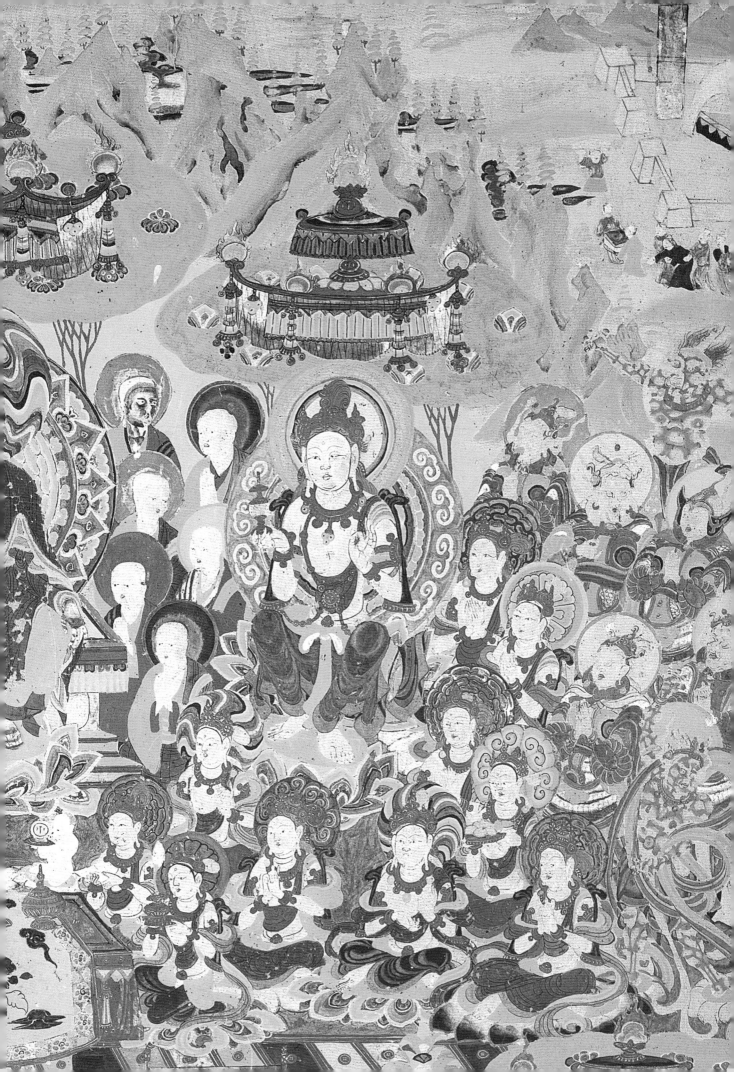

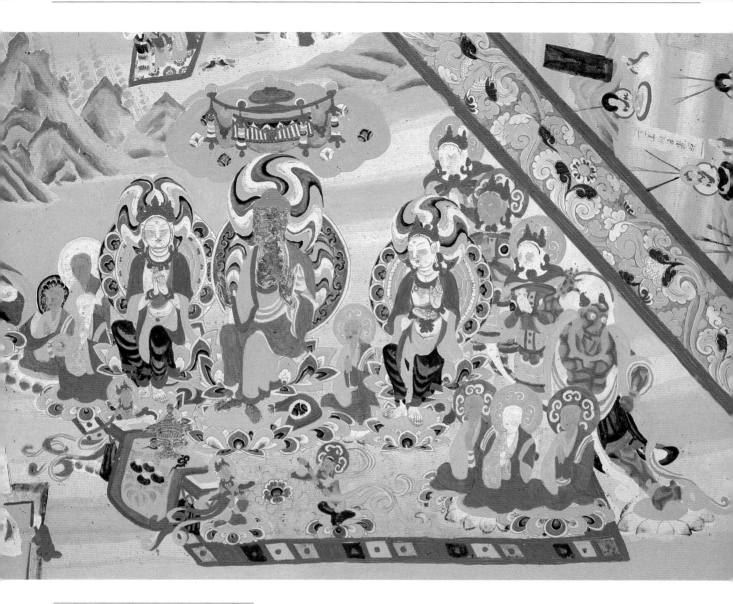

109 靈秀的彌勒三會

此為三會之一，彌勒的背光、蓮花等圖
案具有濃厚的裝飾效果，下方的供養菩
薩天衣飄揚，充滿靈秀之氣，體現了畫
工高超的藝術才能。

晚唐 莫9 窟頂東坡

108 眷屬眾多的彌勒三會 ◄見上頁

此為彌勒經變正中主尊及眷屬，有弟
子、神王、菩薩數十身。中唐以後，彌
勒經變中的三會說法場面越來越大，眷
屬越來越多，旨在突出佛會的莊嚴。

晚唐 莫12 南壁

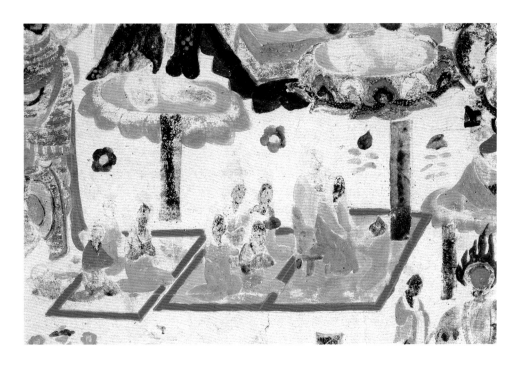

110 女度

此為剃度的場面。一人在前面接髮，後
面有許多等待剃度的侍女。為女人剃
髮，度其出家稱女度。盛唐時期，彌勒
經變的內容增加了許多，就剃度而言，
有的彌勒經變有四處剃度場面，人物眾
多，非常注意細節刻劃。

盛唐 莫23 窟頂西坡

111 價值甚大的女度圖

此為女度。一比丘尼正為一女剃度，侍
女端盤接髮；後立等待剃度的侍女數
人，神態各異。此圖在研究古代髮式、
服飾、人物肖像畫等方面都具有參考價
值。

盛唐 莫445 北壁

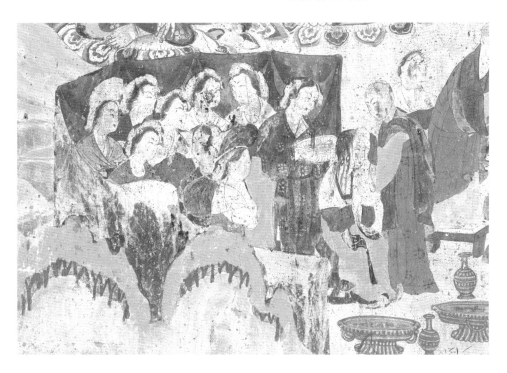

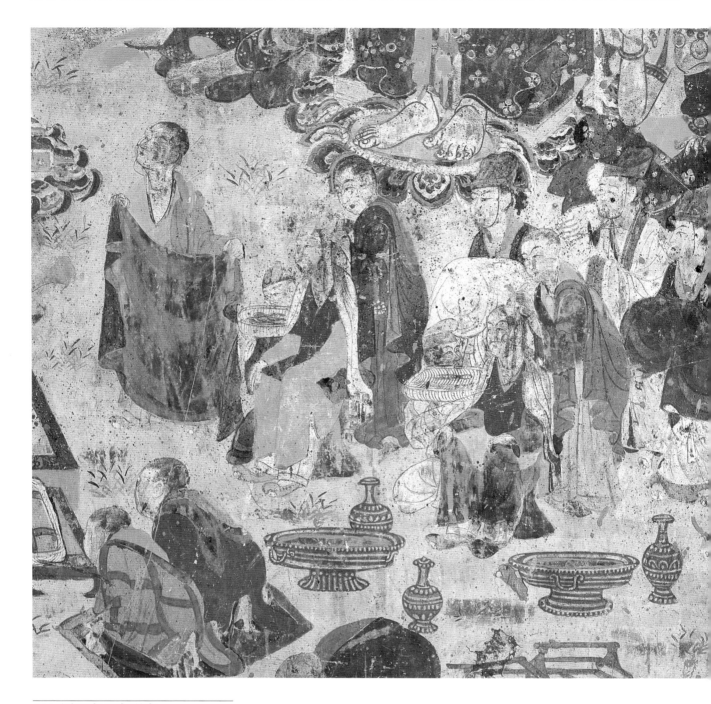

112　國王與百官剃度

此為男度。大約是剃度者太多，所以畫
了二位剃度師、二隻洗臉盆、三隻淨水
瓶。從服飾看，剃度者應是國王和文武
百官。

盛唐　莫445　北壁

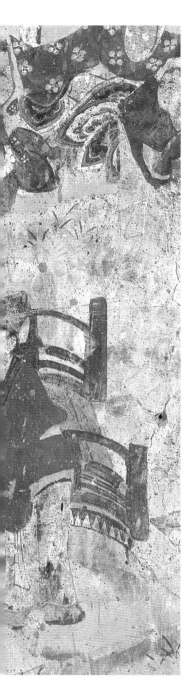

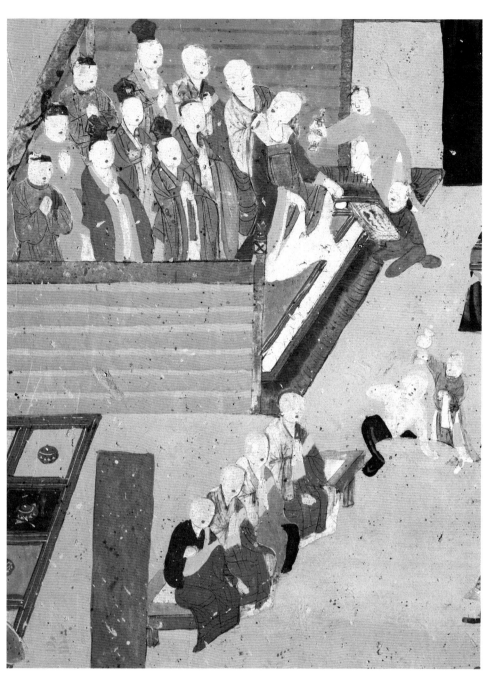

113 過程完整的男度場面

此為男度。高僧正為一人剃度，更多的人在等待剃度。剃度完後的人上身赤裸，在洗頭，動作滑稽；剃度後並洗過頭的四人，穿上袈裟端坐凳上。顯然畫工是在表示剃度的全過程。

晚唐 莫12 南壁

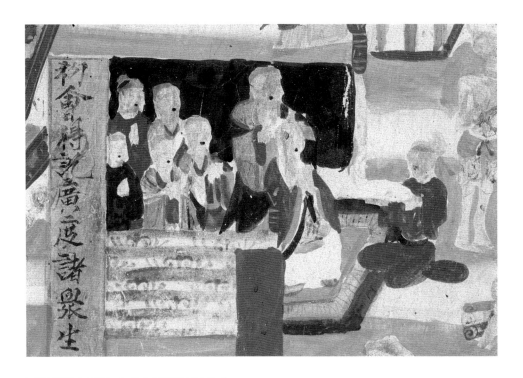

114　初度

剃度情節。剃度榜題文字尚存部分，表示彌勒三會說法的初度。

五代　莫146　南壁

115　二度

此為女度，榜題："第二會度百千人"。按經文內容，應是第二會度九十四億人。

宋　莫25　窟頂東坡

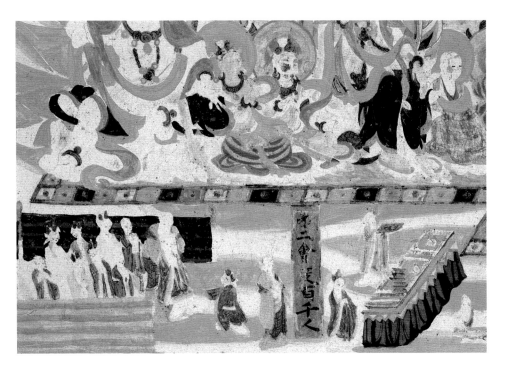

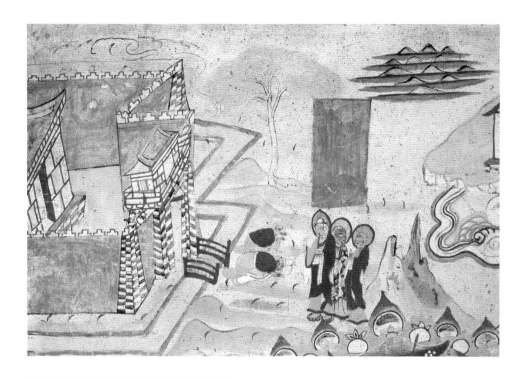

116 彌勒回城

彌勒成佛後，曾回到故鄉翅頭末城乞
食。此繪一城，有護城河，彌勒與二弟
子在城外，二人正五體投地迎接彌勒歸
來。城市佈局與當時現實生活中的城市
完全相同，為研究古代建築提供了形象
資料。

盛唐 莫116 北壁

117 彌勒回城

彌勒左手托鉢，腳下生蓮，頭上有華
蓋，與弟子一起回翅頭末城；有三人出
城，迎接彌勒。彌勒形象比弟子高大許
多，以示神聖。

盛唐 莫148 南壁

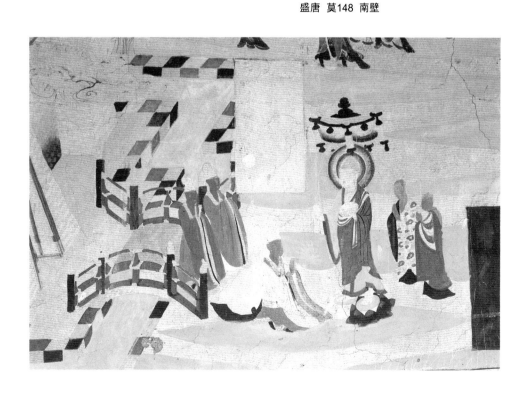

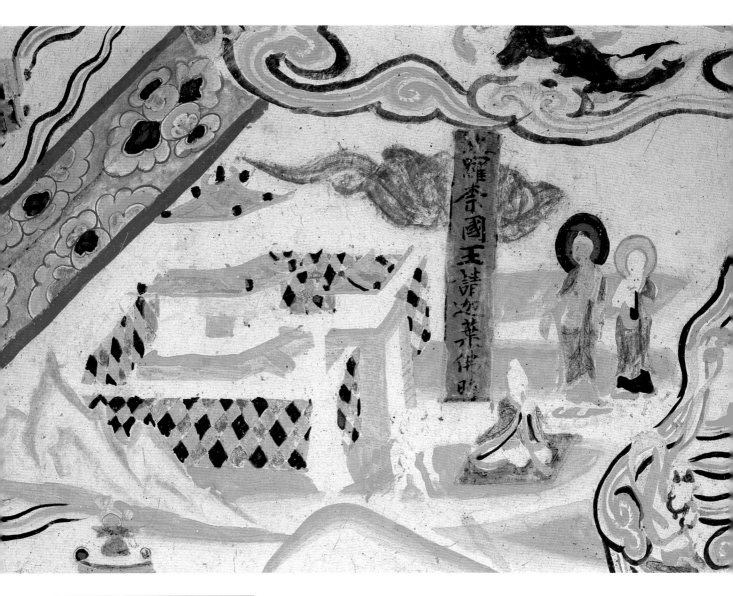

118 彌勒回城

一大城，夜叉葉華正在城外掃地，一人
跪對一佛一弟子。保存下來的榜題為
"國王請迦葉佛"。

宋 莫25 窟頂東坡

119 迦葉禪窟不勝寒

迦葉籠袖結跏趺坐禪窟內，前置淨瓶，頭被裹巾嚴圍，只露面部，頗有高處不勝寒之感。釋迦牟尼臨終，囑咐迦葉等大弟子不得入滅，要護法至彌勒成佛。為了將釋迦牟尼的袈裟傳給彌勒，迦葉就在狼跡山禪窟等待彌勒。

盛唐 莫33 北壁

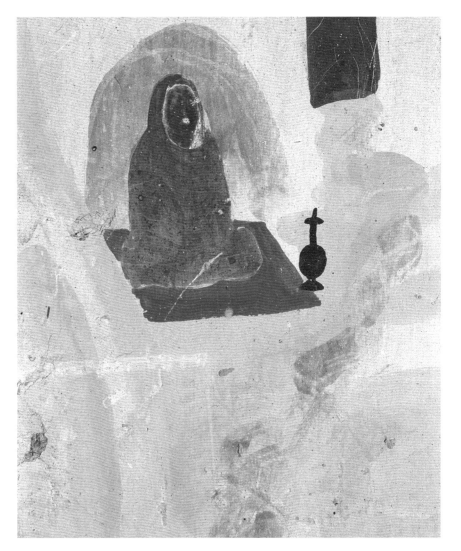

120 羣山環抱的迦葉禪窟

狼跡山重巒疊嶂，迦葉孤身一人在山中禪定，等待彌勒下生。畫面既表現了山林之美，又表達了迦葉遠離人間、苦心等待彌勒的堅毅性格。

盛唐 莫387 北壁

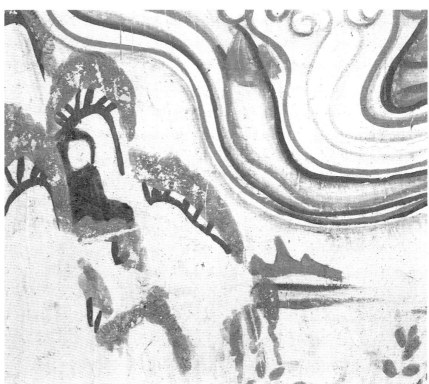

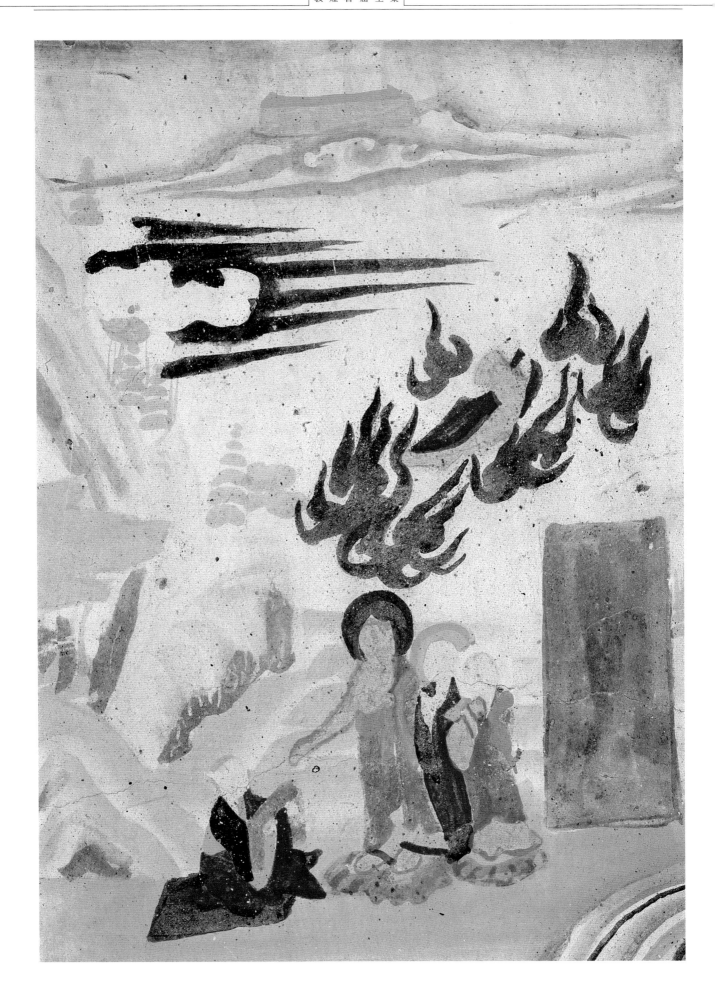

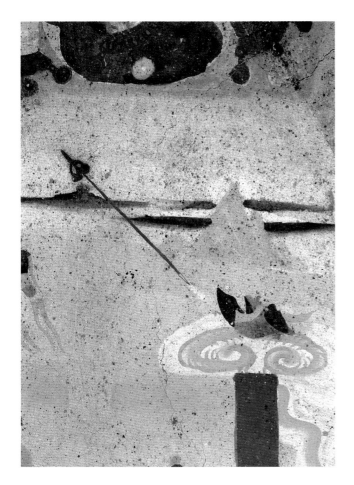

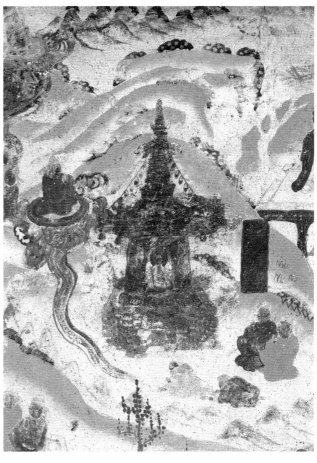

122 迦葉擲錫杖

迦葉將一錫杖向空中擲去。這是迦葉獻
袈裟後展示的一大神通。

中唐 莫186 窟頂東坡

123 禮拜佛塔得往生

四人正在禮拜佛塔，塔內有一佛；另有
一人乘雲昇天。表示由於供養釋迦牟尼
塔，死後得以往生兜率天宮。

盛唐 莫113 北壁

121 迦葉獻袈裟

迦葉跪在地上，將袈裟獻給彌勒佛。上
方是表示迦葉騰昇空中，現身上燃火等
十八種神通的情節。

中唐 莫361 北壁

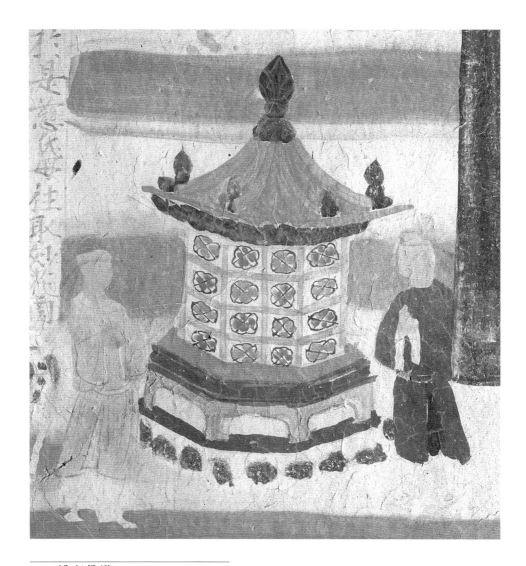

124 禮拜佛塔

二俗人站立合十，禮拜佛塔。沒有繪出
塔內佛像和往生者。

五代 莫61 南壁

藥師經變

序論　消百怪之神符　除九横之妙術： 藥師信仰概述

藥師經是一部晚出的大乘經典，產生的地點可能在印度西北邊境或中亞。經文約五千字，為釋迦牟尼在廣嚴城樂音樹下應文殊菩薩請問而説，宣傳當今的東方世界由近而遠有七個佛國，其中最遠的第七個世界是淨琉璃世界，教主是藥師佛。相關佛經將東方淨琉璃世界描繪得如同西方阿彌陀佛國，藥師佛現今正在東方淨琉璃世界説法。

一、 信仰的起源與內容

關於藥師信仰起源的資料，十分有限。除1931年在克什米爾基爾基特附近的一個窣堵波中，發現幾部六或七世紀梵本藥師經外，不但在中國西行求法高僧的行記中從未看到有關印度藥師佛的記載，就是在印度早期的考古發掘裏，亦不曾發現藥師像。晚期的印度佛教圖像典籍也很少談及藥師佛。這説明，藥師信仰在印度並未受到重視。因此，有些學者指出，藥師信仰可能源自印度的西北邊境或中亞；問世的時間，當在西方淨土信仰和彌勒淨土信仰之後，大約是公元二三世紀。

藥師信仰的主要內容有：

1. 藥師佛的使命是拯救世人脱離苦海。藥師佛的全稱是“藥師琉璃光如來”，所謂“藥師”，即醫生。藥師佛與其他佛一樣，具有救苦救難的大神通，他許下十二大願，願拯救世人脱離苦海。鳩摩羅什譯《大智度論》云：“多病人，應多藥師。”唐代梁肅《藥師琉璃光如來畫像讚並序》云：“藥師者，大醫之號；琉璃者，大明之道。所以洗蕩八苦，振爥六幽，巍乎其有功。”

2. 藥師世界是極樂國。藥師經對藥師世界大加讚美，將藥師世界描繪為：“彼佛國土，一向清淨，無女人形，離諸慾惡，亦無一切惡道苦聲。琉璃為地，城闕、垣牆、門窗、堂閣、柱樑、斗栱，周匝羅網，皆七寶成，如極樂國。”藥師世界如西方極樂國，藥師佛是其教主。因此，藥師佛既是拯救苦難的救世主，也是淨土世界的教主。

3. 世人脱離苦海的辦法。面對世間的痛苦，藥師經宣稱，世人欲度脱危厄，應樹幡、燃燈、放生等。雖然樹幡和燃燈是佛教的基本宗教活動，但藥師經有着更具體的要求：建造七層燈輪，一層七盞；製作五色幡，長四十九尺。於是樹幡和燃燈成為藥師經變的重要特徵。

隋譯藥師經序文説該經是"致福消災之要法"，"憶念稱名，則眾苦咸脱；祈請供養，則諸願皆滿。至於病士求救，應死更生；王者禳災，轉禍為福。信是消百怪之神符，除九橫之妙術矣"。又讚揚藥師世界"七寶莊嚴，顯果德之純淨"。這些評論都十分中肯地揭示了藥師信仰的主要內容及影響廣泛的原因。

二、藥師經典的漢譯與經疏

藥師經漢譯本，一般認為前後共有五譯，四存一佚，現存的有：

1. 東晉帛尸梨蜜多羅譯《灌頂章句拔除過罪生死得度經》一卷，收入十二卷本《灌頂經》中。

2. 隋達摩笈多公元615年譯《藥師如來本願經》一卷。達摩笈多曾於開皇十年即公元590年在敦煌活動，後至長安、洛陽譯經。

3. 唐玄奘公元650年譯《藥師琉璃光如來本願功德經》一卷。

4. 唐義淨公元707年譯《新譯藥師琉璃光七佛本願功德經》二卷。

現存這些譯本的內容基本相同，屬同本異譯，唯義淨譯本要詳細些，對東方七佛諸內容一一作了敍述，而其他譯本只敍述最遠的淨琉璃世界的藥師佛。

被認為已佚的是劉宋慧簡譯《佛説藥師琉璃光經》一卷，公元457年譯。但有學者認為，此經未佚，它實即所謂帛尸梨蜜多羅譯本，只是後人將該經編入帛尸梨蜜多羅譯《灌頂經》中，當是。

另外，密教也重視藥師信仰，從唐代到清代有多種儀軌譯本。

藥師經的注疏至少有八種，但幾乎都沒有流傳下來，敦煌遺書中有兩件《藥師經疏》，其中一件題唐慧觀作，佛經目錄中沒有記載，十分珍貴。

有關藥師信仰的資料，除文獻上有佛教徒寫經、誦經、造像等記載外，現存的造像實物也甚多，主要保存在敦煌、四川等地的石窟中。藏傳佛教藝術中也有藥師信仰的遺存，並在佛教藝術史上佔有一定的地位。

三、藥師信仰的傳播

藥師經雖短，但在古代中國、朝鮮、日本，藥師信仰卻十分流行。隋唐以來，寺院中供三方佛甚多，中央為釋迦佛，一方為阿彌陀佛，一方即東方淨琉璃世界的教主藥師佛。因為他名為"藥師"，他許下的十二大願有拔除眾生一切病苦的內容，人們信仰也是大醫王，塑像中讓他左手持缽，缽內盛甘露；右手執藥丸。藥師信仰在中國的發展歷程與在海外的影響大致如下：

1. 南北朝及隋朝

南朝的佛教十分發達，唐代詩人杜牧《江南春》描述道："南朝四百八十寺，多少樓台煙雨中。"當時隨着藥師經的翻譯，經文開始流傳，達摩笈多譯本的序文即提到："昔宋孝武之世，鹿野寺沙門慧簡已曾譯出，在世流行。"

藥師經中的一些經文如"求男女得男女，求官位得官位"等教義，深得當時人崇信。梁武帝時期，真觀（公元538~611年）之母無嗣，便誦《藥師》等經，果而有孕。陳文帝佞佛，親撰《藥師齋懺文》，文中稱"於某處建如千僧、如千日藥師齋懺"。藥師齋懺有千僧參加，規模可想而知。藥師齋懺的出現，是藥師信仰進一步普及的標誌。陳文帝撰《藥師齋懺文》以及齋僧、燃燈、轉經等活動，顯示了藥師信仰重視宗教實踐的特色。

藥師佛的救苦救難，使得藥師信仰在北朝也廣泛流行。北周張元曾延請七僧，燃七燈，七日七夜轉藥師經，感得其祖盲眼復明，此事載入正史《周書》和《北史》中。雲岡石窟、龍門石窟、河南浚縣的造像碑均有藥師圖像。當時的人即指出了藥師信仰流行的原因，如《出三藏記集》說："此經後有《續命法》，所以遍行於世。"確為一語道破。

藥師信仰也傳播到敦煌。敦煌研究院藏有4件北朝時期藥師經寫經，為帛尸梨蜜多羅譯本，其中一件寫於北魏太和十一年（公元487年），距該經譯出時間只有三十年。《魏書》稱敦煌是華戎相交的一大都會，南朝、北朝均流行藥師信仰，敦煌出現藥師經抄經，自在情理之中。

到了隋朝，藥師信仰得到進一步發展。敦煌石窟出現了藥師圖像。

2. 唐五代及其後

唐時也流行藥師齋懺，唐肅宗御用僧人元皎曾於至德二年（公元757年）在鳳翔開元寺建藥師道場，"擇三七僧，六時行道，燃燈歌唄，讚念持經，無敢言疲"。最後，道場中生出一棵李樹，肅宗大喜，賜元皎官為內供奉。

更多的藥師信仰資料是有關造藥師像的記載。《歷代名畫記》記東都洛陽昭成寺"香爐兩頭淨土變、藥師變，程遜畫"。《益州名畫錄》記晚唐趙公佑在四川大聖慈寺藥師院繪有四天王並十二神，藥師院的十二神即藥師十二神王。又記五代後蜀時，畫家趙忠義在大聖慈寺繪"藥師經變相"，可見唐五代時佛教寺院裏有藥師經變的存在。《全唐文》亦收錄了多篇《藥師畫像讚並序》。天寶十二載（公元753年）鑒真東渡，所攜為數不多的佛像中就有藥師像。在當時的石窟如龍門石窟、四川石窟等繪塑的藥師造像和藥師經變至今世人仍可看到；法門寺地宮出土的唐代佛教遺物中也有藥師圖像。

宋時藥師信仰依然存在，元代有數部密教性質的藥師儀軌譯出。明代嘉靖二十二年（1543年）德妃張氏和五公主捐資刊刻的《藥師本願功德寶卷》，文辭流暢，琅琅上口。既然是刊刻發行，為數當不少。可以想見宋代以後藥師信仰仍頗為流行。清代也有數部密教性質的藥師儀軌譯出。

3. 中國早期石窟中的藥師形象

中國各大石窟中保存有早期眾多的藥師造像，如炳靈寺石窟、雲岡石窟等。炳靈寺著名的169窟內的"建弘龕"中，在釋迦牟尼佛像的右上方，繪有一尊小的禪定佛，旁題"藥王佛"。此龕建於西秦建弘五年（公元424年）。

北魏開鑿的雲岡石窟中也有藥師圖像，在第11窟。該窟西壁七佛南起之第四與第五佛像間有若干小龕，各雕佛一身，其中一小龕下有銘文："佛弟子祈口口，發心造藥師留離（琉璃）光像一軀，願願從心"。

龍門石窟古陽洞彌勒像龕內，有藥師、觀音像，南壁有孝昌元年（公元525年）造藥師像題記，稱：敬造彌勒像一堪（龕），（並）觀音、藥師，今已就達。願以此善，鍾慶皇家、己身、眷屬，命延無窮。龍門石窟早期有題記的藥師造像，僅此一例。到唐代，又刻有數尊藥師像。

敦煌則是隋唐以後保存藥師圖像數量最多的地方。敦煌的藥師圖像主要包括藥師經變、藥師說法圖、藥師單尊像、羣像等，其中藥師經變就有110餘鋪：隋代4鋪，初唐1鋪，盛唐1鋪，中唐23鋪，晚唐32鋪，五代32鋪，宋代9鋪，沙州回鶻、西夏9鋪。藏經洞發現的紙絹畫中也有一些藥師圖像。它們既具有較高的史料價值，也有很高的藝術價值。

敦煌是從事藥師圖像與藥師信仰研究的一塊寶地。

4. 播及朝鮮與日本

古代朝鮮、日本也流行藥師信仰。在古新羅，太賢著有《藥師經古記》二卷。韓國的藥師造像，從公佈的資料看，藥師像均為單尊像，沒有藥師七佛、十二神王、藥師經變。現在已知的藥師造像有芬皇寺銅鑄藥師像，重三十萬六千七百斤，建於公元755年；國立慶州博物館藏柏粟寺金銅藥師立像，高2.8米；長谷寺鐵造藥師坐像，高1.03米；京畿道廣州郡東部面春宮裏藥師谷摩崖藥師坐像，高93厘米，據佛像右側銘文，造於公元977年。

日本的藥師信仰資料較多，如最澄《藥師如來講式》、覺禪《覺禪鈔》卷三"藥師法"、卷四"藥師"、卷五"藥師七佛"，都有對藥師經的具體解說，並記載了供養儀式。在實物資料上，現存最早的藥師造像可溯至七世紀初的法隆寺金堂藥師塑像，像高63厘米，造像完成於推古十五年（公元607年）。金堂壁畫也有一幅藥師淨土圖：一佛二弟子四脅侍菩薩四天王二力士，主尊藥師倚坐。時在七世紀後期。此後的藥師造像及造像文獻頗多。天寶十二年（公元753年），鑒真東渡時所攜帶的物品中，也有藥師瑞像一軀。

日本的藥師圖像與中國有很大的不同，除大量藥師單尊像外，還流行藥師七佛造像。藥師七佛造像相當普遍，是日本藥師信仰的顯著特點。日本藥師七佛信仰與皇室的推崇有關。天平十七年（公元745年），聖武天皇患病，造藥師像七軀，高六尺三寸。天平十九年又創建藥師寺。《藥師寺緣起》記：天武天皇皇后病不愈，巫醫少驗，因之為除病延命，發奉造丈六藥師佛像之願。爰靈驗有感，皇后病愈，天皇感恩便鑄七佛藥師佛像，並左右脅侍日光遍照、月光遍照菩薩像各一體。

七八世紀，藥師信仰在日本相當普及，此後的文獻記載和造像也很多。日本佛教典籍《覺禪鈔》卷五"七佛藥師"條有天曆十年（公元956年）具體修藥師七佛的事儀。其中提到："七佛藥師之法者，天台無雙之秘法也"。

日本藥師信仰的另一潮流是民間化，變成一種民間宗教，日本學者五來重先生1986年出版的《藥師信仰》一書專論日本民間的藥師信仰，最為詳細，這裏就不再介紹了。

敦煌藥師圖像是敦煌佛教造像的一大題材，受到學者及一般佛教信徒的重視，取得了一些研究成果，本書將對它們加以介紹。今後如何在全面調查藥師單尊像、藥師說法圖的基礎上，與敦煌以外的藥師圖像進行比較研究，解開一些疑團，則是敦煌研究工作者的主要任務。

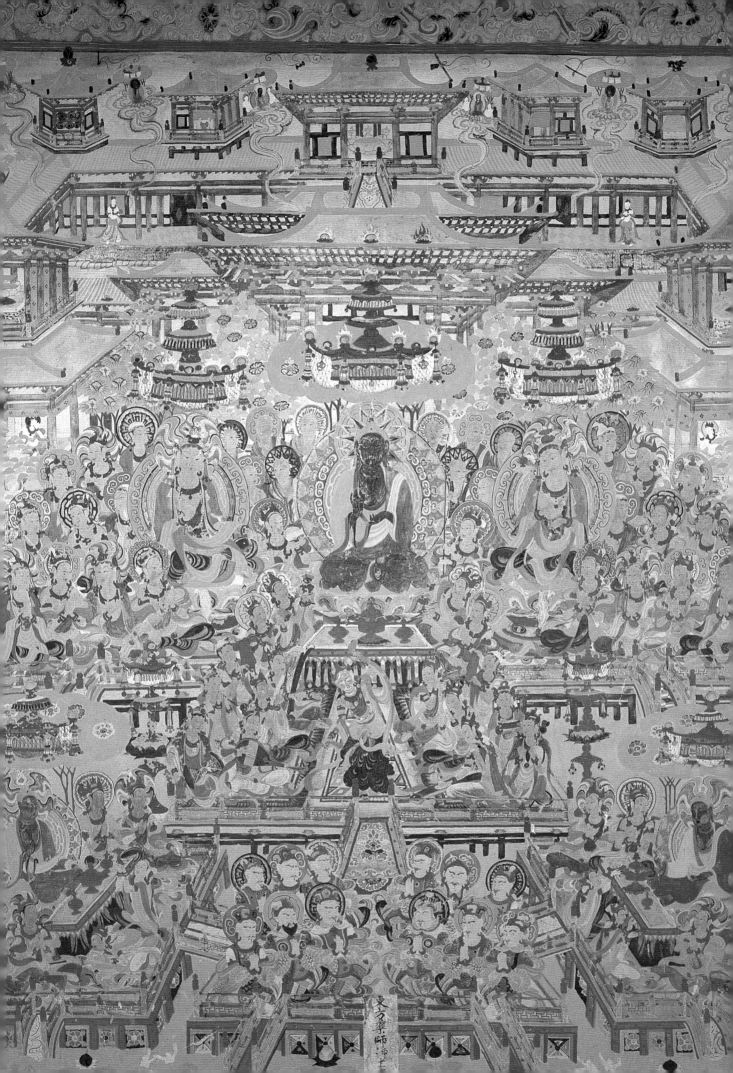

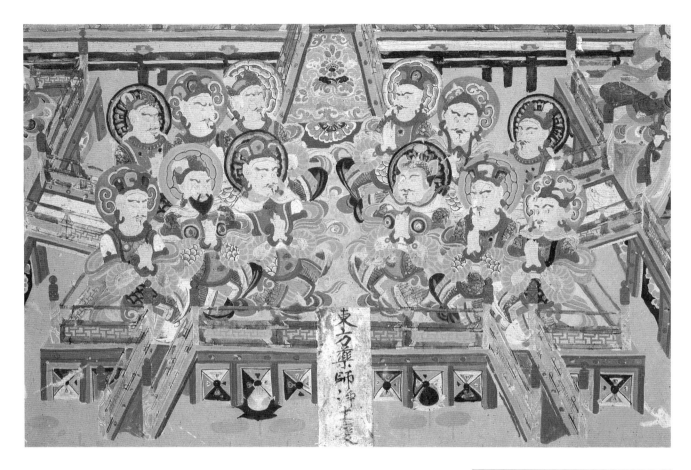

126 藥師淨土變榜題

主榜題文字尚存，為"東方藥師淨土
變"，可見當時是將藥師佛國理解為淨
土世界的。
晚唐 莫12 北壁

125 藥師說法會

藥師佛居中，作說法狀，雙手不持物，
弟子、脅侍菩薩、供養菩薩簇擁周圍，
體現法會莊嚴。上方天空諸樂器不鼓自
鳴，下方樓台眾伎樂奏樂伴舞，展示淨
土美景。此藥師經變和同窟觀無量壽佛
經變的主體說法會幾乎完全一致，顯然
是使用同一粉本；較大的區別是前者有
十二神王，後者則無。
晚唐 莫12 北壁

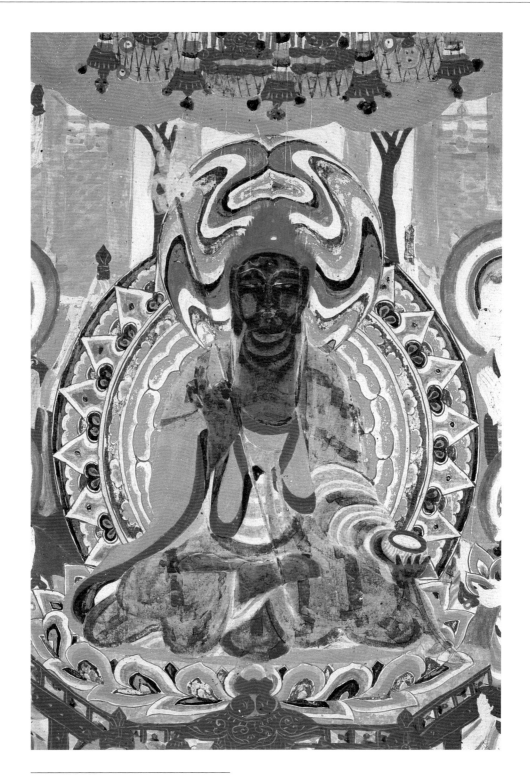

127 藥師佛

藥師佛左手托缽，右手執錫杖。佛的蓮
花座、背光對稱工整，具有裝飾效果。
晚期敦煌壁畫中，托缽、執錫杖的藥師
佛較多，特別是在回鶻、西夏洞窟中。
五代 莫6 北壁

第一節　錫杖護蒼生　藥鉢除眾病：　藥師淨土中的藥師佛

　　佛教徒對藥師佛名的解釋是："藥師者，是譬名，藥師隨病設藥，能令除滅一切病痛，此佛亦爾，以世、出世二種妙藥滅除眾生心身病，故言藥師。""拔除生死之病，故名藥師。照度三有之暗，稱琉璃光。"（覺禪《覺禪鈔》）這裏主要說明兩個問題，一敦煌壁畫中的藥師世界為什麼是淨土世界，二藥師佛形象與其他佛相區別的特徵。

一、藥師世界是淨土世界

　　敦煌壁畫所繪藥師世界為淨土世界，這樣的畫例比比皆是。如中唐第231窟建窟發願文《大蕃故敦煌郡莫高窟陰處士公修功德記》，其中有"北牆藥師淨土……各一鋪"，即指北壁西起第一鋪的藥師經變。晚唐第12窟和第144窟藥師經變題有相同的"東方藥師淨土變"之榜題。五代第61窟藥師圖題"藥師會"，藥師會是藥師說法會之意。其他經變也有稱某某會的，如榆林窟第36窟的千手千眼觀音經變的榜題稱"大悲會"，敦煌遺書《千手千眼觀音經變示意圖》題作"大悲會"，《如意輪觀音經變示意圖》題作"如意輪會"。五代第98窟的藥師圖為說法會，題"東方十二上願藥師琉璃經變"。以上諸例說明，認為藥師所處為淨土世界，在敦煌各時期都是一致的。

　　為甚麼藥師世界是淨土世界呢？首先要從經文中尋答案，看經文是如何描述藥師世界的。達摩笈多譯藥師經云：藥師琉璃光如來所有諸願及彼佛土功德莊嚴，乃至窮劫說不可盡。彼佛國土一向清淨，無女人形，離諸慾惡，亦無一切惡道苦聲。琉璃為地，城闕、垣牆、門窗、堂閣、柱樑、斗栱、周匝羅網，皆七寶成，如極樂國。

　　藥師佛土"皆七寶成，如極樂國"，這是敦煌壁畫將藥師世界描繪為藥師淨土的第一個依據。

　　再一個依據是中外歷史上人們對藥師世界是淨土世界有比較一致的看法。如高僧一行撰《藥師琉璃光如來消災除難念誦儀軌》云："由此加持故，成本尊淨土。有大寶宮殿，種種持莊嚴。於寶宮殿中，想藥師如來，菩薩眾圍繞。"這裏提到藥師與淨土。中唐大都督張逸謙夫人安氏曾"召丹青以輸願"，繪藥師圖像一鋪，並有《藥師琉璃光如來讚並序》一文說，"至於淨土，超勝西方。"提出藥師淨土勝於阿彌陀淨土。

　　中國的信徒如此，日本的信徒也是這樣。日本古代佛教文獻常提"藥師淨土"一詞。如《興福寺緣起》條記："東堂藥師淨土緣起者，神龜二（考：二準干支，當作三。按：此為原注，神龜二年為725年）年丙寅秋七月，今帝陛下奉為太上天皇寢膳不安所造者也。""（五重塔）塔本東方藥師淨土變：藥師佛一軀、脅侍菩薩二軀、羅漢像二軀、神王像八軀。”

正是由於藥師經經義的闡釋，及早期人們對藥師經的理解，藥師世界便被確定為理想的淨土世界。敦煌壁畫將藥師世界描繪為淨土世界是宗教與社會選擇的必然結果。

二、藥師佛的形象：托缽與持杖

敦煌壁畫中出現了大量的藥師像，包括單尊像、説法圖、經變。單尊像即單一的個體像。説法圖為主尊是藥師佛，周圍弟子、菩薩等眾眷屬圍繞。經變則還有九橫死、十二大願、燃燈、放生等具體內容。中原地區南北朝時期出現單尊像、説法圖；敦煌可以肯定的藥師圖像出現在隋代，主要有説法圖和經變二種形式。那麼這些藥師佛是否有其特定的形象呢？值得作些介紹。

藥師形象如何，這在現存的四種藥師經中並沒有提到。有關的規定只見於經軌中，日本佛教資料對此有種種記載。唐代高僧不空譯《藥師如來念誦儀軌》云：“如來左手執藥器，亦名無價珠。右手令作結三界印。一着袈裟，結跏趺坐，令安蓮花台。台下十二神王。……如來威光中，令住日光、月光二菩薩。”日本高野山真別處圓通寺藏本《圖像抄》卷二“藥師如來”條，及與其內容相同的《別尊雜記》卷四“藥師”條稱：又有唐本，持缽、錫杖。或左手持缽，其缽十二角，右手作施無畏。云云。這裏記載唐代的藥師佛持缽、執錫杖，説明唐代流行持缽、錫杖的藥師形象。

在敦煌，藥師佛的主要特徵是托藥缽、執錫杖，有坐、立二式。立像見於單尊像中，結跏趺坐出現在藥師經變中。無倚坐或交腳坐。

藥師佛托缽形象開始於隋代，在第302窟南壁藥師説法圖中藥師佛托藥缽，但僅此一例，可見隋代藥師佛托藥缽的形象還不普遍。初唐第220窟的藥師佛手托藥缽，而此窟的粉本一般認為來自中原，我們考慮這一形象的出現也許可以溯源至中原。

壁畫中藥師佛手托小缽，古代“藥器”的形狀就是這樣嗎？不空譯《藥師如來念誦儀軌》云：“如來左手令執藥器，亦名無價珠”，日本有的藥師佛手執一有蓋壺，應是“藥器”無疑。敦煌壁畫中藥師所執物雖均無蓋，但形狀與日本藥師所執器物很相近，所以它們應是古代的“藥器”；不過現在一般都稱之為“藥缽”，這一稱謂是沒有經籍依據的。

藥師經軌中並無藥師執錫杖的記載，執錫杖藥師佛最早出現在初唐第322窟東壁門南的藥師三尊像內，藥師執錫杖、托缽。後成為一種定式。錫杖為有環的長杖，因搖動時諸環錫錫作響而得名，梵文意為"鳴聲"。錫杖實為佛教徒的日常器具。後漢安世高譯《大比丘三千威儀》説錫杖有排除路上動物、年老體弱者倚恃、護身等三個作用。姚秦佛陀耶舍、竺佛念等共譯的《四分律》卷五十二云："諸比丘道行，見蛇蝎蜈蚣百足。未離慾比丘，見皆怖，白佛。佛言：聽捉錫杖搖。"義淨譯《根本薩婆多部律攝》卷十云："往俗家者，其乞食人，應執錫杖，搖動作聲，方入人舍。"上述這些資料反映了錫杖的原始意義。就是這樣一件普通用具，後來被賦予種種象徵意義，如千手千眼觀音有一千隻手，其中一手執錫杖；更有一部《錫杖經》，認為錫杖有十二環，象徵佛教的十二因緣；日本《得道梯登錫杖偈》也盛讚錫杖的種種功德。

敦煌藥師經變中，藥師佛既有托鉢執錫杖的；也有一手托鉢、一手施無畏手印的；大部分藥師經變的主尊不持物，而是作説法印，比較接近經文內容。

通過分析，我們認為托鉢、執錫杖的藥師圖像在隋代尚處於萌芽之中，時至初唐，這一形象開始在中原、敦煌流行，宋代、西夏間的沙州回鶻時期，藥師佛托鉢、執錫杖的壁畫仍有出現。

須注意的是，不能認為凡托鉢、執錫杖的佛都是藥師佛，如克孜爾石窟第38窟主室頂諸故事畫中，就有托鉢、執錫杖的佛，由於出現在故事畫的場合，顯然不是藥師佛。對於持鉢的形象，我們只能説，其他佛像持鉢的較少見，但並不是絕對沒有，相對來説，藥師佛持鉢的較為多見。

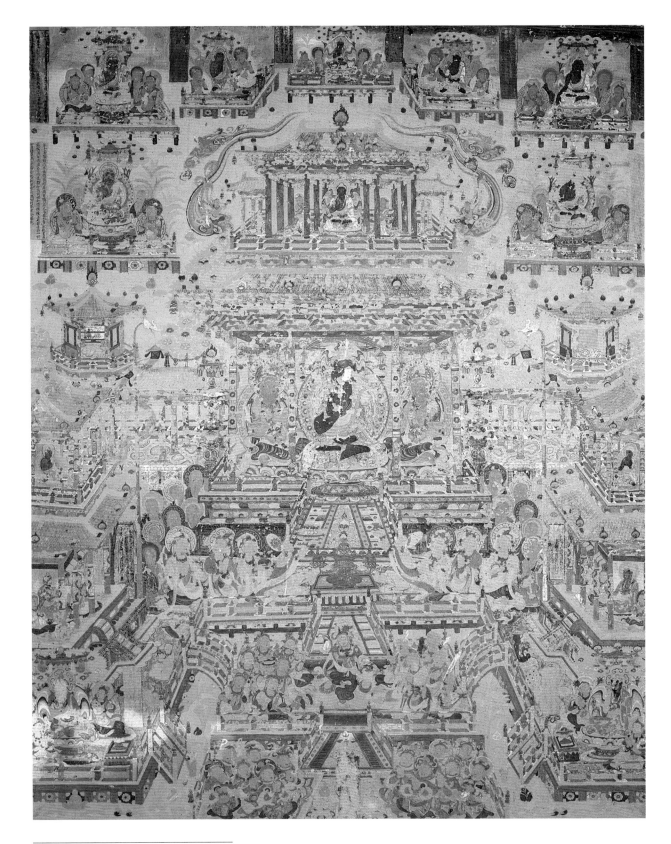

128 中唐藥師會

此為藥師說法圖。敦煌遺書中保存此窟
的建窟發願文，稱北壁藥師經變為 "藥
師淨土"，說明當時是將藥師世界視作
淨土的。

中唐 莫231 北壁

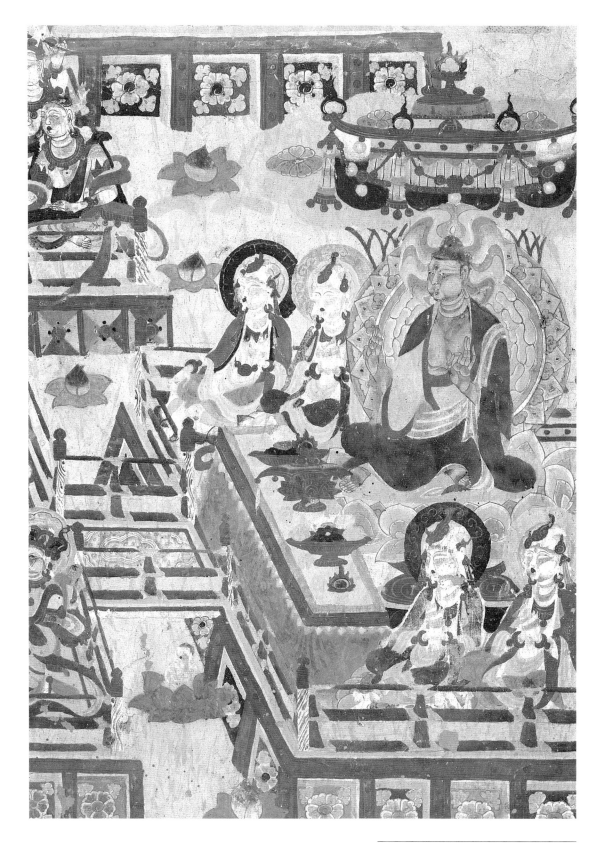

129 藥師會

寶池中有蓮花、化生，這是淨土的圖像
特徵。一些經變的下方兩角有佛，大約
受到彌勒三會的影響，或可理解為主尊
的化身。

中唐 莫386 北壁

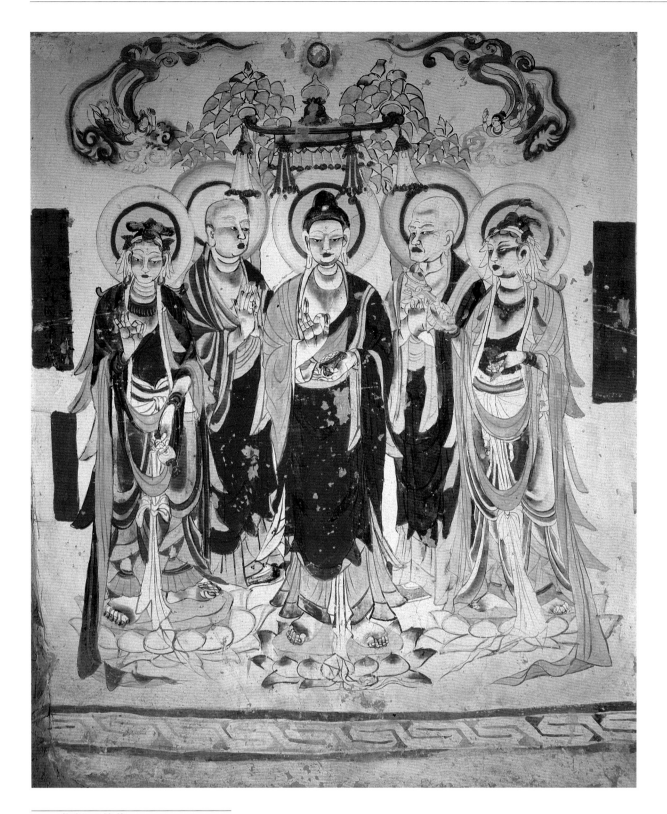

130 藥師五尊像

龕內南壁繪藥師佛並二弟子、二菩薩，
均為立像。藥師佛左手托鉢、右手作說
法印。有榜題："南無藥師琉璃光佛觀
自在菩薩眷屬聖神讚普，二為先亡父
母"。此窟原建於初唐，歷代有所重
修，甬道南龕建於中唐。

中唐 莫220 甬道南龕

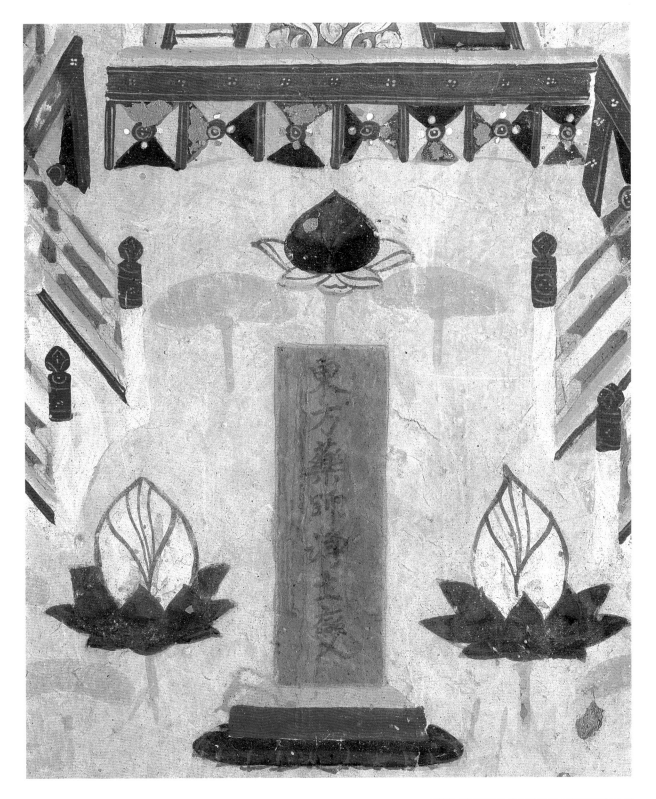

131 東方藥師淨土變

此經變主榜題為 "東方藥師淨土變"。

晚唐 莫144 北壁

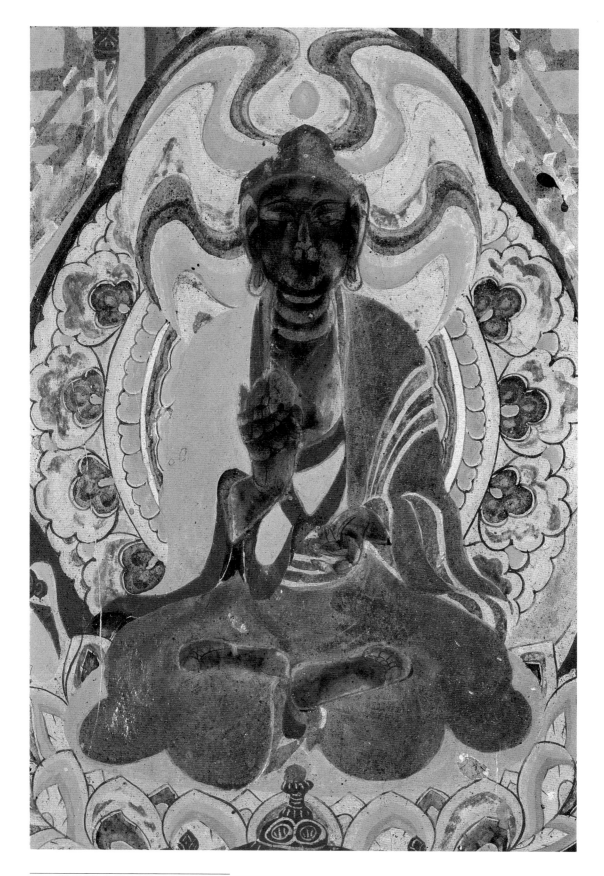

132 結跏趺坐藥師佛

藥師佛結跏趺坐,作說法印,雙手不持
物。這種形象在藥師經變中較多。

晚唐 莫147 北壁

133 供養菩薩捧鉢執錫杖

通常藥師經變中的藥師佛是一手托鉢、一手執錫杖，但此圖藥師佛作說法印，由一供養菩薩捧鉢、另一供養菩薩執錫杖。在敦煌壁畫為唯一一例，頗有新意。

晚唐 莫141 北壁

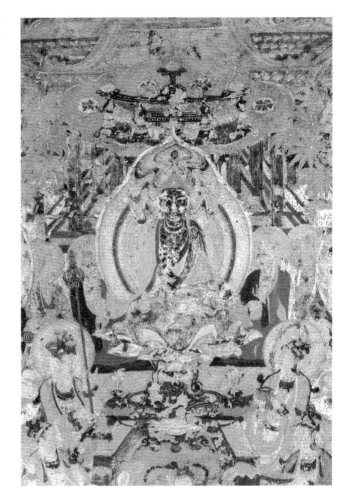

134 主榜題“藥師會”

此窟建於五代晚期，為歸義軍節度使曹元忠的功德窟。主榜題為“藥師會”三字，即藥師說法會之意。將一些經變稱作“會”是當時流行的叫法，這類經變的特點是，它主要由主尊與眷屬組成，沒有太多題材。

五代 莫61 北壁

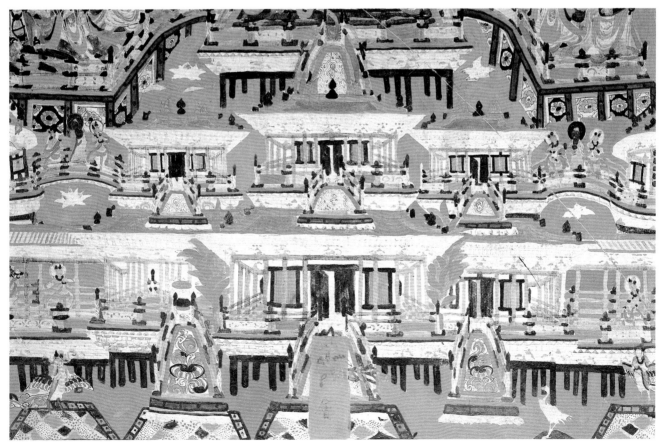

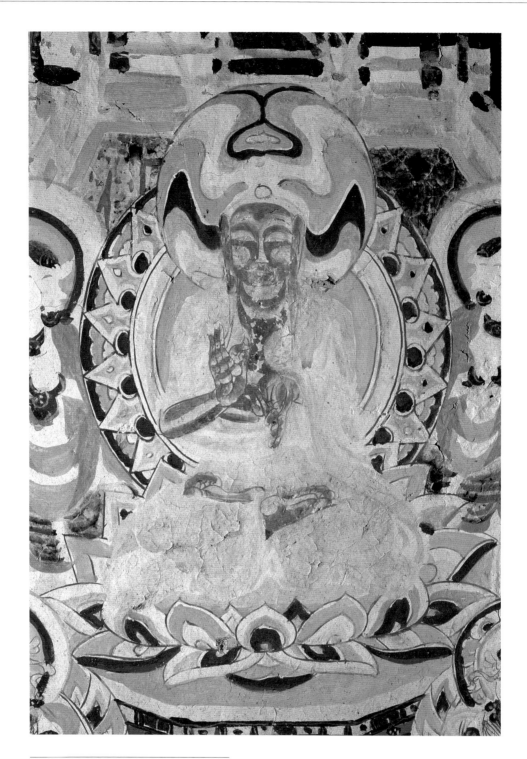

135 作説法印的藥師佛

藥師佛作説法印，其頭光式樣具有濃厚
的裝飾效果，在唐宋時期較多見，可能
來自畫院供描摹的粉本。

宋 莫7 南壁

第二節　十二神王　護持眾生：隋代藥師經變

藥師說法圖和藥師經變在敦煌最早出現是在隋代。隋代敦煌壁畫上共有2鋪藥師說法圖、4鋪藥師經變；後者是世界上現存最早的藥師經變。

一、最早的藥師圖像

南北朝時期，隨着藥師經的翻譯，藥師信仰開始流行。及至隋代，藥師信仰進一步發展。隋煬帝曾於正月十五日上元節在通衢建燈，並在南樓觀夜景，題詩曰：

　　法輪天上轉，梵語天上來。
　　燈樹千光照，花焰七枝開。
　　月影凝流水，春風含夜梅。
　　幡動黃金地，鐘發琉璃台。

此詩內容與藥師經多有相類之處：經說藥師佛住在東方淨琉璃世界，詩中說“鐘發琉璃台”；經說造七層燈輪，詩中說“燈樹千光照，花焰七枝開”；經說造四十九尺神幡，詩中說“幡動黃金地”。這說明，至晚到隋代，上元節燃燈已經與藥師信仰有關。

敦煌在北朝時期有了藥師經寫經，隋時的敦煌遺書中有藥師信仰者宋紹演在隋開皇三年（公元583年）的讀經記錄，云讀藥師經四十九遍。又有仁壽四年（公元604年）楹維珍寫《灌頂經》並造四十九尺神幡的記載。藥師經宣稱，欲度脫危厄，應樹幡、燃燈、放生等。由此可證，隋代藥師信仰者是遵照經文

的規定來進行宗教實踐的。它們為敦煌藥師圖像的出現準備了先決條件。

隋代敦煌壁畫出現了藥師說法圖和藥師經變。兩鋪藥師說法圖出現在第302窟，第394、417窟等四個洞窟中繪有藥師經變。此時藥師經變的典據是帛尸梨蜜多羅譯的藥師經。

第302窟中心柱北向面有隋開皇四年（公元584年）建窟發願文。南壁東側繪藥師說法圖一鋪，說法圖的東側畫面毀失，但仍可判斷出畫面的基本內容是：正中繪藥師佛立像，左手托藥鉢；二菩薩侍立；上方有二飛天；華蓋左右各垂下一長幡，即無幡竿。由於該鋪壁畫過分殘損，除專家能辨其痕跡外，今日的欣賞者已不能睹其風彩。

本說法圖的意義在於，這是敦煌最早的手托藥鉢的藥師像，雖在隋代是孤例，但手托藥鉢這一形式為後來的藥師造像所沿襲，成為區別於其他佛教造像的顯著標誌，具有一定的代表性。

又，該窟中心柱東向面前方的平頂有一佛結跏趺坐說法，左右各有四菩薩一字排列，這八身菩薩的頭光前有榜題，已漫漶。這樣的說法圖在敦煌並不多見，從位置上說，當與八大菩薩迎接眾生到淨土有關。敦煌隋代的藥師經變大多繪於窟頂，此說法圖也位於窟頂，這也是認定此一佛八菩薩說法圖是藥師佛說法圖的依據之一。

第417窟窟頂後部平頂下段繪有一佛八菩薩十二神王一燈輪。無日曜菩薩、月淨菩薩,無幡。也是藥師經變。

二、經變的基本內容與神王信仰

隋代藥師經變的圖像內容不多,主要有藥師佛、日曜菩薩和月淨菩薩、八大菩薩、十二神王、燈輪、長幡等。

所有藥師經譯本均提到,藥師佛有二大脅侍菩薩,即日曜菩薩和月淨菩薩,所以隋代大部分藥師經變都繪有這二大菩薩,他們一般位於藥師佛的左右。

隋時敦煌石窟出現了一鋪繪有八大菩薩的藥師經變。佛經中提到的八大菩薩是:觀音、大勢至、文殊、彌勒、藥王、藥上、無盡意、寶檀花,他們多為佛教徒所熟悉。雖然藥師經說藥師淨琉璃佛國是"如極樂國"的淨土世界,但該經又指出,藥師信仰者也可往生西方阿彌陀佛國。當世人臨終時,只要聞見藥師佛名號,八大菩薩便會接引死者至西方淨土世界。在敦煌石窟第417窟的藥師經變繪着八大菩薩。由於往生西方淨土並不是藥師信仰的目的,所以當時的八大菩薩僅此一見;隋以後的藥師經變中八大菩薩也沒有再被繪出。這一特點直到唐宋時期都是如此,唐宋藥師經變主要是對藥師天國的描繪,並不特別繪出八大菩薩來迎的情節。

四鋪藥師經變均有十二神王,這值得特別關注。它證明了隋代流行的對守護神——藥師十二神王的信仰。藥師經說,當釋迦牟尼在廣嚴城樂音樹下宣講藥師經時,會眾中的十二神王向釋迦起誓保證:"我等十二鬼神在所擁護,若城邑聚落空閑林眾,若四輩弟子誦持此經,令所結願,無求不得。"從經文看,十二神王並不是藥師佛的眷屬,而是釋迦牟尼佛的眷屬,但不僅隋代所有的藥師經變都繪十二神王,而且此後的藥師經變幾乎也全部繪有十二神王,這成為藥師經變的一個主要特徵。

一則發生在隋初的有關十二神王的神異故事,記載於唐初道宣《集神州三寶感通錄》中:天竺僧曇摩掘叉到四川禮拜阿育王塔,前往成都時在一驛站夜宿。黎明時分聞見行動走路聲,曇摩掘叉問是何人,空中答曰:"有十二神王,從本國來,所在擁護。"曇摩掘叉令其現形,一一繪下,到成都後,依圖刻木為十二神像,至唐初道宣時神像仍存。由此可證隋代確實流行十二神王信仰。此十二神王的數目與藥師經中的神王數目相同,或有關聯。

隋代特別信仰神王。當時名僧性力住持那羅延窟,窟門兩側各刻神王一身,並題名"那羅延神王"、"迦毗羅神王",此二神王名出於《大集經》,"那羅延"意為金剛不壞。隋文帝生於尼寺，以神王"那羅延"來作為別名（法名）。隋代藥師經變將十二神王一一繪出，反映了當時社會上神王崇拜的真實情形。

另外，樹幡和燃燈作為藥師經變的重要特徵，在隋代藥師經變中也普遍存在，並成為其後各代藥師經變的重要題材，相沿成習。敦煌藥師經變中大量出現的神幡、燈樓等是當時社會生活的藝術再現。

三、藥師圖像的意義

下面我們談談隋代藥師壁畫的圖像學意義。日曜菩薩、月淨菩薩是藥師淨土中的二大菩薩，而八大菩薩、十二神王、供奉燈輪、神幡等卻不是藥師淨土的內容。八大菩薩是將信仰者臨終時迎至西方淨土的"引導者"，十二神王是釋迦說法會上表示要守護信仰者的神王，信仰者供奉燈輪和神幡是為了"過渡危惡之難、不為諸橫惡鬼所持"。隋代藥師經變將東方藥師淨土內容、釋迦世界的內容和娑婆世界的內容一同繪出，顯示出畫師在初次表現藥師圖像時，無論是在對經義的理解，還是在藝術構思上，以及在表現方式方法上，都欠成熟。將釋迦世界十二神王加入，則可理解為有意的"誤加"，它體現了藥師信仰注重救度現世苦難的特色。隋代藥師經變十二神王的出現，表現了兩層意義，一是迎合了隋代流行的神王信仰，二是它成為藥師經變的一大特徵。

敦煌隋代圖像的內容與雲岡石窟、龍門石窟、河南浚縣武平三年（公元572年）造像碑中的藥師圖像相比，顯得複雜；而較唐時敦煌藥師圖像，又顯得內容簡略。可以説，隋代敦煌藥師圖像尚處於萌芽狀態，實是唐宋大型藥師經變的濫觴。

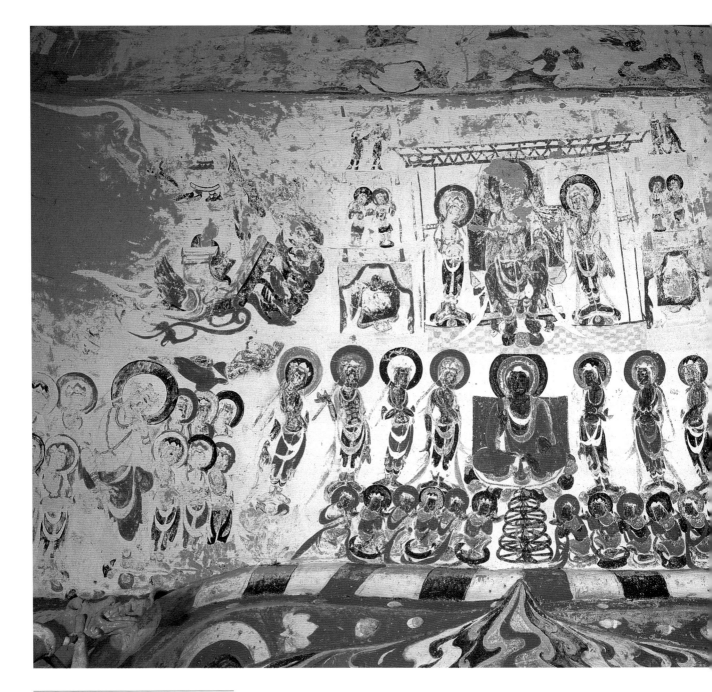

136 藥師經變

繪一佛八菩薩十二神王一燈輪。藥師佛
居中,結跏趺坐於蓮花上,作説法狀,
上無華蓋,八大菩薩侍立左右。下為六
層燈輪,十二神王分二組,左右各六,
捧燈跪對燈輪。上層為彌勒上生經變。

隋 莫417 窟頂後部平頂

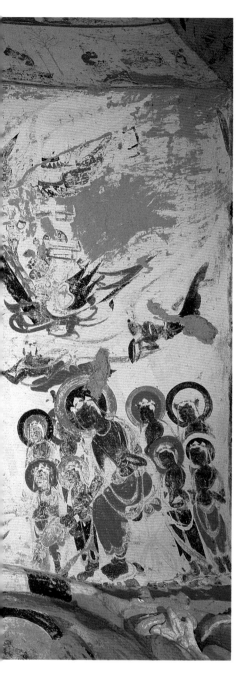

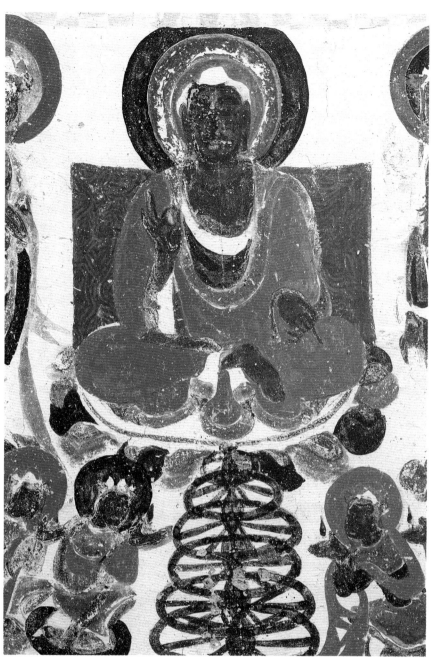

137 藥師佛

藥師佛作說法印。藥師佛圖像特徵是手
托藥缽、執錫杖，但這種圖像出現較
晚。在隋代，藥師經變中的藥師佛均不
執器物。但在說法圖中有托藥缽的。
隋 莫417 窟頂後部平頂

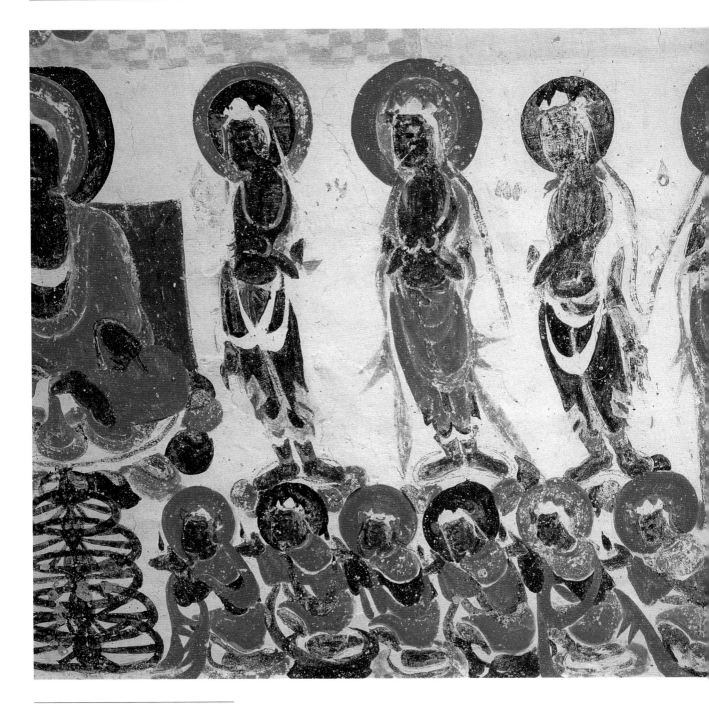

138 八大接引菩薩

八大菩薩接引藥師信仰者往生西方淨土
世界的情節，敦煌藥師經變中較少繪
出，隋代僅此一見。此為北側一組，為
四菩薩。

隋 莫417 窟頂後部平頂

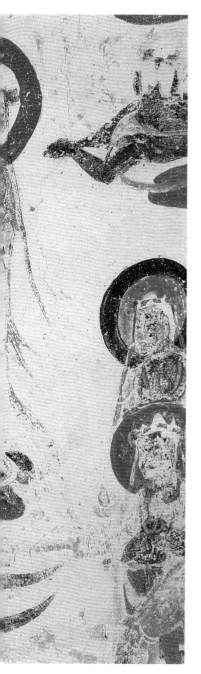

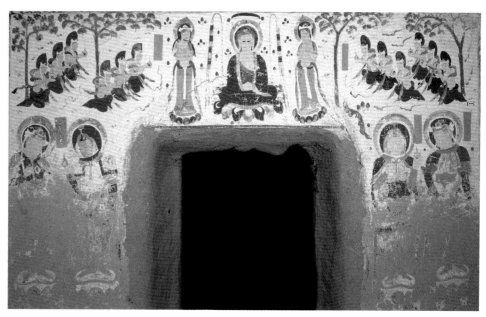

139 藥師經變

此藥師經變由藥師佛、二菩薩、十二神
王及二神幡組成。隋代藥師經變的簡略
由此可見一斑。

隋 莫394 東壁門上

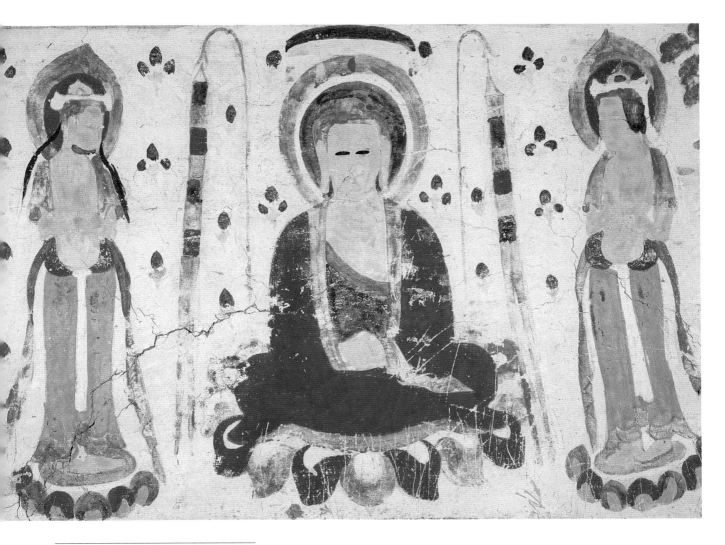

140 藥師三尊像

主尊藥師佛結禪定印，其旁為脅侍的日
曜菩薩和月淨菩薩。藥師佛與脅侍的日
曜和月淨菩薩合稱藥師三尊像。藥師佛
結禪定印在藥師經變中較少見。藥師佛
的僧衣左袒，頗不協調，應是右袒，疑
係畫工照摹粉本致誤。

隋 莫394 東壁門上

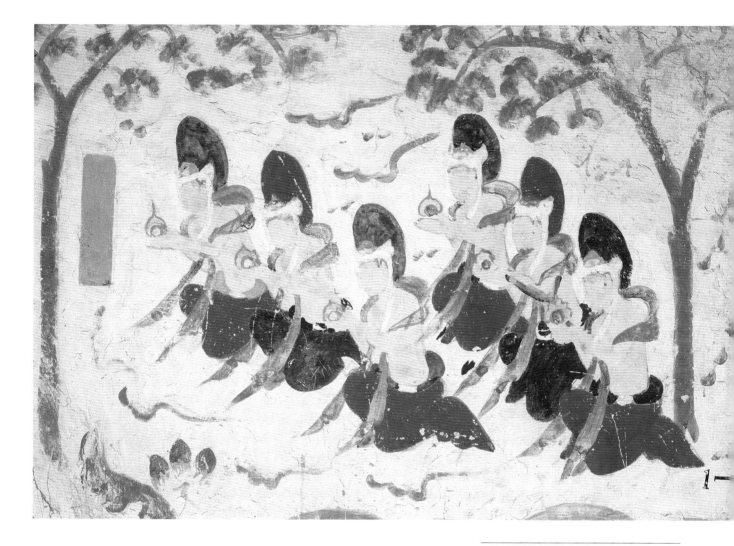

141 兩樹之間的神王

十二神王是釋迦說法會上的眷屬，但在
敦煌藥師經變中，通常出現在藥師佛周
圍。此藥師經變中的神王分作兩組，手
捧寶珠，胡跪於佛的兩側。此為南側一
組，六身神王分前後二列，位於雙樹之
間。

隋 莫394 東壁門上

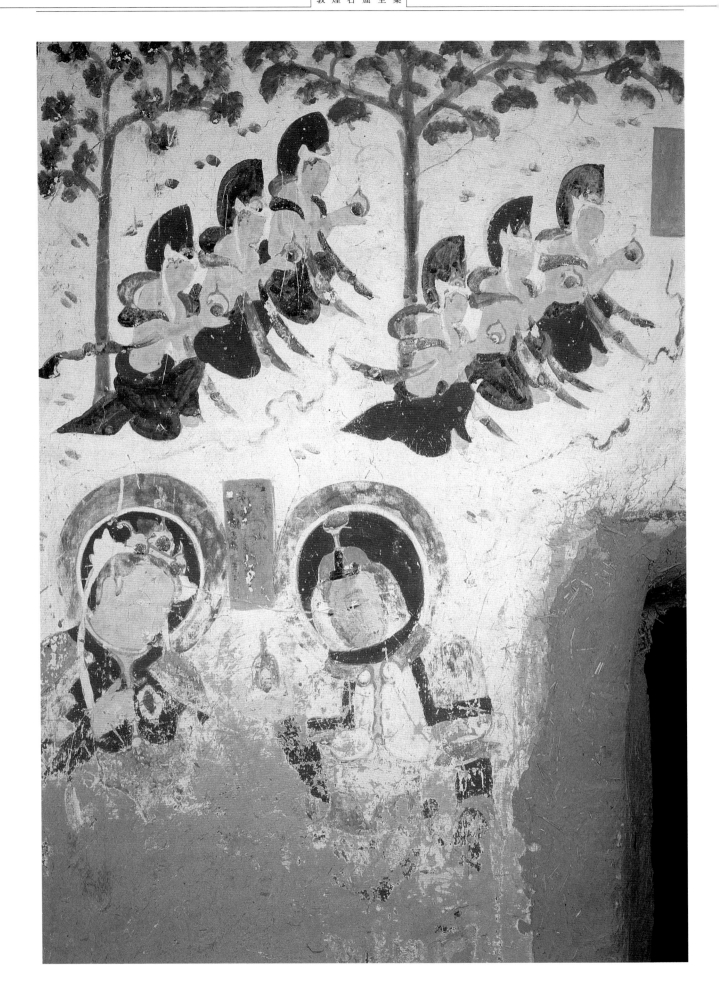

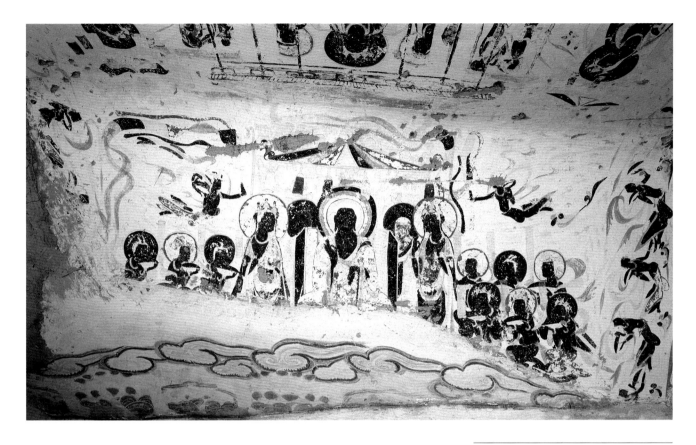

143 藥師經變

由一佛二菩薩二弟子十二神王二神幡組
成。由於下部殘毀,看不出是否繪出燈
輪。十二神王的頭光旁各有題名,說明
當時對十二神王的重視。但題名已漫
漶。

隋 莫436 窟頂東坡

142 樹下神王

此為北側一組,神王分作前後二列,一
列三身。每列神王後有一樹。該窟將十
二神王與樹合繪在南北兩側,且位置安
排各不相同,顯示出畫工活潑的創作思
維。

隋 莫394 東壁門上

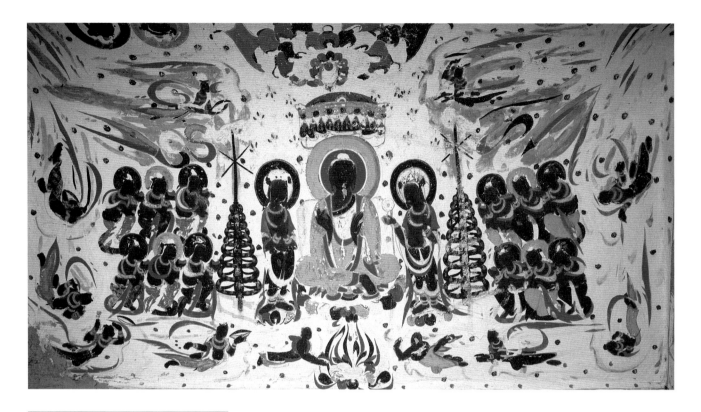

144 藥師經變

此藥師經變由一佛二菩薩十二神王二燈
輪組成，侍立在佛旁的即日曜菩薩、月
淨菩薩。畫工將神幡掛在燈輪頂端，頗
有特色。

隋 莫433 窟頂東坡

第三節　　燈樹千光照　花焰七枝開：初唐藥師經變

初唐之際，莫高窟建窟甚多，中小型洞窟大量出現。這時的藥師圖像既有一鋪藥師經變，也有一批藥師説法圖，還出現了藥師單尊像等。藥師單尊像是唐前期敦煌藥師信仰的一個顯著特點。下面就經變畫、説法圖、單尊像分別予以介紹。

一、優秀的經變畫

初唐時（公元618~704年），敦煌有經變畫8種38鋪，多為通壁大畫，新題材、新樣式迭出，而藥師經變只有第220窟一見；它與隋代藥師經變有許多不同，甚是稀貴。

敦煌由於地理位置比較特殊，因而居民成分複雜，既有來自西域的定居者，也有來自中原的官吏民眾，還有一些被流放的罪犯或貶官。在北周時期，一翟姓家族遷徙到敦煌。爾後翟氏家族勢力漸漸強大，至初唐時翟氏家族一個叫翟通的建造了一大窟，古稱翟家窟，即今第220窟。此窟的開工時間參照北壁貞觀十六年題記，當為公元642年；甬道北壁有五代翟奉達寫的《撿家譜》，介紹了翟家的歷史，其中提到此窟建成於公元662年。北壁的藥師經變是該窟的主要題材之一。

第220窟主室進深5.2米、南北5.7米，覆斗形頂，西壁開龕。藥師經變表現的是經中救脱菩薩告訴阿難的一段

話：若有患人，欲脱重病，當為此人七日七夜受八分齋；當以飲食及種種眾具，隨力所辦，供養比丘僧；晝夜六時禮拜供養彼世尊藥師琉璃光如來；四十九遍讀誦此經；燃四十九燈；應造七軀彼如來像，一一像前各置七燈，一一燈量大如車輪，或復乃至四十九日光明不絕；當造五色彩幡，長四十九尺。這是為祛除重病而舉行的一種儀式。入畫內容主要有七佛、十二神王、三燈輪、三神幡、樂舞等，中有貞觀十六年題記。壁畫中藥師七佛為主體，在此之前藥師經的各譯本中，只有隋代譯本提到藥師七佛，可知該窟是依據隋代譯本繪製的。

壁畫中的藥師七佛為立像，一字排列，橫貫整鋪經變，十分突出。其中一身佛左手托鉢，右手作説法印，應視為七佛中最遠一佛——藥師佛。藥師造像特徵之一是手托藥鉢，畫像符合此特徵。需指出的是：一、所謂藥師七佛是指東方有七個佛國，各有一佛，藥師佛只是最遠一佛，不是指七尊都是藥師佛。二、東方有七個佛國是藥師經的説法，其他佛經有不同的主張，如支謙譯《八吉祥神咒經》云東方有八個佛國，第五佛國的主尊是藥師佛。失譯者名《十吉祥經》更云東方有十佛。

藥師七佛信仰除第220窟外，其後中唐洪𩰚所建第365窟，主尊也是藥師七

佛塑像。藥師七佛信仰在敦煌較少見，但在日本卻極盛。

壁畫中十二神王身着甲冑，頭戴寶冠，寶冠上飾以動物肖像，現在還可以見到的有蛇、兔、虎等動物，這是以十二生肖對應十二神王。十二神王寶冠上有十二生肖，在此前、此後的藥師經變中都沒有出現。藥師經中並沒有十二神王與十二生肖對應的記載。這一現象目前能夠給予的解釋只能是，也許古代佛教徒受到《大集經》卷二十三"虛空目分"的影響，該經提到：南方海中有琉璃山，山上有三窟，蛇、馬、羊在修行。西方海中有頗梨山，山上有三窟，猴、雞、犬在修行。北方海中有銀山，山上有三窟，豬、鼠、牛在修行。東方海中有金山，山上有三窟，獅、兔、龍在修行。在日本，寶冠上飾以動物肖像的較多。

燈輪、神幡在隋代藥師經變中已經出現，到唐時更被重視，形象突出而鮮明。在第220窟經變中，燈輪高於周圍的舞伎和點燈天人，燈盞數遠遠超過經文中規定的四十九盞，且規模甚大；長幡迎風飄揚，獵過數佛，若以諸佛國間距離計，幡之長度，已不可想像。藥師信仰強調燃燈供養，但燃燈供養不是藥師信仰所獨有，它是佛教普通供養之一，唐時僧俗在上元節都舉行燃燈活動，規模很大。《朝野僉載》記載公元713年（時

間晚於第220窟）上元節的燈會甚詳，當時燈輪高二十丈，燃燈五萬盞，千餘婦女在燈輪下踏歌三日三夜，景觀盛大。第220窟的巨大燈輪正是當時社會風情的體現。

另外，此鋪經變對淨土世界的描繪也十分生動，琉璃寶地上樂隊奏着仙樂，舞者跳着胡旋舞，歡快地旋轉，使人生出無限仙羨之情。

與隋代藥師經變相比，我們還可以看出，在隋代，藥師經變主要與彌勒經變相對應，而初唐時的第220窟藥師經變的對面即南壁是西方淨土經變，這兩種經變互為對應的關係，到中唐之後成為一種模式。這與入唐以後，西方淨土信仰取代彌勒信仰成為最流行的淨土信仰相一致。

作為翟氏的家窟，第220窟建成後三百年間不斷得到翟氏後人的維護和補繪。中唐時，翟氏後人在甬道南壁正中開龕，龕內正壁即南壁繪藥師佛、二弟子、二菩薩，均為立像。藥師佛左手托藥鉢，右手作說法印。西側題記："南無藥師琉璃光佛，觀自在菩薩，眷屬聖口口普（可能是"聖神讚普"），為二先亡父母。"東側題記："請（清）信佛弟子敬國清一心供養大悲救苦觀世音菩薩。敬國。"東側的題記中的"弟子敬國清"不好解釋，從尾署"敬國"看，或應理解為敬國、敬清，更可能"清"字為衍

字。龕內壁畫技法平平，與主室初唐壁畫不可比擬。到五代時，翟氏家族出了名人翟奉達，可謂光宗耀祖。其在甬道北壁繪新樣文殊一鋪，又在甬道南北壁留下了題記。到宋代，又有人新繪壁畫，覆蓋以前全部壁畫，這一舉措原因不明，或與當時流行末法思想有關。

為甚麼在初唐出現像第220窟這樣成熟的石窟藝術呢？初唐之際，唐朝的政權以及文化，和它的均田制一起來到敦煌。由於唐王朝進軍西域，長安的畫風也隨之而來。貞觀十四年以前，河西尚處在恢復時期，交通不十分方便，敦煌藝術受到中原影響還較小、較慢。貞觀十三年（公元639年），唐朝大將侯君集奉命伐高昌，次年平，置安西都護府。這是唐朝首次對西域進行大規模的軍事行動。高昌既平，東西交通一下子暢通無阻，敦煌藝術得以借鑒長安成熟的畫風，形成全新的藝術風格。第220窟作為深受中原藝術風格影響的優秀作品，就是這一特定時代的產物。

儘管第220窟出現了唐代第一鋪藥師經變，但它在構圖、題材、藝術風格上都是孤例，不具備承前啟後的特徵。其後藥師經變一度消失，期間只出現一些畫面較小的藥師說法圖和單尊像，直到110多年後，才在第148窟出現第二鋪藥師經變。

二、説法圖

初唐時出現了幾鋪藥師說法圖，下面就它們的構圖形式、宗教意義等分析說明。

1. 第322窟的兩鋪說法圖

此窟平面方形，進深3.5米、南北3.4米，覆斗形頂，西壁開龕，是典型的早期洞窟，也是莫高窟最優秀的洞窟之一。該窟東壁門南繪藥師說法圖，藥師佛一身，脅侍菩薩二身，均立於蓮花之上。藥師佛左手托藥鉢於胸前，右手低舉於胸前，中指與大拇指相捻。錫杖從藥鉢上方斜出到右肩。沒有樹木、建築等背景，唯佛上方有一浮懸無支的華蓋。在高1.9米、寬1.5米的畫面上，上述內容顯得疏落簡略，有疏體畫的風韻。就基本結構上説，此鋪説法圖沿襲了隋代第302窟南壁藥師三尊像的構圖。

此鋪藥師説法圖的宗教意義值得一提。藥師佛下方有榜題，其兩側各繪一身形象極小的供養人，其中南側一身為男供養人，題"亡父……"，北側一身為女供養人，題"亡母陰……"。這是敦煌藥師圖像中，現存最早的題記之一，極有價值。因為它明確告訴我們，繪製這鋪説法圖的目的是為了超度亡靈，這與西方淨土信仰相一致。繪藥師圖像來為亡者追福在唐代似乎較為流行。

該窟北壁也有一鋪説法圖，高1.8

米、寬1.5米，繪一佛二脅侍菩薩六供養
菩薩。佛在雙樹下結跏趺坐説法，雙樹
的樹枝間有琵琶、琴、箜篌等樂器，不
鼓自鳴；上方有六身持幢飛天，下方水
池中蓮花簇擁，瑞鳥漫遊，最大的二朵
蓮苞中各住一化生。該壁説法圖表現的
是何經何義呢？我們認定為藥師説法
圖。理由如下：藥師經説釋迦佛在樂音
樹下説藥師經，此壁畫主尊佛身後有雙
樹，雙樹中有樂器。這裏的雙樹無疑即
為樂音樹。這與藥師經經文相符。但
是，經中説，樂音樹下説法的是釋迦
佛，而非藥師佛，那麼雙樹下的佛是誰
呢？是釋迦。因為，在隋代藥師圖像
中，我們就看到十二神王等釋迦説法會
的眷屬出現在藥師説法會中，在唐宋藥
師經變中，十二神王仍繪於藥師經變
中；燃燈、樹幡等內容也以變通的形式
出現在藥師説法會中。既然存在這樣的
變通，那麼，初唐的此鋪壁畫用釋迦樂
音樹下説法來表示藥師説法也就可以理
解了。當然作出以上推論還有其他的輔
助材料作證明。此窟四壁上方與窟頂四
坡之間，有許多在建窟的同時就安置的
神幡掛鉤，這是敦煌石窟中保存最完整
的掛幡遺跡，這些幡鉤與藥師信仰之間
存在着密切的聯繫。結合東壁門南繪藥
師三尊像、滿窟的神幡掛鉤，顯示此窟
深受藥師信仰的影響。北壁當是藥師説
法圖也就很自然了。

2. 初唐最大的藥師説法圖：第332
窟

這是一個中心柱窟，窟內有建窟時
立的《李君莫高窟佛龕碑》，保存至本世
紀初，現移存敦煌研究院陳列中心。據
碑文，知該窟建於聖曆元年（公元698
年），現多稱"聖曆碑"。

中心柱西向面整壁高約5米、寬4
米，繪一藥師佛二脅侍菩薩，均為立
像。下方似有二身供養菩薩，已經殘毀
大半。藥師佛左手托藥鉢，右手執錫
杖。佛與二脅侍菩薩均有華蓋。這是初
唐時期敦煌最大的一鋪藥師説法圖，也
是少數有具體年代可考的藥師圖像。一
佛二菩薩的組合、藥師佛雙手持物等內
容均可與第322窟的藥師説法圖相比較。

3. 分身佛的特例：第214窟

第214窟是個東西、南北均為1.5米
的小窟，壁畫技法平平，推測窟主是一
位財力弱小的信徒。

南壁通壁繪藥師説法圖一鋪。主尊
藥師佛結跏趺坐，托藥鉢，兩旁各侍立
托鉢藥師佛一身、脅侍菩薩一身，下方
兩角各有一天王。該鋪壁畫的特別之處
是，主尊旁邊的二佛是藥師佛的分身。
在敦煌經變畫中，正中為主尊，下方二
角各有一佛，除彌勒經變是表示彌勒三
會外，餘均為分身像。這樣的分身像只
在經變畫中才大量出現，而此鋪説法圖
中也出現分身佛，是一個特例，其後再

未發現此種說法圖。

三、藥師單尊像

從佛教圖像史上看，是先有單尊像，後有說法圖、經變，然後一並發展。在中國，中原地區早在南北朝時就出現了藥師單尊像，敦煌目前發現的可以肯定的最早的單尊像則是在初唐。這時的藥師單尊像共有 3 幅，分佈於第 335、338、372 窟。

第 335 窟進深 5.4 米、南北 5.5 米，是初唐時期較大的洞窟，窟內尚存垂拱二年（公元686年）、長安二年（公元702年）建窟發願文。東壁門南近門處有藥師佛立像一身，畫面高 1.1 米、寬 0.5

米，無眷屬。藥師佛左手托缽，右手作護缽狀，無錫杖。

第 338 窟進深 4.2 米、南北 3.9 米，在東壁門北上方繪藥師佛坐像一身，左手托藥缽，右手執錫杖。

第 372 窟進深 2.1 米，是個小型洞窟。東壁門北繪藥師佛立於蓮花上，藥師佛左手托缽、右手食指與大拇指相捻，作說法印；佛足北側有一形象極小的女供養人。整個畫面高 1.1 米，寬 0.4 米。

初唐單尊像的出現表明，藥師信仰的一般表現形式，經變、說法圖、單尊像在初唐之際已經齊備。

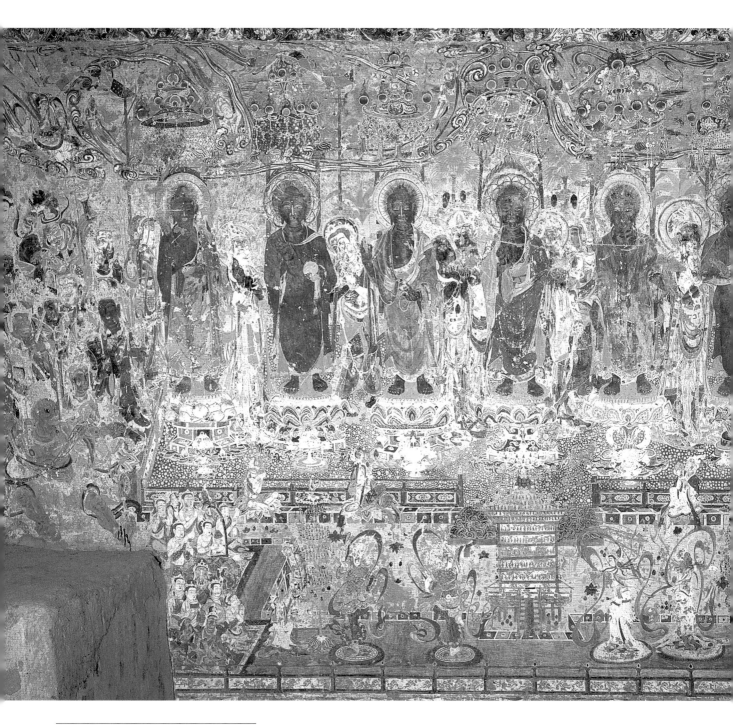

145 藥師經變

此鋪藥師經變主要由藥師七佛組成。七
佛均為立像，但手印、頭光、衣飾、蓮
座等各不相同，體現了畫工同中求異的
高超構思。畫中橫空飛舞的神幡、燈火
通明的燈輪、剛勁有力的胡旋舞等，既
表現了藥師信仰的供奉形式，又體現了
淨土世界的歡樂景象。它既是佛教作
品，更是藝術佳作。

初唐 莫220 北壁

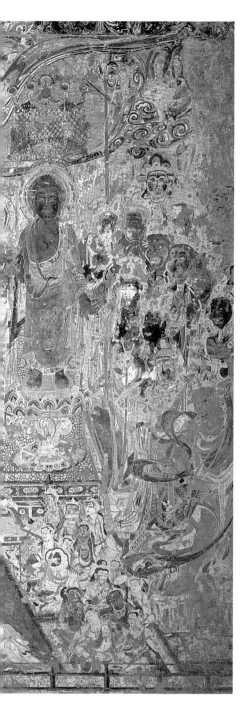

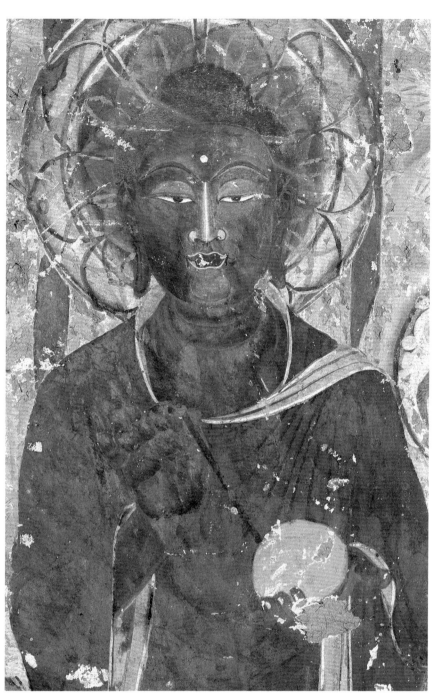

146 藥師佛

藥師佛托藥缽，神情莊嚴，令人頓生敬
仰之情。
初唐 莫220 北壁

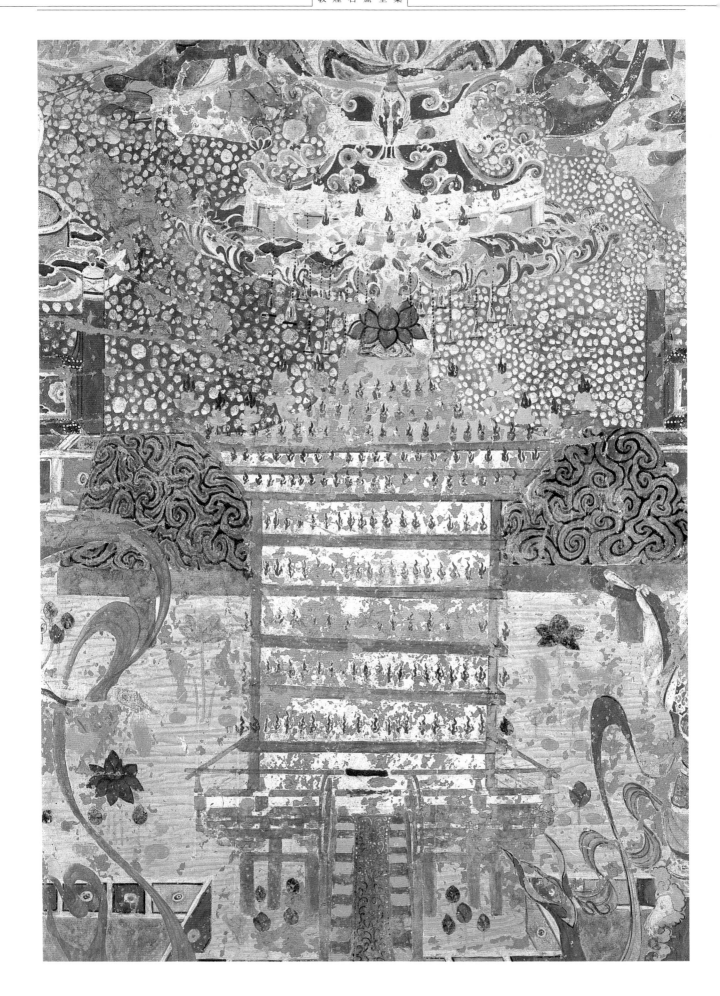

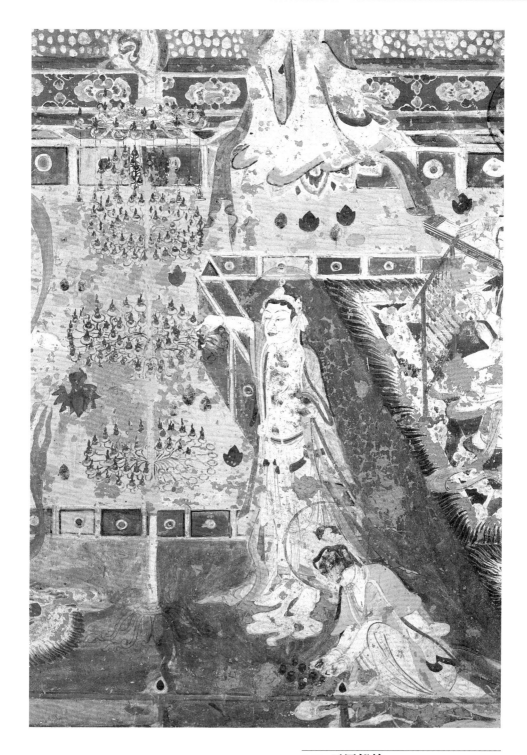

148 五層燈輪

此為經變東側燈輪,共五層,一菩薩正
在往燈架上擺放小燈,另一菩薩則蹲在
地上,忙於點燈。充滿生活氣息。

初唐 莫220 北壁

147 巨大燈輪

經變下方共有三座燈輪,此為正中一
座,燈輪建在水池中央,有虹橋與陸地
相連。該燈輪是敦煌壁畫中最大的一
座,所燃燈數遠遠超過經文所規定的四
十九盞之數,氣派豪華。就其規模而
言,可稱為燈樓。

初唐 莫220 北壁

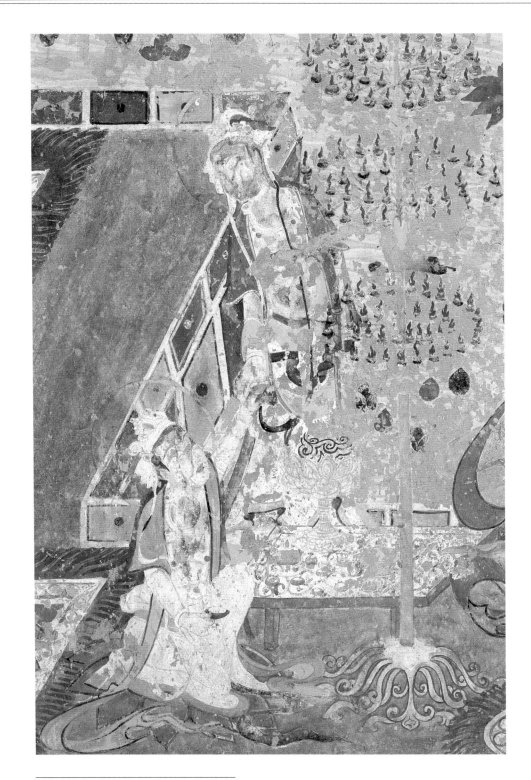

149 菩薩點燈

此為洞窟西側之五層燈輪，一菩薩蹲在
地上，一手將剛點燃的燈遞給另一菩
薩，放置到燈輪上，另一手還托着一
燈。內容與東側一組相似，但動作又有
所區別，構思別致，令人驚嘆。

初唐 莫220 北壁

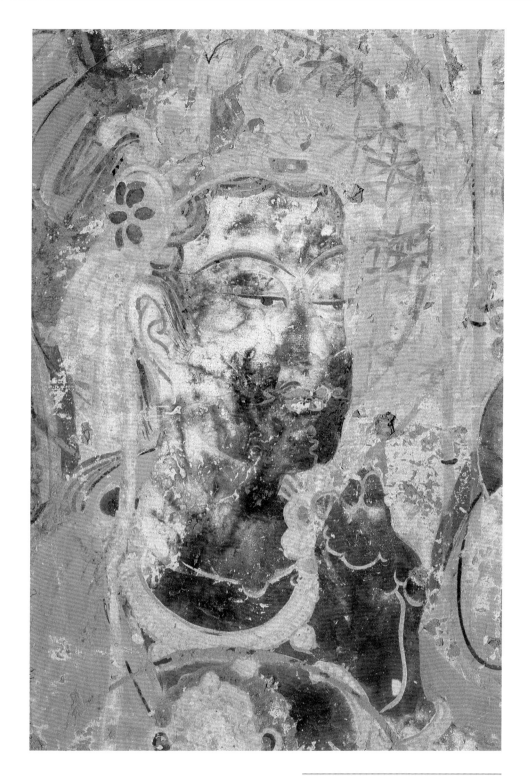

150 脅侍菩薩

藥師七佛間有脅侍菩薩，此為最西側的
一身脅侍菩薩，立於幡杆下，清秀嫵
媚。

初唐 莫220 北壁

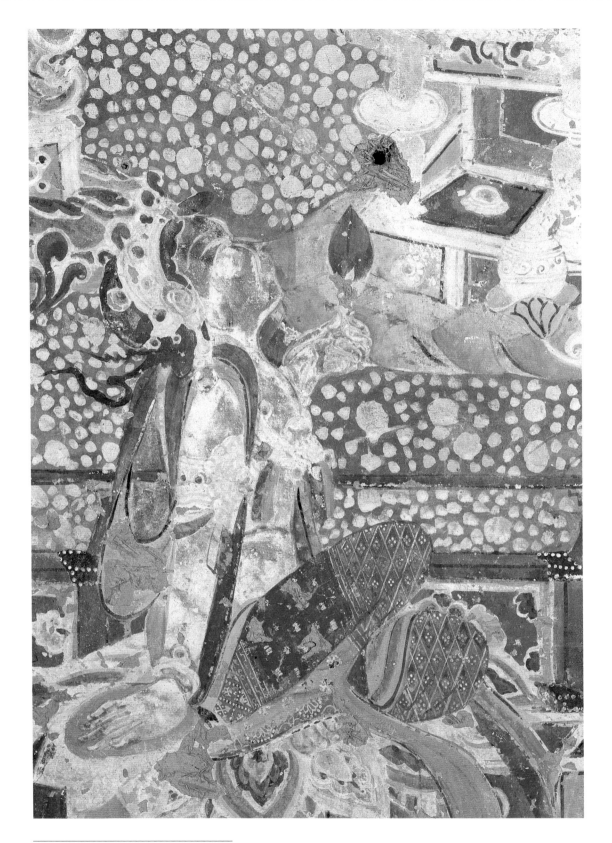

151 供養菩薩

藥師七佛下方有四身供養菩薩，此為其
一。供養菩薩一手支地，一手持蓮苞，
仰視諸佛，動作顯得隨意自在。

初唐 莫220 北壁

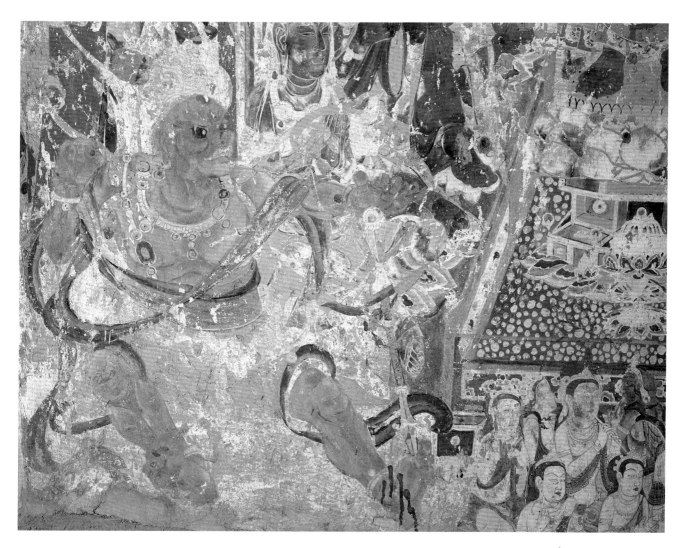

152 金剛力士

經變兩側十二神王下各有一身金剛力
士,此為西側一身。金剛力士肌肉賁
張,五官猙獰,顯得孔武有力。

初唐 莫220 北壁

153 藥師佛立像

全圖為一佛二脅侍菩薩,此為主尊藥師
佛。立姿,右手執錫杖,左手托藥缽,
佛相莊嚴,衣紋流暢細膩,為初唐佳
作。

初唐 莫322 東壁門南

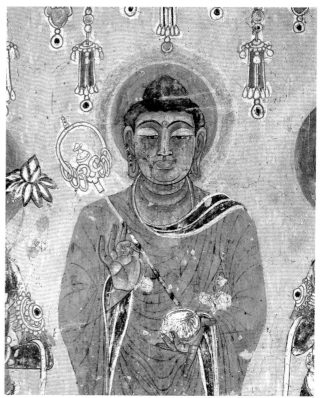

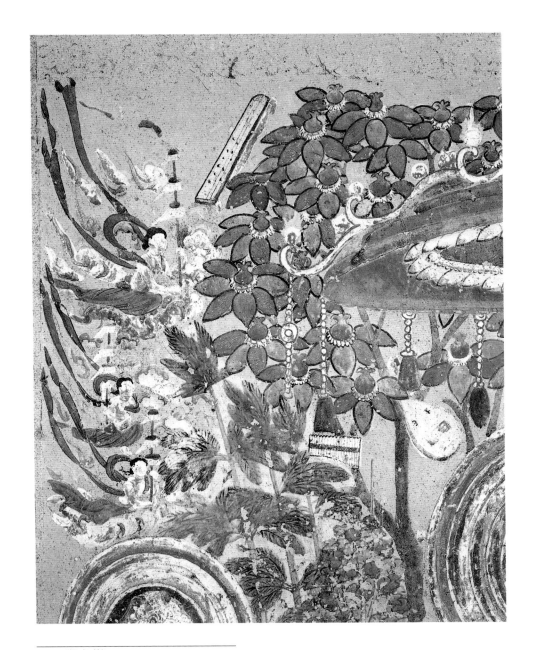

154 樂音樹

佛在雙樹下說法，樹周圍有許多樂器，
表示這是樂音樹。據藥師經，釋迦牟尼
在樂音樹下說藥師經，所以有學者認為
此部分所表示的是藥師經內容。此窟窟
頂四周有掛幡用的幡鉤，是敦煌石窟保
存最完整的幡鉤圖。
初唐 莫322 北壁

第四節　構圖形式　定於一格：盛唐及其後的藥師經變（一）

　　藥師經變發展到盛唐時，創造出極具代表性的第148窟藥師經變這一優秀作品。隋代敦煌的藥師經變較為簡略，構圖形式不為以後所沿用。初唐時期，第220窟以藥師七佛為主尊，此種構圖形式的藥師經變在敦煌沒有流行。盛唐時，出現較多的觀無量壽佛經變，基本構圖是正中為阿彌陀佛說法會，兩側為條幅畫"未生怨"、"十六觀"等。同期的第148窟藥師經變，選擇了這種流行的觀無量壽佛經變的構圖形式，正中繪藥師佛說法，兩旁以條幅畫表現"十二大願"、"九橫死"等。以條幅畫形式表現經文內容，既突出主體說法會，又能在兩側安排許多經文內容，並且每側所表現的內容都有相關性。而其他經變形式，當要表現較多的內容時，一般穿插在說法會周圍，顯得較散亂，遠不如條幅畫整齊明瞭。敦煌藥師經變從隋代開始，至盛唐時的第148窟，終於確定了條幅畫這種合適的構圖形式。

一、盛唐第148窟藥師經變

　　由於地域遼闊，在文明國家歷史發展的諸階段，往往呈現出區域發展的不平衡性。當政治、經濟、文化的中心區一片繁榮時，邊緣區可能仍十分落後；而當中心區衰落時，其繁榮期的景象又可能在邊緣區顯現出來，邊緣區呈現發展興盛的狀態。唐時的敦煌地區就是如此。當中原進入由盛而衰的中唐時，敦煌達到了其繁盛的頂點。因而在敦煌的歷史分期上，人們把中唐大曆之時敦煌所處的繁盛時期稱為盛唐時期。美輪美奐的第148窟即建於大曆年間（公元766~779年）。窟內至今尚存立於大曆十一年（公元776年）的建窟功德碑。此碑記載了洞窟繪塑的內容："畫西方淨土、東方藥師、彌勒上生下生……等變各一鋪，……十二上願，列於淨剎。十六觀門，開於樂土。"碑中所述東方藥師變在窟內東壁門北，十二上願即藥師經中的十二大願。

　　第148窟藥師經變主要由正中說法會和兩側條幅畫兩部分組成，說法會佔據了經變的主要部位。

1. 經變的主要內容

　　主尊藥師佛居中，眾眷屬圍繞。藥師佛結跏趺坐，作說法印，未執藥缽和錫杖。藥師佛說法的背景是淨土世界：上方諸樂器懸浮空中，不鼓自鳴；下方有樓台亭閣，寶池化生，規模宏大的樂隊和舞伎襯托着淨土世界的極樂。藥師經稱這為淨琉璃世界。此鋪畫表示了玄奘譯本所云："彼佛土一向清淨，無有女人，亦無惡趣及苦音聲，琉璃為地，金繩界道，城闕宮閣軒窗羅網皆七寶成，亦如西方極樂世界，功德莊嚴，等無差別。"這些描繪與西方淨土世界類似，不仔細觀察，難以分辨。其區別於西方淨土經變的一大特徵是，說法會下方兩角有十二神王。另外，藥師佛的華蓋上方衍生出金光，表示藥師經中所云，藥師佛觀見眾生苦難，於肉髻中放大光明，一切眾生病苦皆除，得到安樂。這一特徵也進一步確證了說法會中的主尊是藥師佛，而不是在廣嚴城樂音樹下說法的釋迦牟尼。

因為藥師經為釋迦牟尼佛所說，所以本鋪藥師經變也繪出了釋迦牟尼佛說法會，它位於北側十二大願條幅畫內的最上方處，為一佛六弟子二供養菩薩，文殊菩薩跪問，畫面極小。榜題："佛告曼殊師利：東方去此十殑伽沙等佛土，有世界名淨琉璃。"這句釋迦牟尼說藥師經時的話也證明此幅小畫所表現的是釋迦牟尼佛說藥師經。經云，參加釋迦牟尼這次說法會的有八千比丘、三萬六千菩薩等大眾無數，這裏只有大眾八人，加上文殊菩薩才九人，也沒有繪出釋迦牟尼佛說藥師經的所在地廣嚴城，頗顯冷落。

北側條幅畫其它畫面所繪為十二大願，自上而下有 12 組，為一佛結跏趺坐說法，若干男女俗人傾聽。圖旁有榜題。

南側條幅畫自上而下用 9 組畫面具體描繪九橫死，背景為山野。最下面是一組房屋建築，內容豐富：正殿主尊為有頭光的佛，結跏趺坐說法，二菩薩侍立，也有頭光，這是表示佛堂。殿一側有三僧，僧後立一俗人。殿前有二俗人點燈，還有一長幡。畫面表現出供養藥師、樹幡、點燈，求平安的經義。

兩條幅畫的榜題共二十二條，北側文殊請問一條，十二大願十二條，南側九橫死九條，每條都殘存若干文字，與佛經核對，知出於玄奘譯本。

2. 第 148 窟與玄奘

第 148 窟與玄奘在河西的影響有很大關係。大曆年間，吐蕃頻襲唐王朝西北地區，河西走廊烽煙四起，敦煌成為抵抗吐蕃軍隊的重鎮。在吐蕃佔領河西地區後，一批佛教徒逃難至敦煌，他們帶來了唯識宗。唯識宗在敦煌勢力漸強，敦煌藝術不可避免地受到影響，第 148 窟也不例外。玄奘是唯識宗的創始人，第 148 窟留下許多玄奘的痕跡。該窟藥師經變的榜題大部分保留下來，可以看出是據玄奘譯本繪製的。另外，該窟還首次出現根據玄奘譯本繪製的天請問經變。初盛唐時，大幅藥師經變只有第 220、148 窟二鋪。第 220 窟據隋譯本繪製，第 148 窟據玄奘譯本繪製。此後的敦煌壁畫和紙絹畫中保留的 100 多鋪藥師經變，大部分都是依據玄奘譯本繪製的。

玄奘信仰彌勒，他是否也信仰藥師，佛教文獻沒有記載。但玄奘譯藥師經，在介紹淨琉璃世界種種景觀後說，"諸有信心善男子、善女人等，應當願生彼佛世界。"既然在自己的譯經中提到往生東方淨琉璃世界,鼓勵善男女生彼佛世界,那他也應"願生彼佛世界",如果他對藥師經深信不疑的話,也許有可能信仰藥師淨土。較可靠的證據還有,玄奘不少弟子對藥師經作過多部注疏。第148窟之前,唯識宗在敦煌的流傳情況不明,而此後有許多佛教文獻可以說明此宗一度風行敦煌。

非常有趣的是,玄奘創立了唯識宗,由於唯識宗理論直接來自印度佛教哲學思想,過於深奧,所以玄奘以後習者甚少,真正屬於宣傳唯識思想的壁畫在敦煌也未見到;而玄奘所翻譯的藥師經、天請問經,雖然與唯識思想無關,但因內容淺顯、接近中國的民族心理而廣泛流行於敦煌壁畫中。季羨林先生認為,一個宗派流行時間的長短與它中國化的程度成正比。這是很有道理的,玄奘唯識宗與藥師經在敦煌傳播中的不同際遇即可為證。

3. 第148窟經變的意義

在第148窟建造之前,敦煌的藥師圖像經歷了約200年的發展;此後,仿照第148窟的藥師經變,更延續達200餘年,一百多鋪藥師經變採用了第148窟藥師經變的構圖形式和內容。第148窟藥師經變像分水嶺,將敦煌藥師經變分作前後兩期。下面就此藥師經變的重大意義作一分析:

其一,經變構圖定於一式。在唐前期的洞窟中,藥師圖像位置不引人注意,畫面主要是不大的藥師說法圖和單尊像。隋代雖出現藥師經變,但過於簡略,此類形式在入唐後不再採用;唐前期的第220窟嘗試通壁繪藥師七佛,但此構圖形式也僅此一例,未能在敦煌流行。而第148窟藥師經變顯示,當時流行的觀無量壽佛經變構圖形式一經被藥師變所採用,因其佈局的合理性而具有了較大的存在價值。此後的中唐時期,吐蕃統治敦煌六十餘年,敦煌與中原的文化交流中斷,第148窟的藥師經變為當時敦煌畫家所接受,成為藥師經變的範本。

其二,神王信仰被突出。十二神王本為釋迦說法會中的眷屬,是護衛藥師經信徒的神,但他們在此鋪藥師經變中,再次十分顯著地出現在藥師說法會下方兩角。這種將不同世界的情節繪在一起,並加以突出的處理,充分說明在此時神王信仰已深入中國人信仰的內心,人們需要十二神王的衛護。此後的藥師經變中,十二神王也多位於下方兩角或正下方。

其三,佈局趨於合理。第148窟藥師經變中,說法會中不繪燈輪、長幡,它們被繪在九橫死畫面中,這符合經文。即經文稱若信仰者設燈輪、長幡,藥師佛就會佑護他們。當然,此後的藥師經變中，仍有在説法會中繪燈輪、長幡的，這大約是出於滿足信仰的需要。

二、王奉仙造像寄鄉情

盛唐之際還出現了很值得一談的藥師的造像窟，即第 166 窟，其進深 4.6 米、南北4.9米。東壁門北有一塊高、寬均為0.4 米的壁畫，繪立佛三尊，均有題名，從南起分別為阿彌陀佛、藥師佛、多寶佛。多寶佛下方題有“行客王奉仙一心供養”。這鋪造像向我們揭示了兩層信息，值得一説。

第一層信息是：敦煌洞窟是可以轉讓與買賣的。

王奉仙之名又見於吐魯番阿斯塔那墓出土的文書中。據該文書我們大約弄清了王奉仙的一些生活經歷。王奉仙為京兆府華源縣人，開元二十年（公元732年）三月共駄主徐忠“驅駄送安西兵賜”，八月到安西。返回時因病滯留途中，次年一月從蒲昌起程追尋欠他三千文錢的張思忠，二月在酸棗戍因無通行證被捉。阿斯塔那文書即為官府審理他的文件。第166窟藥師佛造像當為王奉仙一行前往安西時所繪、供養。

按常理，敦煌家窟是不會繪外人供養像的，而第166窟藥師三尊立佛壁畫有供養人王奉仙像，所佔比例卻極小，可以肯定王奉仙不是窟主。王奉仙得到洞中這塊壁面，只能是通過轉讓或買賣的

途徑。另外，該窟南壁繪有七尊手托藥缽的藥師立像，風格與王奉仙等供養像相近。王奉仙一行向安西送軍需，在敦煌停留的時間不會太長；當他得到第166窟的壁面後，當然希望盡快完成繪塑以便趕路，而最快的辦法無疑是請繪南壁藥師立像的畫師一並繪東壁的藥師及供養人像。如果是家窟的話，當不會如此倉卒處理。還有一個相當有説服力的證據，第166窟全窟壁畫沒有統一規劃，甚至一些壁面至今仍未繪畫，家窟一般不會這樣雜而亂，而轉讓與買賣壁面則可能造成這樣的狀況。

第二層信息是：此藥師佛寄託着王奉仙的遠人思鄉情。

繪藥師佛以為亡者追福的，前面我們已有介紹。也有繪藥師佛以慰思鄉情的，如大英博物館藏斯坦因存繪 27 號絹本藥師佛説法圖。這幅圖高0.724米，寬0.46米，藥師左手托缽、右手作説法印，右上方題“南無藥師琉璃光佛”。佛右側三行題記中的一行題為：願早達家鄉，無諸哉（災）難。下方左側為女供養人，旁題“佛弟子彭氏供養”，右側為一男供養人。王奉仙造此藥師像的目的是甚麼呢？我們認為，應當與絹畫一樣，也是慰思鄉情的。王奉仙從中原遠徙邊關，身在敦煌，生死懸於一線，但他信奉佛教，為“願早達家鄉，無諸災難”，而繪了此藥師像。

三、單尊像與羣像

及至盛唐，藥師單尊像遽增，達 11 幅之多，分佈在 10 個洞窟中。

獨立的單尊像，有 4 身：第 32 窟東壁門南繪藥師佛一身，第 75 窟東壁門南繪藥師佛一身，第 166 窟東壁門北繪藥師像一身，第 218 窟東壁門南繪藥師佛一身。

藥師佛還與地藏菩薩、觀音等形成組合。如第 120 窟，龕外北側繪藥師佛一身，龕外南側繪地藏菩薩一身；第 166 窟龕外南側繪藥師佛一身，龕外北側繪地藏菩薩一身；第 171 窟，龕外南側繪藥師佛一身，龕外北側繪觀音一身。

盛唐時期起，藥師羣像出現在敦煌壁畫中。這些成組的藥師像，有的繪在龕頂四坡，有的繪在窟頂四坡。繪在龕頂四坡的洞窟有 9 個，藥師像總計達 152 身。如第 23 窟龕頂東、南、北坡存藥師立像 13 身。左手托鉢，右手作説法印。南北坡部分和西坡被清代繪師塗蓋。第 113 窟龕頂四坡繪藥師立像 21 身。左手托鉢，右手作説法印。繪在窟頂四坡的，如第 141 窟窟頂四坡繪藥師 7 排，東坡 116 身、南坡 117 身、西坡 119 身、北坡 116 身，共計 468 身；第 79 窟窟頂上坡的藥師佛東坡 9 排 166 身、南坡 8 排 168 身、西坡 7 排 149 身、北坡 8 排 207 身，共計 690 身。僅此兩窟藥師佛就達千餘身，諸佛均手捧一鉢，我們不妨統稱為

"藥師千佛"。

四、唐後期的藥師圖像

中唐吐蕃時期（公元 781~848 年），藥師經變遽增至 23 鋪。公元 848 年，張議潮收復敦煌，從此開始了近二百年的歸義軍統治時期，按中原朝代此時的敦煌可分為晚唐、五代、宋三個時期，按歸義軍政權變更來分，則可分為張氏歸義軍時期（公元 848~914 年）、曹氏歸義軍時期（公元 914~1036 年）。與張氏歸義軍時期相應的晚唐之時出現了 32 鋪藥師經變，其題材與中唐一脈相承。

唐前期，敦煌的藥師經變在數量上還不能與當時的西方淨土經變、彌勒經變相比，但中唐開始，藥師經變數量驟增，成為全部敦煌經變畫中所佔比例較大的一種。藥師經變一再大量繪製，可謂勤修功德。經云："勸諸有情，燃燈造幡，放生修福，令度苦厄，不遭眾難"。中唐時藥師經變數量增多，或許與該經提倡這種宗教實踐有一定的關係。需指出的是，這時期的藥師經變內容上的變化並不大，幾乎沒有超出盛唐第 148 窟所繪內容。

中唐 23 鋪藥師經變的表現形式一般正中為説法會，兩側為條幅畫，繪"十二大願"、"九橫死"。另外，在龕頂、窟頂和其他位置還繪有不少藥師單尊立像，捧藥鉢、執錫杖。

名僧洪辯自幼出家，精通吐蕃語，任釋門都教授時，曾於公元832~834年修第16、365、366窟，三窟在一條垂直線上，中間的第365窟主尊為藥師七佛塑像。洪辯通唯識，唯識的創始人玄奘翻譯了藥師經，因此，洪辯建窟塑藥師像也就不難理解。第231窟建於公元839年，建窟發願文提到“北牆藥師淨土……一鋪”，該鋪藥師淨土今存。

在表現形式上，唐後期主要的構圖樣式除仿照第148窟的正中為說法會、兩側為條幅畫的構圖形式外，還出現了正中為說法會、下方為屏風畫的構圖形式。如晚唐第18窟北壁藥師經變，其上方為說法會，下方以屏風畫形式表示十二大願、九橫死。但晚唐32鋪藥師經變的絕大多數，其表現形式與內容與前期相比基本沒有變化。

中唐吐蕃時期，敦煌佛教勢力頗大，留下的文獻也甚豐富，其中有一些藥師信仰資料，如當時的《龍興寺器物曆》，提到該寺有一尊“藥師琉璃金銅像”。敦煌遺書《藥師琉璃光如來讚並序》記載，中唐時大都督，或謂晚唐首任歸義軍節度使張議潮之父張逸謙的夫人安氏曾“召丹青以輸願”，繪藥師圖像一鋪。

五、五代、宋與西夏的藥師圖像

五代的藥師經變數量仍很多，達32鋪，有11鋪分佈在榆林窟。正中為說法會，兩側為條幅畫。中唐時形成的正中為說法會、下方為屏風畫的構圖形式再沒有出現。它所透露的信息表明，藥師經變開始趨於簡單化。 當時的第98窟為歸義軍節度使曹議金的功德窟，北壁有一鋪藥師圖像，並無“十二大願”、“九橫死”等內容，但主榜題仍稱為“東方十二上願藥師琉璃經變”。以此為據，後來的研究者將一大批無“十二大願”、“九橫死”的藥師佛說法圖也稱為藥師經變。

宋代藥師經變的數量不多，只有9鋪。有意思的是，敦煌遺書中有根據帛尸梨蜜多羅譯本編製的榜題底稿，宋代第76窟藥師經變的榜題文字也來自帛尸梨蜜多羅譯本，經變內容幾乎與據玄奘譯本繪製的完全一樣。雖然現在還不能肯定第76窟是依此底稿而繪，但至少啟發我們考慮，唐宋時期可能有一些藥師經變是依據帛尸梨蜜多羅譯本繪製的。

沙州回鶻時期敦煌也創造了大量藥師壁畫。在敦煌歷史上，早在五代時期就有沙州回鶻活動的記載，宋代、西夏間其勢力更加強盛。沙州回鶻建有藥師經變共9鋪。這些經變畫面較大，表現形式與西方淨土經變沒有多大區別，判定為藥師經變的主要特徵是藥師佛托缽、執錫杖，有燈輪、神幡、十二神王。此時的經變畫大不如前，內容銳減；表現形式也缺少生機。

　　西夏時期，壁畫藝術與沙州回鶻可歸於一類，無論是題材還是表現力，都比較接近。第400窟北壁為西夏藥師經變，藥師佛結跏趺坐，左手撫膝，右手執錫杖，四弟子、二大菩薩及諸與會菩薩圍繞。下方正中為樂舞場面，一樂伎舞蹈，八位樂師伴奏。最下方有極其簡單的燈輪，旁邊有幾位俗裝人在點燈、添油。青綠單調的色彩，搖曳暗淡的燈光，有氣無力的音樂。整個畫面死氣沉沉，完全失去第220窟的輝煌景象。唯有幾身在寶池內嬉戲的童子，為畫面增添了一絲生氣。

　　在沙州回鶻、西夏時期，藥師說法圖和藥師單尊像較多。

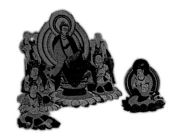

釋迦牟尼説藥師經

不鼓自鳴

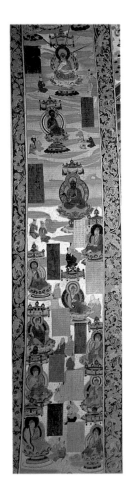

十二大願條幅

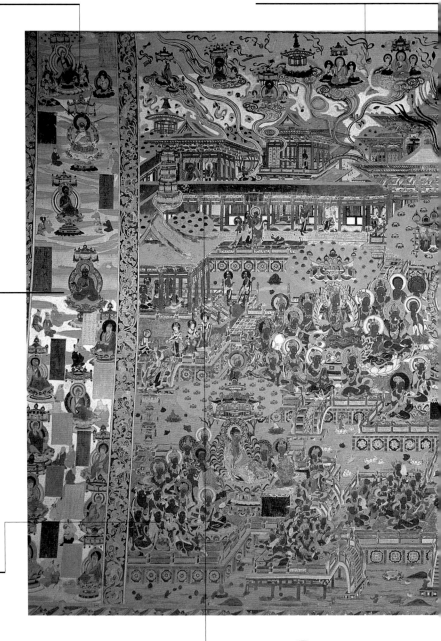

十二神王之一

淨琉璃世界的建築羣

樂師説法

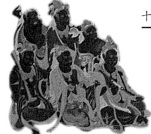

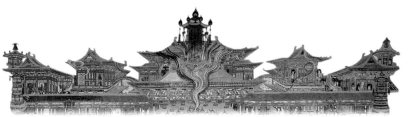

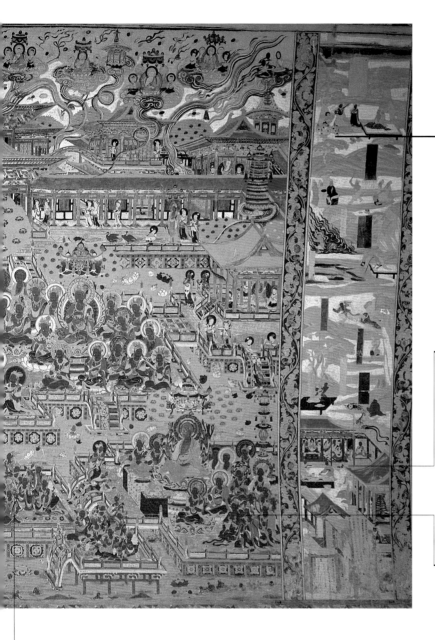

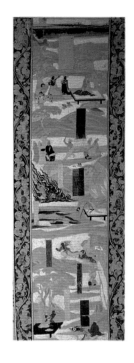

九橫死條幅

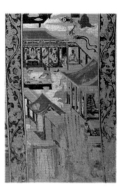

樹幡、燃燈

十二神王之二

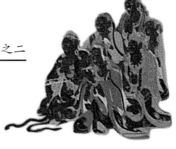

樂舞

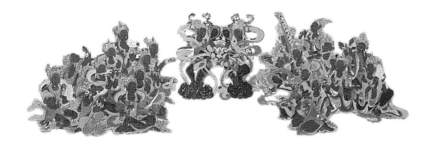

155 藥師經變

此窟建於唐代大曆年間，東壁門北繪藥師經變，正中為說法會，兩側為條幅畫。這種構圖形式在盛唐觀無量壽佛經變中普遍存在，但卻是第一次出現在藥師經變中。該窟奠定了藥師經變新的表現形式，被此後的藥師經變普遍採用。
盛唐 莫148 東壁

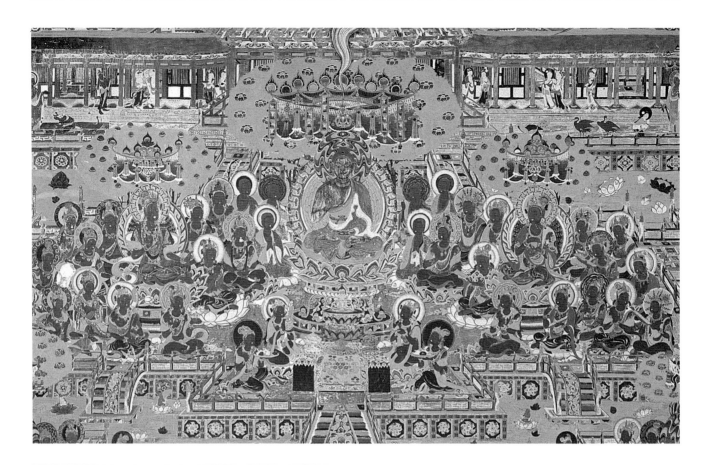

156 藥師説法
盛唐 莫148 東壁

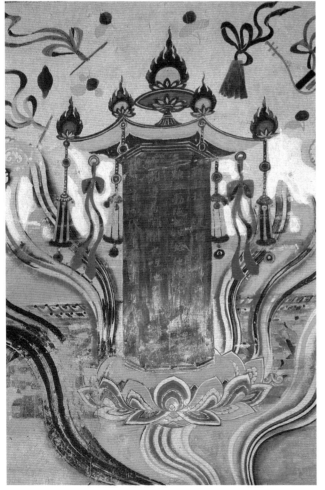

157 藥師經變榜題
該榜題繪於經變上部，文字內容為陀羅尼（咒語），構圖如一燈箱，十分別致。
盛唐 莫148 東壁

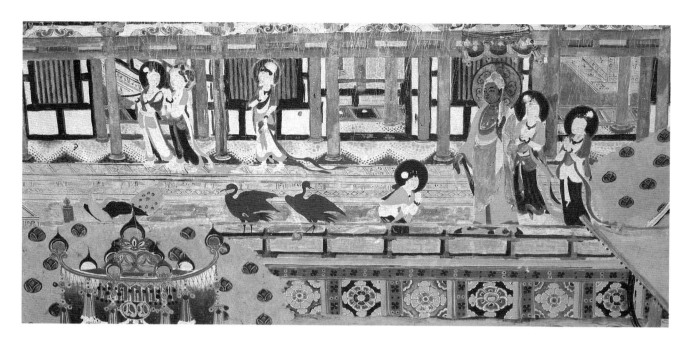

158 藥師淨土

樓閣內華柱林立，瑞禽振翅於欄杆上，
悠閑自在；諸菩薩款款行走在寶地上，
優雅嫵媚。一菩薩在迎接一佛二脅侍菩
薩，此佛或是從其他佛國來參加藥師說
法會的。畫面表現了藥師佛國的華麗。
盛唐 莫148 東壁

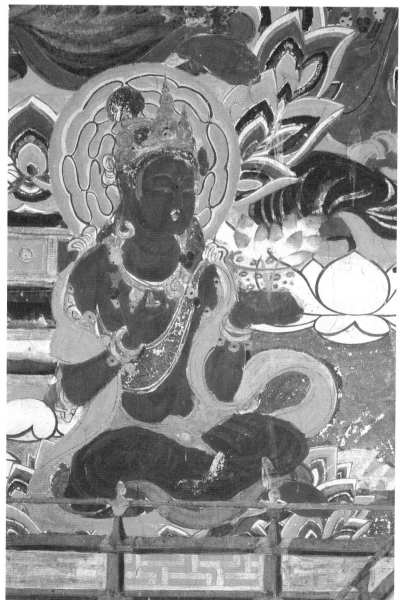

159 供養菩薩

此供養菩薩坐於北側大菩薩下方的平台
上，左手托着透明並雕花的玻璃器皿，
內盛花卉。菩薩軀體豐滿健康，神態安
祥嫻靜，是典型的盛唐風格。
盛唐 莫148 東壁

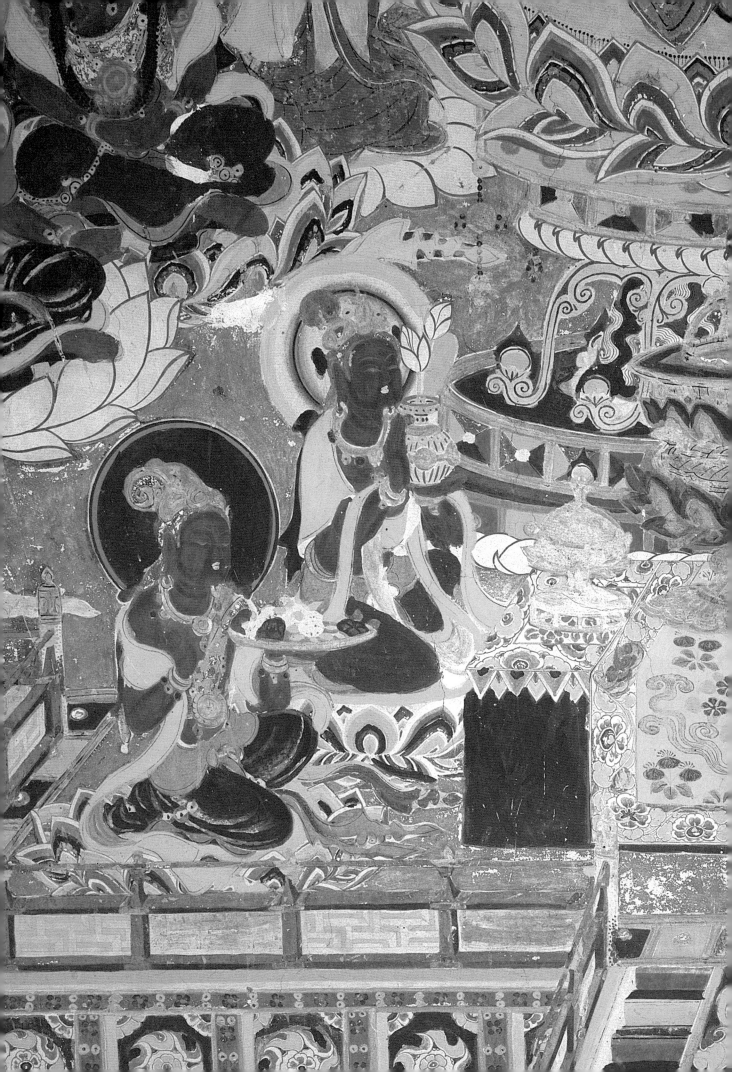

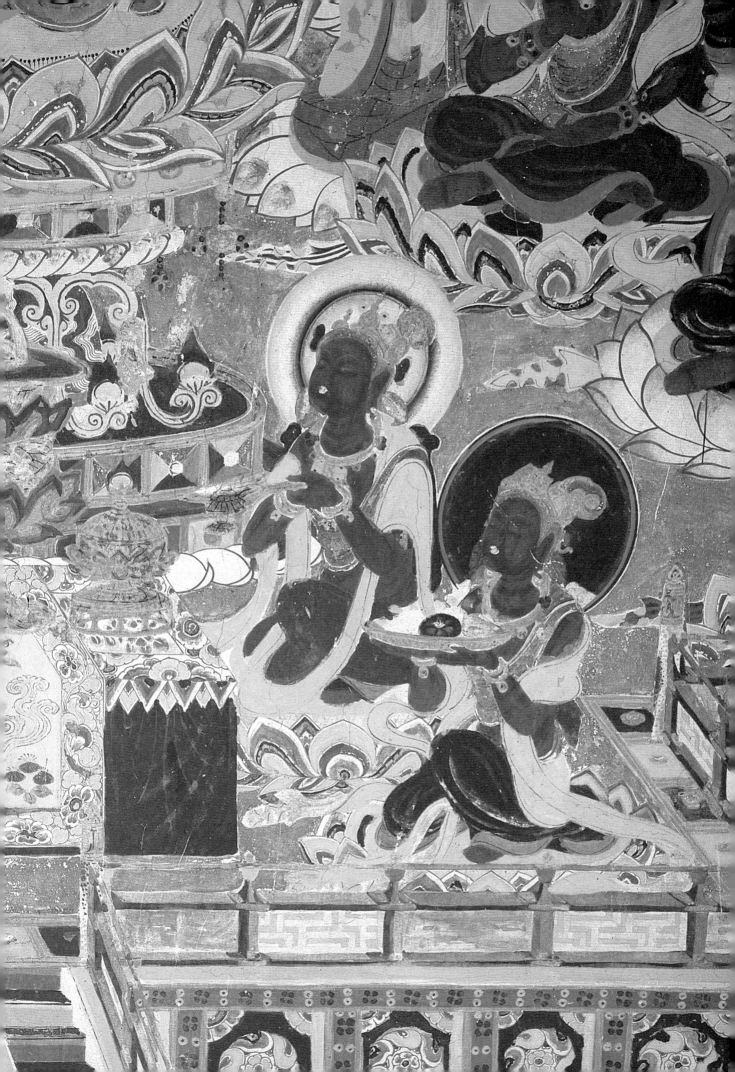

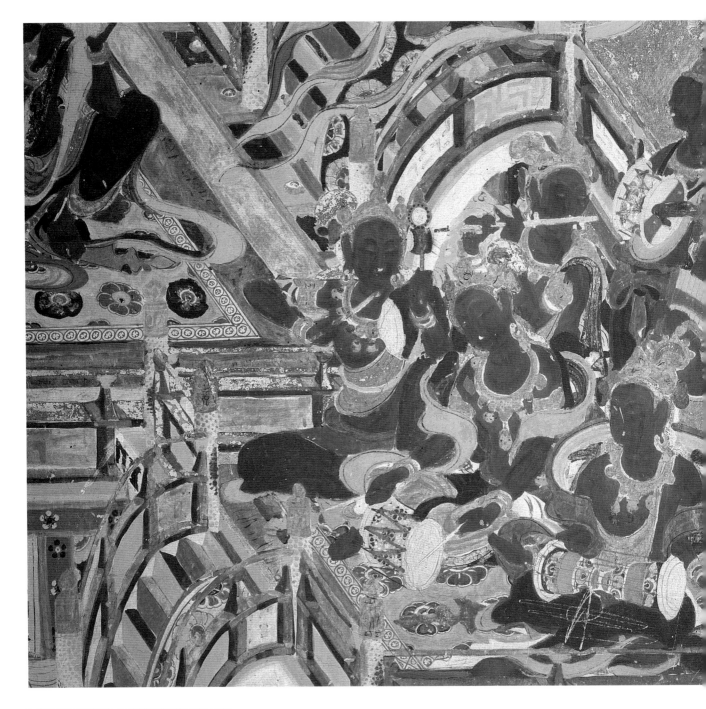

161 **樂隊**

一組樂隊正在演奏。此經變共有四支樂
隊，是研究古代音樂的重要資料。大部
分敦煌經變畫都在說法會下方繪出樂舞
圖，這既是娛佛又體現佛國的歡樂。
盛唐 莫148 東壁

160 **四身供養菩薩**　　　　◀ 見上頁

位於主尊下方，單腿着地，作胡跪狀。
或執香爐，或捧花瓶，或托供器，頭冠
各不相同。畫工注意用不同的形象、動
作來體現供養菩薩，畫面頓感活潑。
盛唐 莫148 東壁

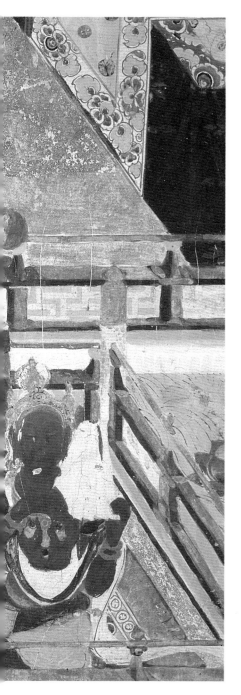

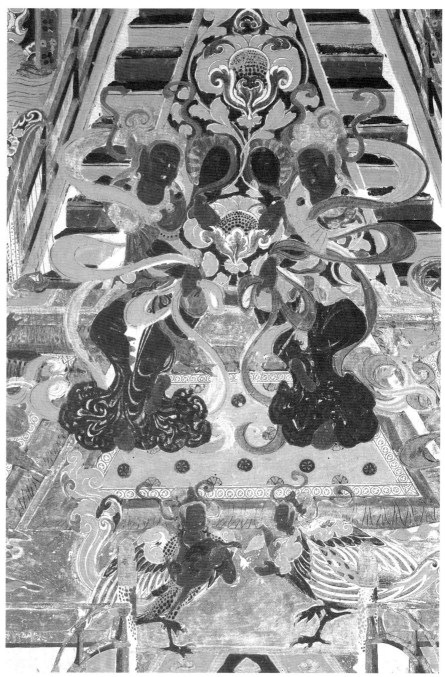

162 樂伎與迦陵頻伽

二樂伎手持長練當空舞，動作剛健；下
方寶池邊有二身人頭鳥身的迦陵頻伽，
腳爪晃動似在合拍而舞。迦陵頻伽意為
美音鳥，形象為人面鳥身。此鋪經變雖
大，畫工仍注意細節的描繪，樂伎所踏
的地毯紋飾也一一畫出。

盛唐 莫148 東壁

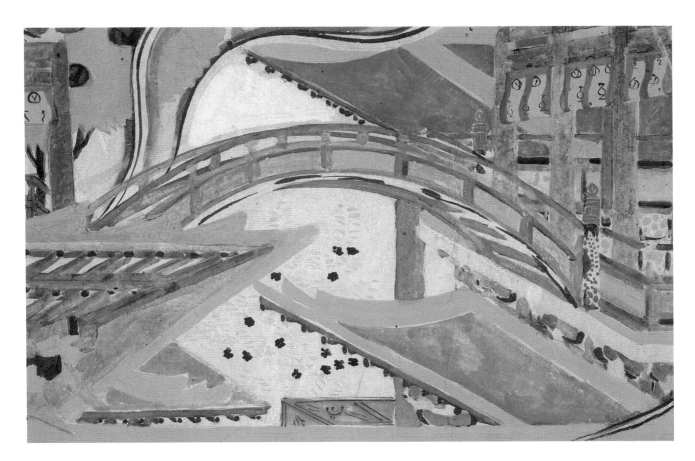

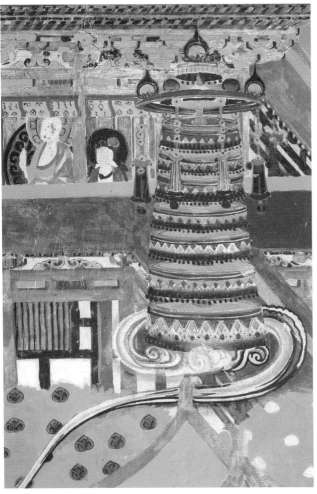

163 虹橋

這是經變上方建築部分，各建築物之間
有虹橋相連。此部位在整鋪經變中的畫
面極小，甚不起眼，而畫工仍認真地繪
出整齊的欄杆，橋頭的欄杆還有雕飾。
盛唐 莫148 東壁

164 寶幢

彩雲中化現華麗的寶幢，以表示藥師淨
土的神異。內容不見於經文記載。
盛唐 莫148 東壁

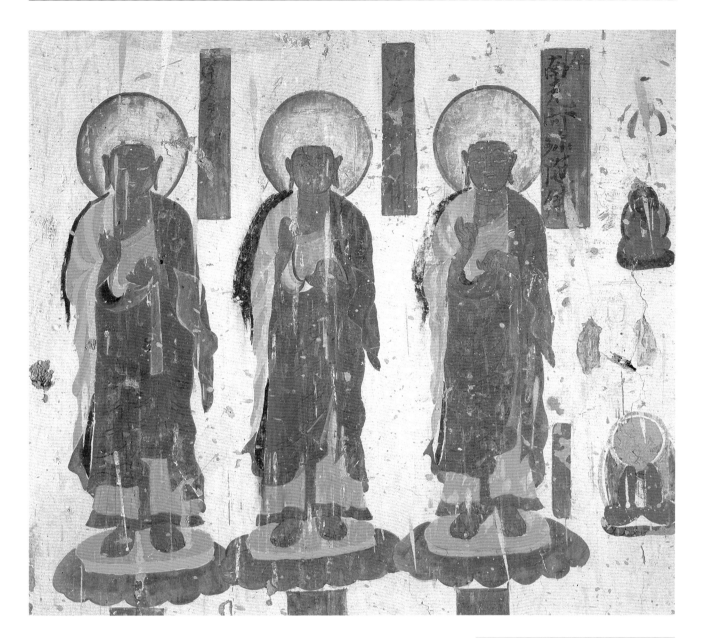

165　王奉仙繪藥師佛

此三身立像為藥師佛、阿彌陀佛和多寶佛。榜題今存，正中一身題"南無藥師佛"。唐開元年間，一支馱隊從中原送軍需到安西都護府，途經敦煌，隊員王奉仙在莫高窟買窟繪下此壁畫，所以有着重要的歷史意義。

盛唐　莫166　東壁

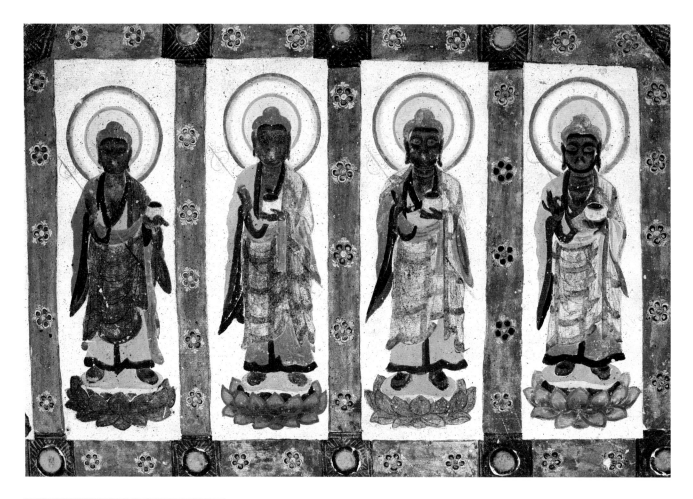

166 四身藥師佛

唐前期敦煌壁畫中藥師單尊像、羣像、
千佛有較多繪製,此窟為代表。此窟窟
頂四坡畫藥師千佛,龕頂四坡畫藥師佛
羣像,共17身。此為其中四身,立姿,
左手托缽,右手執杖。

盛唐 莫199 龕頂南壁

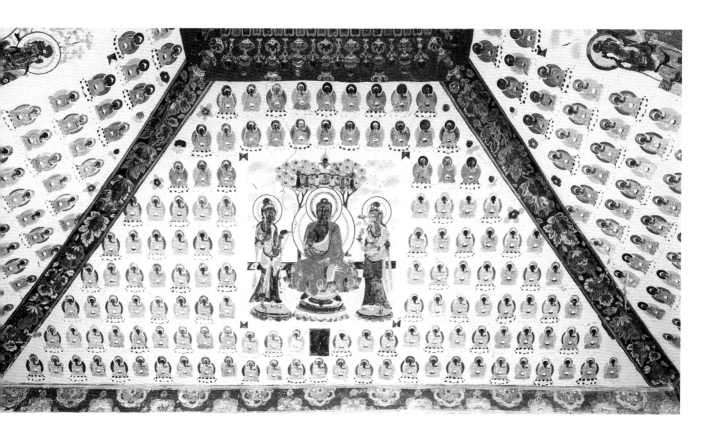

167 藥師千佛與藥師說法

此窟窟頂畫藥師千佛，均手托藥鉢；東
坡千佛中央為藥師佛說法，左手托鉢。

盛唐 莫117 東坡

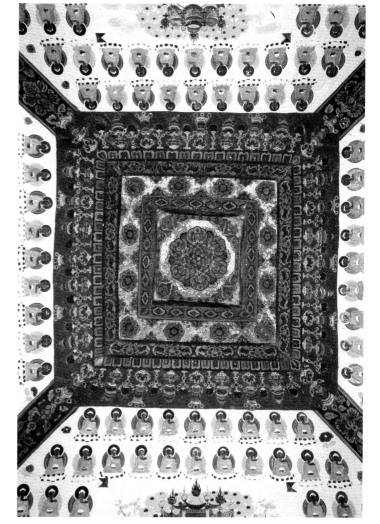

168 四坡畫藥師千佛

此窟窟頂四坡畫藥師千佛，均手托藥
鉢，千佛中央畫說法圖。

盛唐 莫117 窟頂藻井

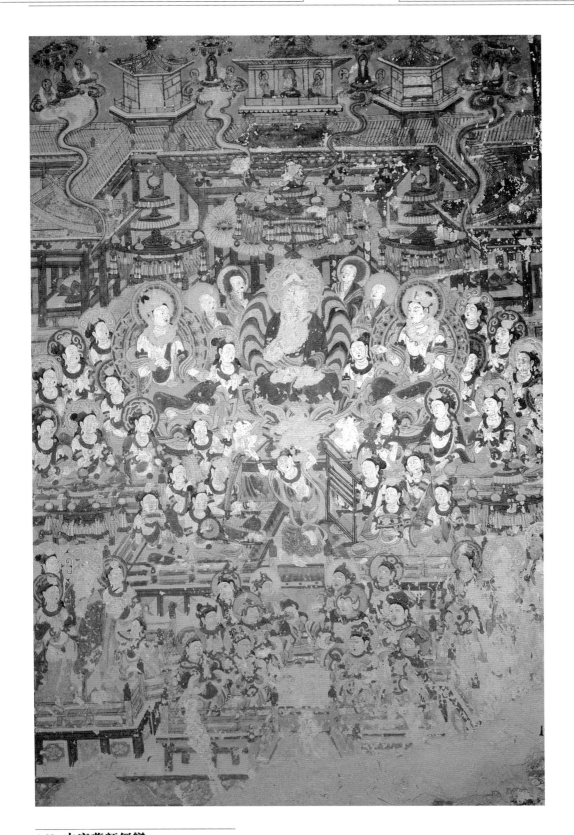

169 中唐藥師經變

此經變中的藥師三尊,即主尊與兩側大
菩薩的華蓋、下方的樂舞場面等,與南
壁對應的觀無量壽佛經變相似。不同之
處是藥師經變中有十二神王、四弟子,
觀無量壽佛經變中則無。

中唐 莫112 北壁

170 藥師經變

主尊托缽,有神幡、燈輪、十二神王,
寶池有化生等。畫面注重對淨土的描
繪,建築十分豪華。沒有"十二大
願"、"九橫死"等內容。

中唐 莫361 北壁

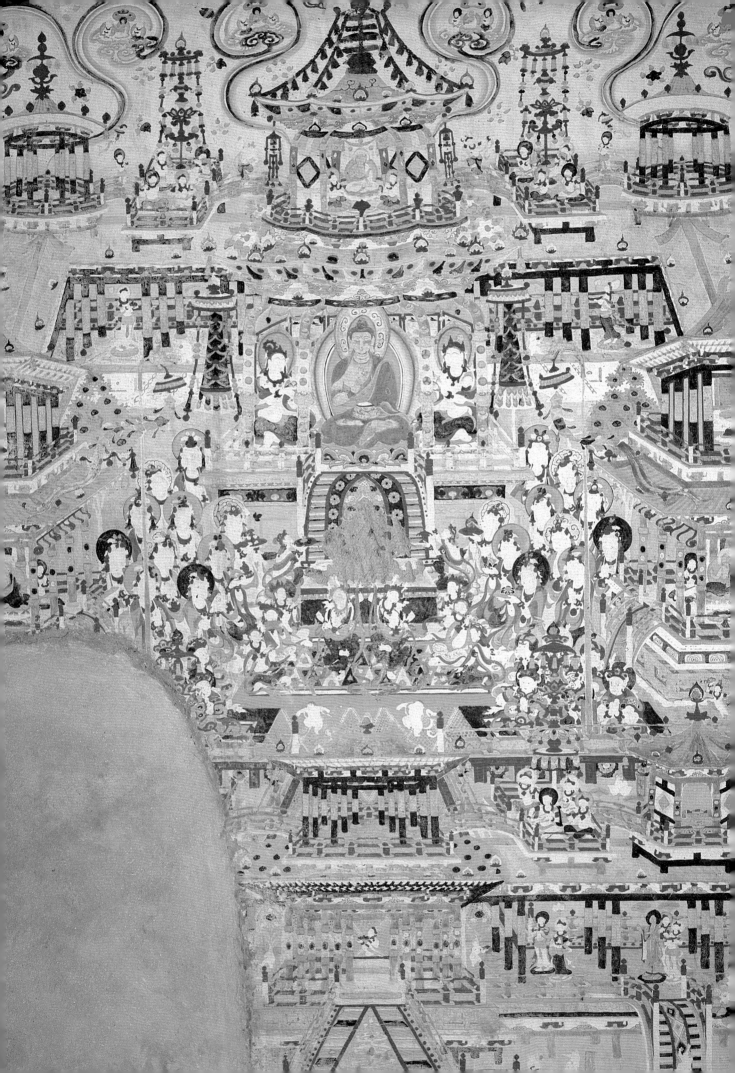

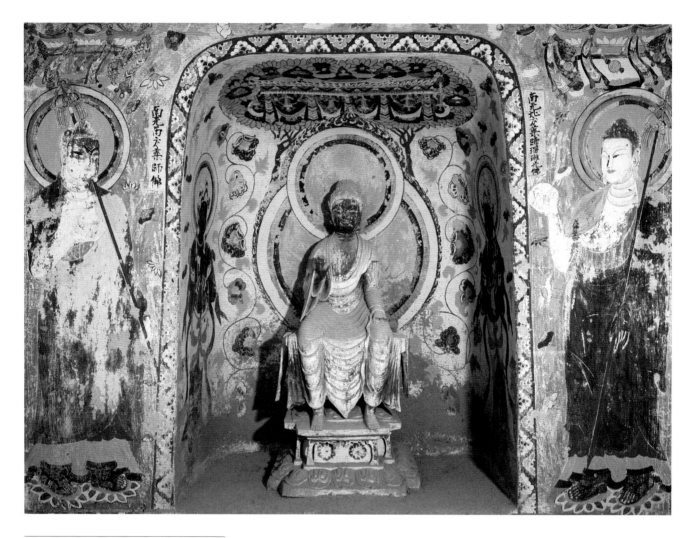

171 藥師全圖

敦煌後期藥師圖像多對稱出現，這是沙
州回鶻時窟，龕外兩側藥師佛各一身，
執錫杖、托缽，身體健碩。南側藥師佛
榜題"南無南方藥師佛"，北側榜題
"南無北方藥師琉璃光佛"，但藥師佛
乃東方佛，榜題有誤。

中唐 莫245 西壁

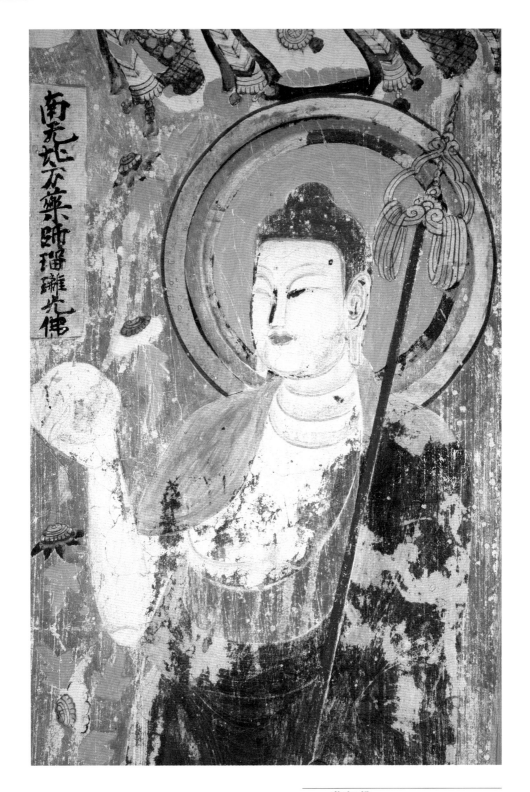

172 藥師佛

榜題保存完好："南無北方藥師琉璃光
佛"，榜題也有誤。
中唐 莫245 西壁北側

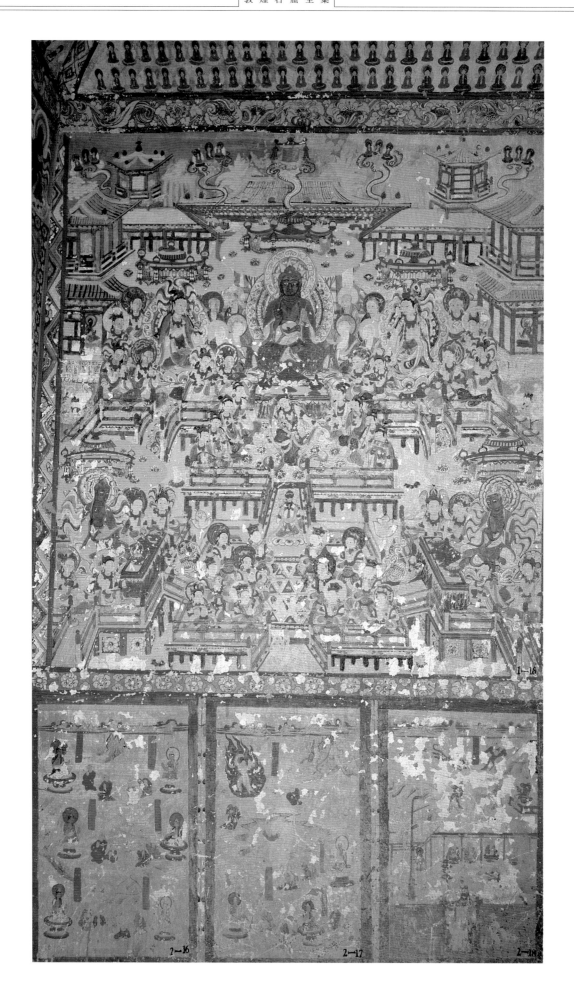

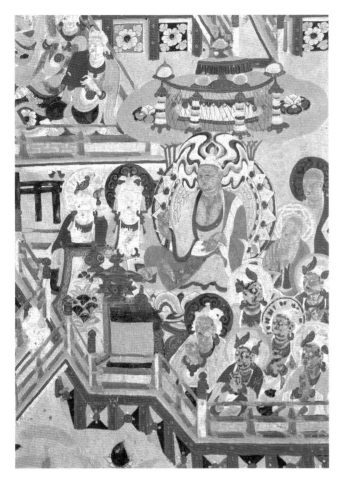

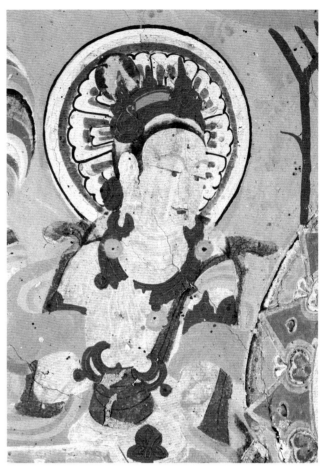

174 説法佛與六神王
晚唐 莫144 北壁

175 藥師供養菩薩
菩薩頭部微側左顧，神態優雅，畫工十
分注意細部的刻劃。此為晚唐一大窟，
係沙州釋門都僧統、金光明寺僧索義辯
所建。
晚唐 莫12 北壁東側

173 屏風畫式藥師經變
上方為説法會，下方以屏風畫形式表示
十二大願、九橫死。説法會中，藥師佛
托缽在大殿内説法，下方的平台建在寶
池上，有樂舞、十二神王。
晚唐 莫18 北壁

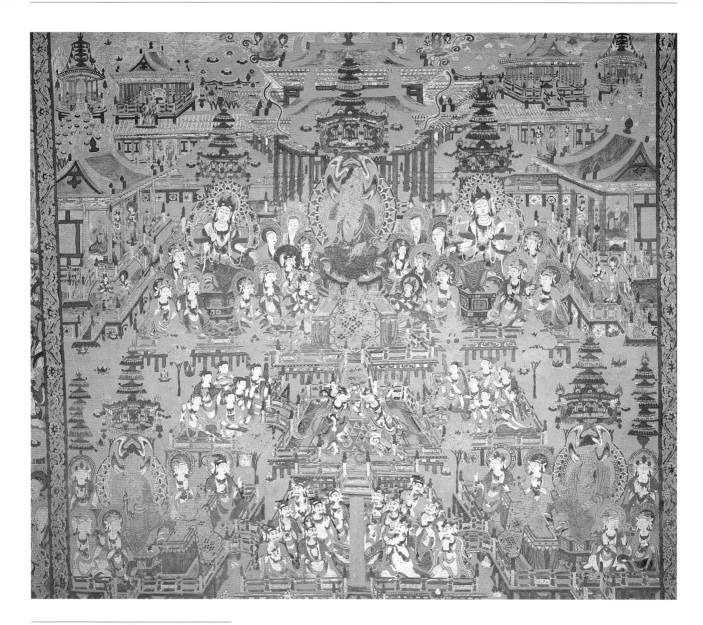

176 藥師琉璃經變

此窟建成於公元924年，為歸義軍節度使
曹議金的功德窟。主榜題是"東方十二
上願藥師琉璃經變"，無"十二大
願"、"九橫死"等具體內容。

五代 莫98 北壁

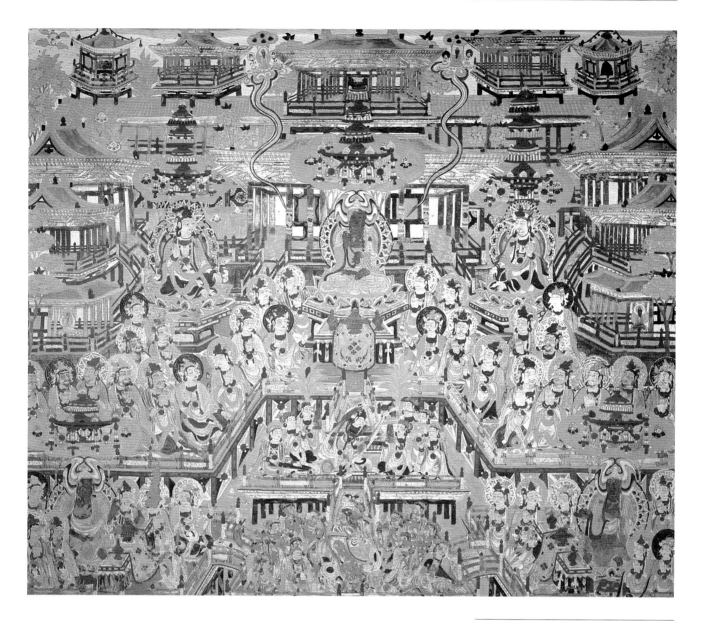

177 藥師經變

五代 榆16 南壁

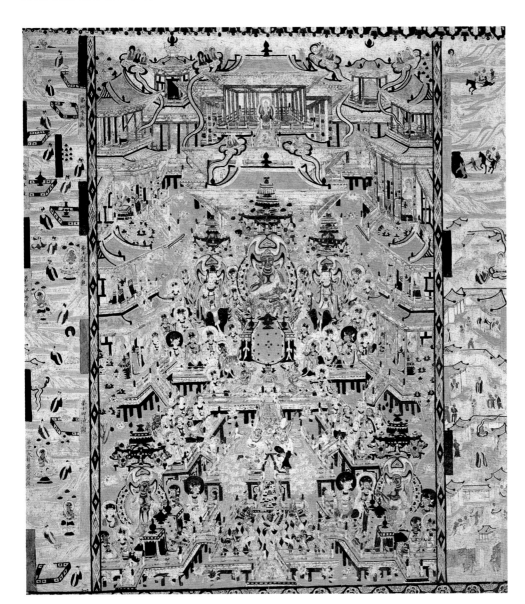

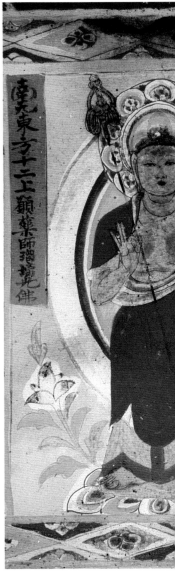

178 宋代藥師經變

中間為說法會,左右的條幅畫繪十二大
願、九橫死。說法會中藥師佛托缽、執
錫杖,下方有樂舞、十二神王。頗具特
色的是,畫面四周重樓聳立,正下方的
建築有大門,有人正開門探視,右上角
還有一鐘樓。整個建築結構具宮殿或廟
宇的特徵,真是佛國在人間。據榜題文
字可知是依玄奘譯本繪製的。

宋 莫55 北壁

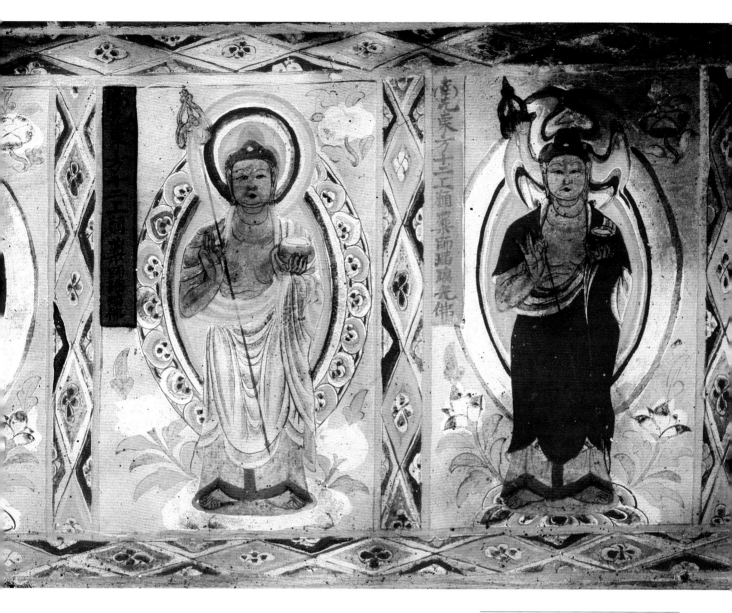

179 三尊藥師佛立像

藥師左手托缽、右手執錫杖。榜題均保
存下來："南無東方十二上願藥師琉璃
光佛"，個別榜題文字省略一二字。此
窟西壁龕頂南、西、北坡畫瑞像圖，東
坡共有藥師佛立像八尊，此為其中三
尊。

宋代 莫72 龕頂東坡

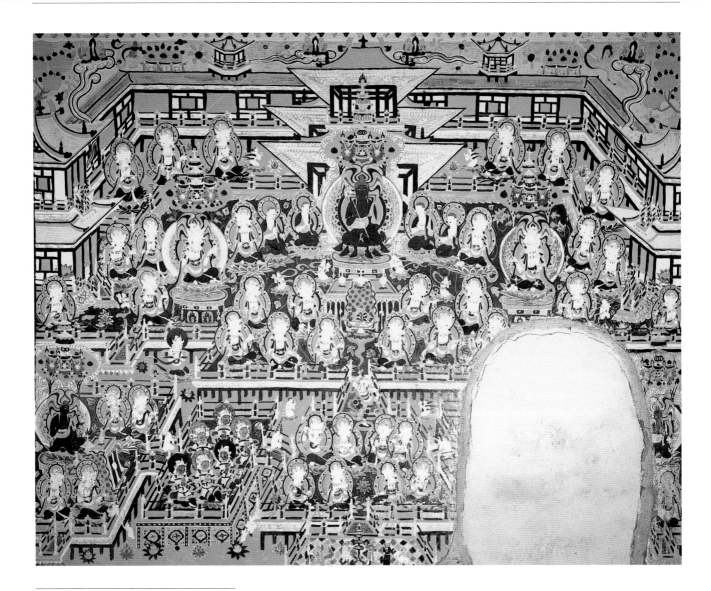

180 西夏藥師經變

西夏時期的藥師經變相當簡略，但主尊
執錫杖、十二神王、燈輪等藥師經變的
主要特徵在此窟中仍保存。

宋 莫400 北壁

181 藥師二弟子

藥師二弟子神情專注,袈裟清晰如新,
畫技細膩。此窟以壁畫精美而著名。
中唐 莫112 北壁

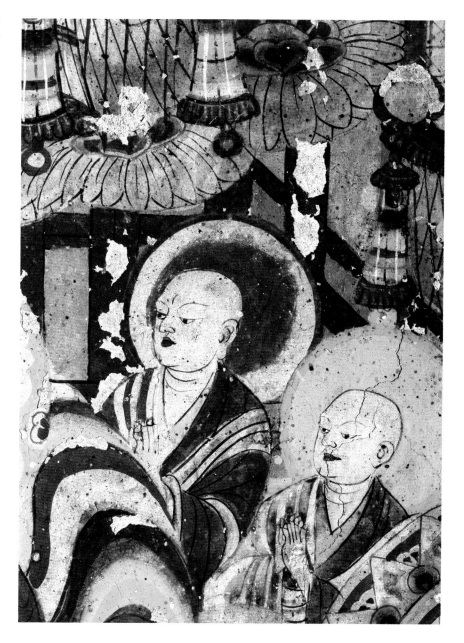

182 晚唐十二神王

大部分藥師經變是將十二神王分作二
組,對稱分佈在說法會下方兩側,此藥
師經變卻將十二身神王集中繪於一處,
有新意,但畫面略顯擁擠。
晚唐 莫147 北壁

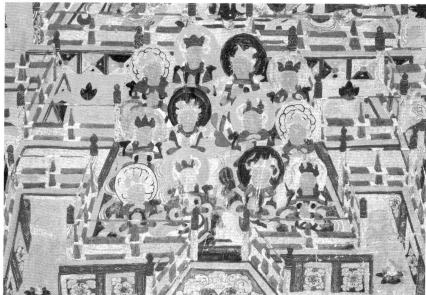

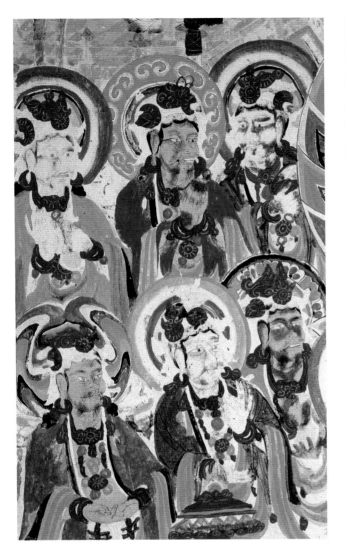

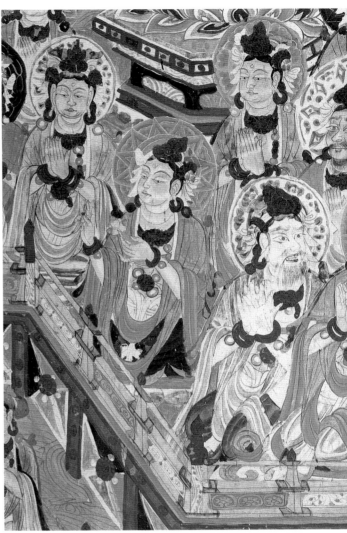

183 五代十二神王

諸神王着天衣，虯鬚奮張，雙目炯炯有
神，神態各有不同。

五代 莫6 北壁

184 十二神王

諸神王的頭冠、頭光、服飾等與旁邊的
菩薩相同，唯面部顯示出武將的剛勇，
與菩薩的秀麗形成鮮明的對比。

五代 榆16 南壁

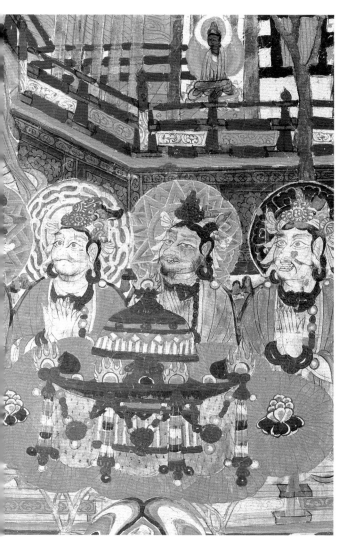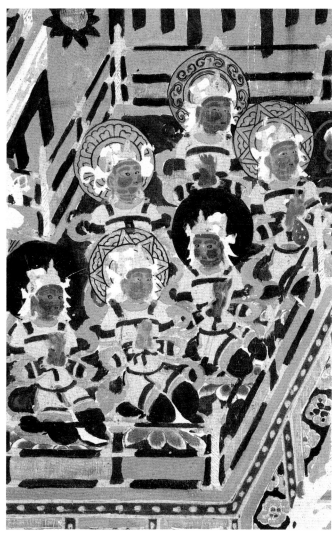

185 西夏十二神王

此鋪藥師經變將十二神王分作二組，此
為西側一組，諸神王盔甲嚴身，武將打
扮。

宋 莫400 北壁

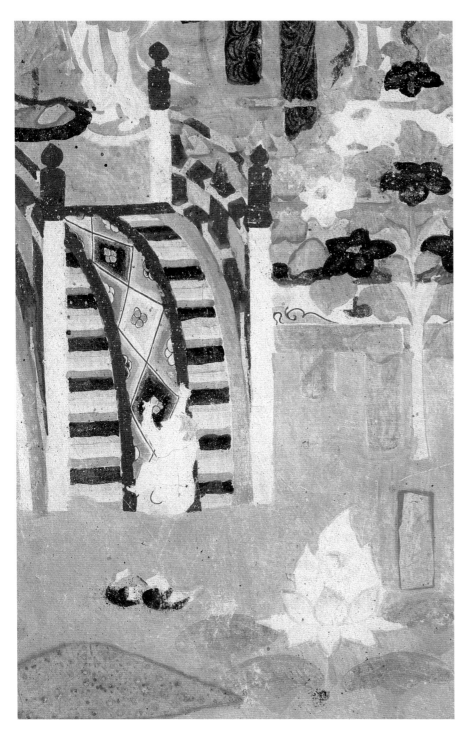

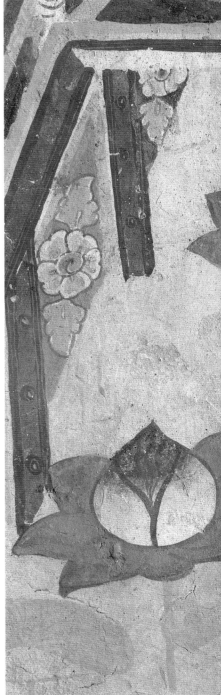

186 寶池與化生

下方有寶池、蓮花，其中一朵蓮花中有
一童子，表示化生。另一童子正從寶池
往寶樓閣上攀登，生動可愛。在經變畫
中，化生主要出現在西方淨土世界中，
但其他經變中也有表現。

中唐 莫361 北壁

187 寶池與化生

中唐 莫386 北壁

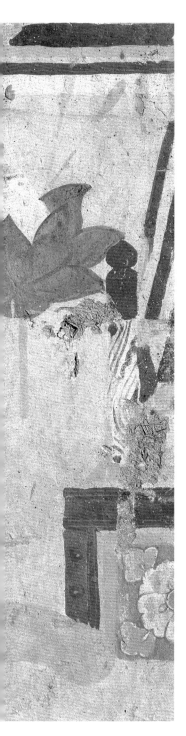

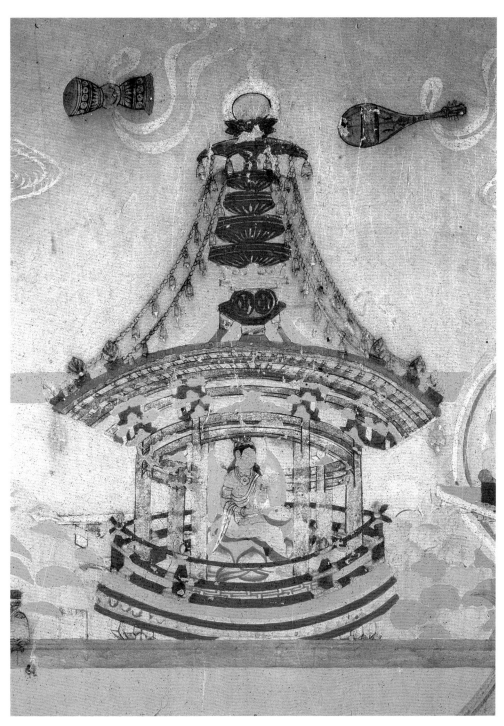

188 不鼓自鳴

天空中懸浮着琵琶等樂器，不鼓自鳴。
塔內有一菩薩，寓意不明。

不鼓自鳴的內容主要出現在西方淨土經
變中，少數其他經變中也有繪製，大約
是借鑒了西方淨土經變的內容。

中唐 莫237 北壁

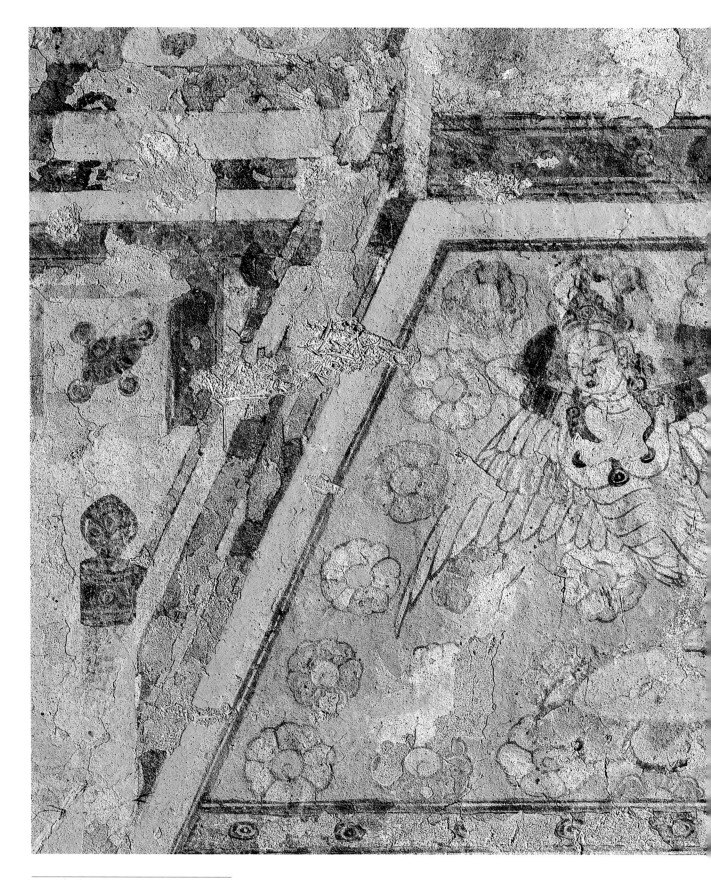

189 迦陵頻伽

迦陵頻伽人面鳥身，反彈琵琶；下方還有
聽樂瑞禽，頗為神異，令人耳目一新。

中唐 莫238 北壁

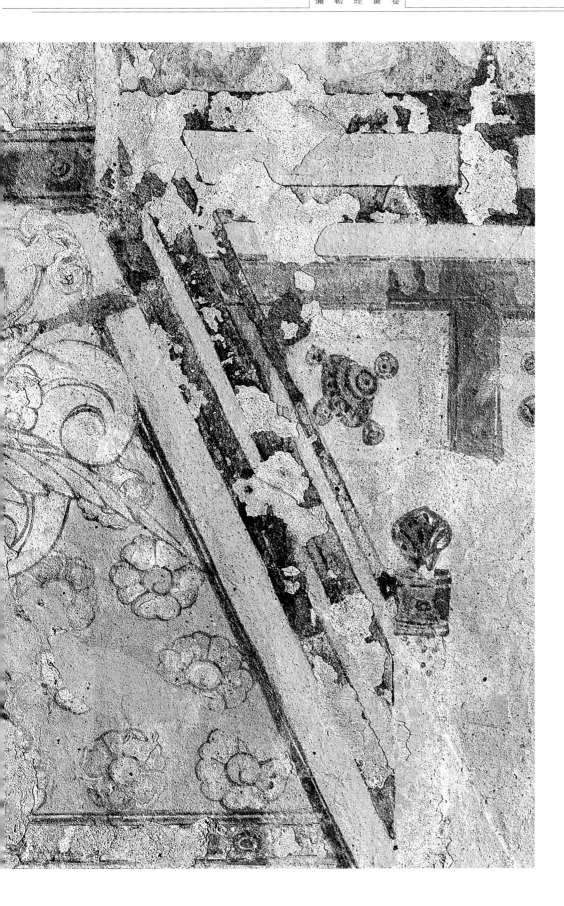

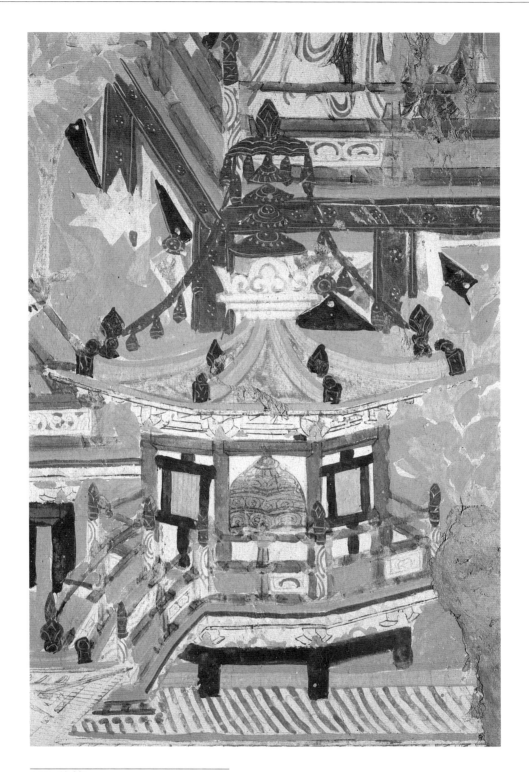

190 鐘樓

寺院敲鐘以報時，僧人依時起居，誦經
禮佛。畫工將現實中的僧人生活體現在
淨土佛國，折射出歷史的情景。

五代 莫146 北壁

第五節　　十二大願　列於壁畫：盛唐及其後的藥師經變（二）

盛唐及其後，藥師經變的內容更加豐富，十二大願與九橫死成為敦煌畫師筆下的重要題材，它們多以條幅畫或屏風畫的形式出現在壁畫中。

十二願是藥師佛前生為菩薩時所發的大願，第一、第二大願希望成佛後，自己有許多特異功能，第三至第十二大願是希望能救助眾生苦難。具體內容是：一、藥師佛自身光明熾然，照耀無量無數無邊世界，並有三十二相、八十種好；二、藥師佛自身身如琉璃，光明廣大；三、眾生用物，無所乏少；四、行邪道者，歸依大乘；五、遵循戒律；六、眾生形象端正；七、眾病悉除；八、若厭女身，轉女成男；九、解脫一切外道纏縛；十、王法所繩，亦得解脫；十一、上妙飲食，飽食其身；十二、貧無衣服，皆令滿足。

九橫死是釋迦說法會上，救脫菩薩所說人生有九橫死，即九種非正常死亡：一、得病無醫藥或吃錯藥或請巫師而導致死亡；二、王法誅殺；三、放逸無度而暴卒；四、火焚；五、溺水；六、惡獸；七、墜落山崖；八、毒藥中害；九、餓死。這是現世的苦難。其內容較簡單，為人世間所常見。《千手千眼觀音經》中的"十五惡死"也包括有九橫死的全部內容。十二大願實際上是對九橫死的一種救濟，避免橫死是十二大願的全部出發點，也是藥師經的中心內容之一。

敦煌壁畫藥師經變十二大願與九橫死的產生與發展，有以下幾點值得注意：

1. 隋代和初唐時期的藥師經變沒有繪出十二大願，其原因是隋代壁面太小，內容簡略，所以沒有這些內容。初唐時只有一鋪藥師經變，表現形式尚在探索中。及至盛唐，由於在物質條件、藝術探索和經義理解上都已具備條件，因而在盛唐晚期的第148窟中十二大願與九橫死得到表現，並且即便是初次出現，其表現形式就達到了驚人的成熟，此後各時代的藥師經變一仍其式，幾無改變。

2. 若依據經文，十二大願主要是擺脫痛苦，諸痛苦與九橫死類似，也可入畫，但藥師經變為了與九橫死相區別，沒有繪出這些苦難。

3. 十二大願為藥師尚是菩薩時的誓言，畫面應該是一菩薩，即藥師佛的前身，向當時的佛發誓，但敦煌藥師經變卻是若干僧俗跪着向佛發誓。

一、在盛唐晚期的出現

藥師經變中的十二大願，如願自己有三十二相、八十種好等，這些內容並不複雜，也常見於佛經，但它們直至盛唐晚期的第148窟藥師經變中才出現。一經出現，所表現的面貌便十分成熟，值得關注。

第148窟北側為條幅畫,在釋迦説法會下方依次有十二幅小畫面,表示十二大願,除最上兩幅為一佛三俗人外,其餘十幅均為一佛二俗人,殘存部分榜題。十二大願的畫面内容基本相同,唯最上一幅中,佛的頭頂放射出六道金光,與其他畫面有所不同,它表示的是第一大願:"自身光明熾然,照耀無量無數無邊世界。"

南側也為條幅畫,畫面自上而下排列,繪九橫死的全部内容,背景為山野。因為這些災難來自現實生活,所以畫工畫得得心應手。每幅畫各有特色,如一官吏正襟危坐,旁立二侍者,對面一劊子手揮刀砍人,這表示第二橫"橫被王法之所誅戮"。一俗人在烈火中掙扎,是為第四橫"橫為火焚"。一俗人在河中掙扎,是為第五橫"橫為水溺"。一俗人為惡獸追逐,是為第六橫"橫為種種惡獸所啖"。苦難的畫面與説法會中琉璃為地的淨土圖像形成鮮明對比。

二、構圖日趨簡略化

中唐時藥師經變遽增,十二大願、九橫死是重要題材。當時的23鋪藥師經變,其表現形式可分作三類:

1. 正中為説法會,兩側為條幅畫,繪"十二大願"、"九橫死",有12鋪。

2. 正中為説法會,下方為屏風畫,

繪"十二大願"、"九橫死",有7鋪。另有少數洞窟在龕内以屏風畫表現"十二大願"、"九橫死"。也有的經變為求簡便,將長幅畫於佛説法之兩邊,燃燈置於平台舞樂之下,五代、宋時此種構圖的經變畫也時有所見。

3. 只有説法會,無"十二大願"、"九橫死"内容的僅4鋪。

九橫死的内容在這時表現趨於簡略,如火焚而死、溺水而死、被惡獸所食、墜落山崖而死等,畫家很少用細膩的筆法對它們加以描繪。"十二大願",也是如此處理。説明當時更注重對藥師淨土世界的描繪,是對美好淨土世界憧憬的體現。

晚唐時32鋪藥師經變的表現形式基本沒有變化,但無"十二大願"、"九橫死"内容的説法會大大增加,達14鋪,這是敦煌晚唐佛教壁畫藝術進一步簡略化的體現。

五代藥師經變數量仍很多,達32鋪,但只有3鋪壁畫正中為説法會,兩側為條幅畫,繪"十二大願"、"九橫死",其他壁畫内容甚為簡略。宋代藥師經變的數量不多,只有9鋪,三種構圖形式均有。

沙州回鶻及西夏時期,9鋪藥師經變中"十二大願"、"九橫死"不復再見;表現形式單調而缺乏生機。

三、勤修功德昇佛國

引導眾生步入佛國是藥師經的主題，也是敦煌藥師經變的重點。現實充滿苦難，而若墜入地獄更會苦不堪言。唐代畫史中有一些關於地獄變的記載，如吳道子在景公寺、福先寺，張孝師在淨域寺、淨法寺、慈恩寺，陳靜眼在寶刹寺，吳道子的高足盧楞伽在化度寺等處都繪有地獄變，地獄陰森而恐怖。在敦煌，第431窟初唐的觀無量壽佛經變中即描繪了地獄的景況。

哪裏才能脫離苦海呢？藥師經宣稱，只有佛所在的天國，才是人應該神往的地方。在敦煌，就用大幅的藥師經變來突出佛國莊嚴、淨土美好的淨琉璃世界。至於揭示社會的黑暗與人生苦難的九橫死、十二大願等，雖為數甚多，是重要題材，但所佔畫面較小，位置一般都遠離藥師佛說法會。這就是說，在敦煌藥師經變中，佛國世界才是主要的，在此世界的襯托下，現實的苦難和不幸顯得十分渺小。

現實的人們如何才能避免橫死而超昇到西方極樂世界呢？敦煌藥師經變給出了辦法。藥師經變出現大量的齋僧、燃燈、樹幡、放生等畫面，就是告訴人們，只要勤修功德，通過這些具體的宗教實踐，即可昇佛國。實際上，藥師經中所講的齋僧、禮佛、讀經、燃燈、樹幡、放生等，也是佛教的基本事儀，並非藥師信仰獨有。如放生體現着佛教的眾生平等思想，眾多廟宇都修有放生池；神幡供養更為普遍，宋云、惠生西域求法（公元518~522年）就帶去神幡三千口（口為計量單位），"所有佛事處，悉皆流佈"。他們在于闐附近的一座寺院見到懸彩幡數以萬計。燃燈，也是僧俗間的一項重要社會活動。但是藥師經對這些修持與禮拜作了十分具體的說明，使其達到精緻化的地步，因而比其他經更突出。如經文云，病人"欲脫病苦"，應以飲食供養僧人，晝夜六時禮拜藥師佛像，讀藥師經四十九遍，燃燈四十九盞至四十九日，造四十九拃手長的五色神幡，將四十九個動物放生。這裏的四十九之數當與七七齋有關。這些明確的提示作為十分實用的規範，方便了人們日常的禮佛活動，因此成為藥師經變中的重要內容。

佛教引導人追求美好生活，並給人以種種方便法門，敦煌藥師經變便是對這些方便法門的真實描繪。

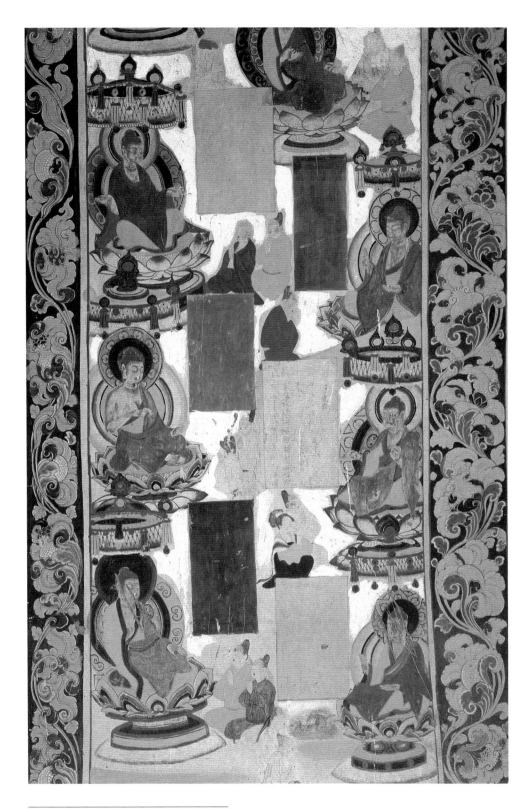

191 盛唐十二大願

此鋪藥師經變的十二大願為條幅畫,均
是若干僧俗合十禮一佛,但在細節的處
理上有所不同,如佛的頭光、身光等;
禮佛者有僧俗,有男有女,同中求異,
可謂苦心孤詣。敦煌藥師經變十二大願
畫面基本如此。

盛唐 莫148 東壁

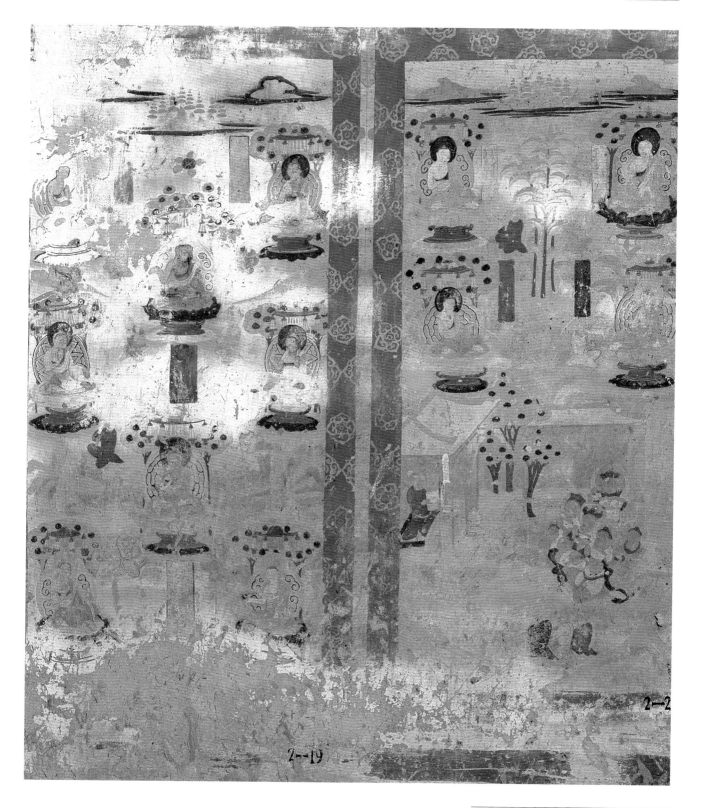

2—19

2—2

192 中唐十二大願

此為主體說法會下方的十二大願屏風畫，若干組相同的小說法會組成十二大願的各願，一般為佛在雙樹下說法，一俗人合十禮佛。畫工用相當多的筆墨來描繪山巒、樹木、彩雲等自然景觀，使單調的經文圖解畫增色不少。

中唐 莫231 北壁

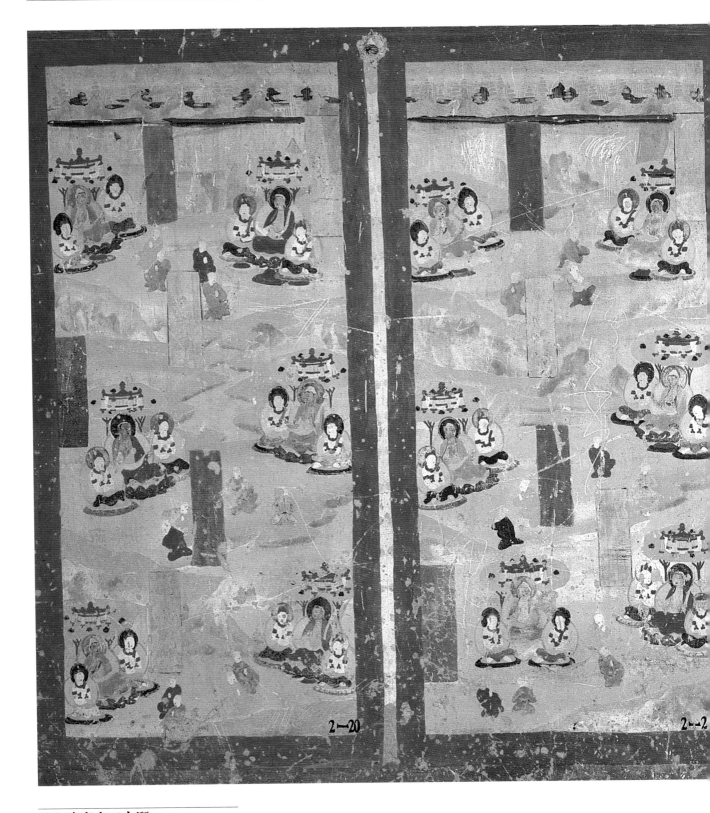

193 晚唐十二大願

四扇屏風畫，左兩扇每扇有六組小幅
畫，計十二組，畫面均為一佛二菩薩為
一二俗人說法，旁設榜題。每組為一
願，表示十二大願。右二扇為九橫死
等。

晚唐 莫12 北壁

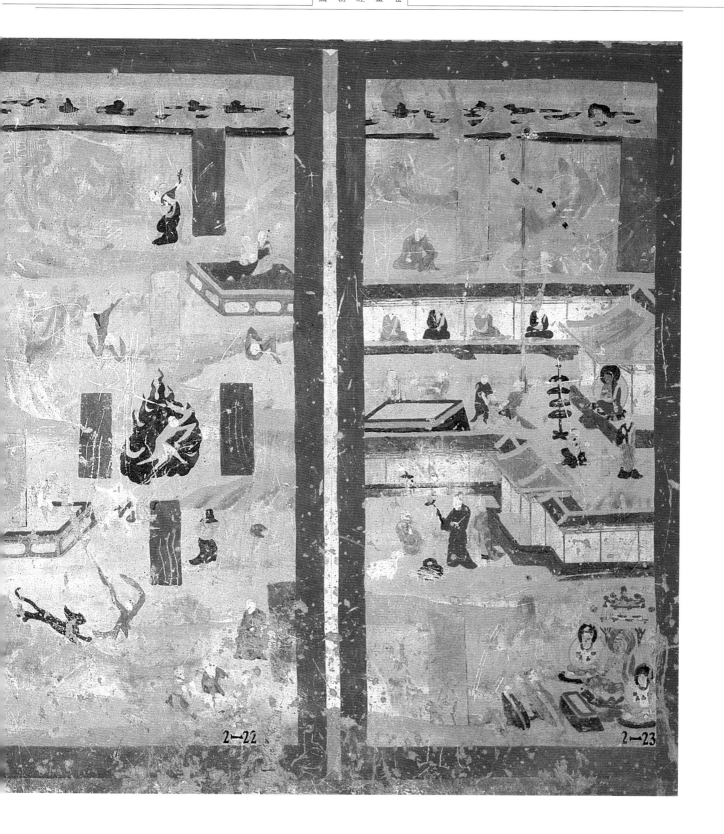

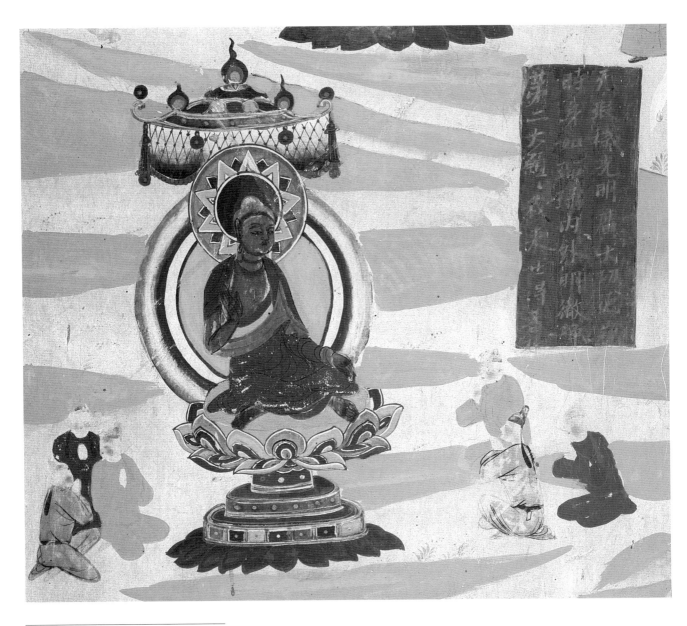

194 第二大願

佛坐在高高的蓮花座上，俗人合十禮拜。根據保存下來的榜題文字，知為第二大願，願自身身如琉璃，光明廣大。

盛唐 莫148 東壁

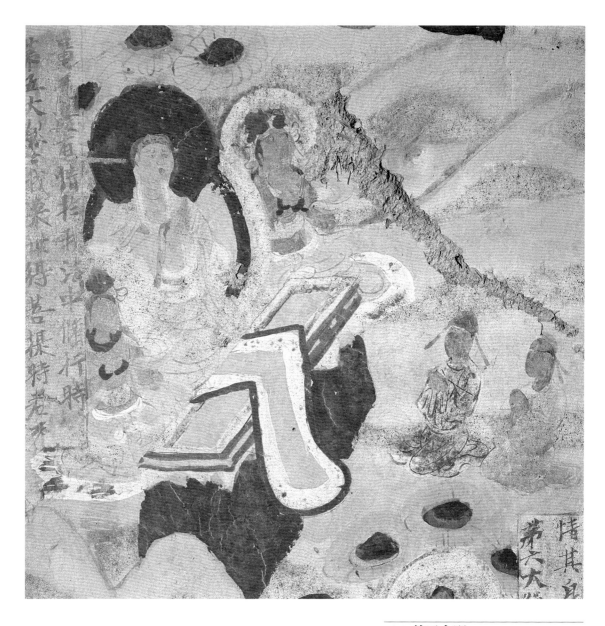

195 第五大願

一佛二菩薩，主尊雙手合十，兩俗人合
十禮拜。主尊面部稍嫌粗糙，雙手合十
的手印也甚罕見。據榜題，知是表示第
五大願：願遵循戒律。

宋 莫55 北壁

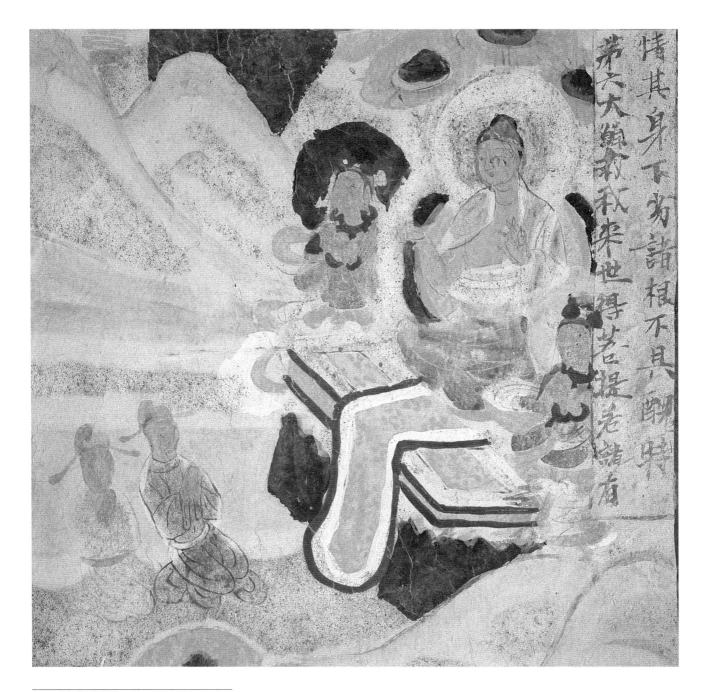

情其身下劣諸根不具醜陋
若有大難救救來世得菩提老諸眉

196 第六大願

兩俗人跪對一佛二菩薩。據榜題，此畫
面是表示第六大願：願眾生形象端正。
唯文字與原經文相比，多有脫落和錯
字，內容也不完整。俗人服飾清晰，可
供研究古代服飾史參考。

宋 莫55 北壁

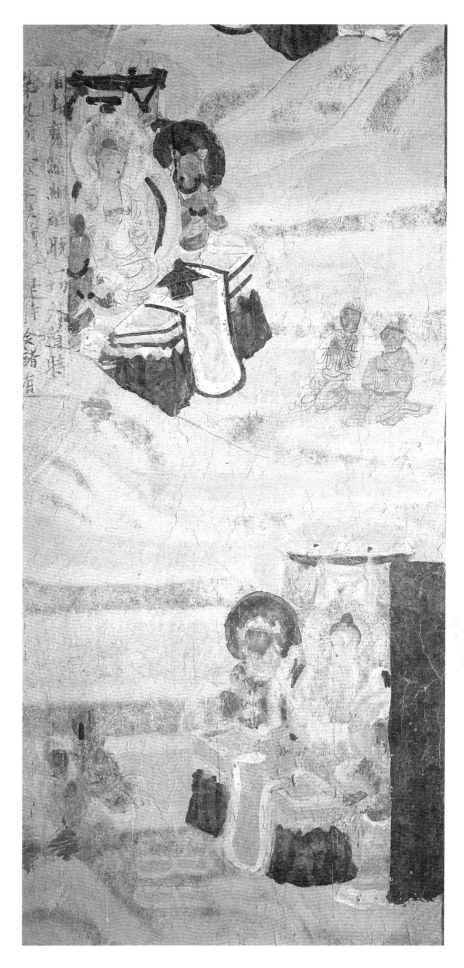

197　第九第十大願

條幅畫中的各願以低緩的山丘相分隔，
並呈S形分佈，二者結合，使畫面現出生
機。據榜題，此是表示第九第十大願：
願解脫一切外道纏縛；王法所繩，亦得
解脫。

宋　莫55　北壁

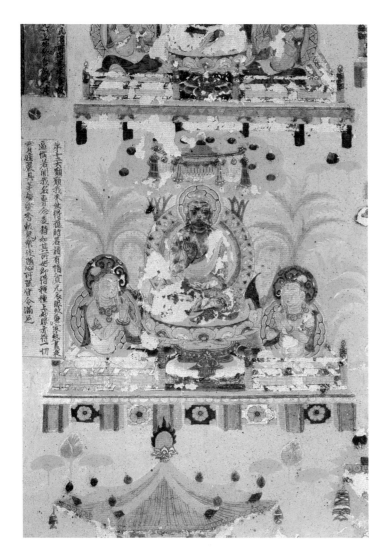

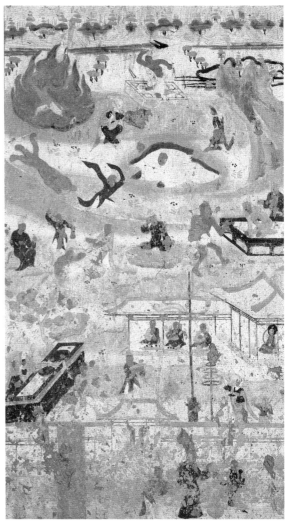

198 第十二大願榜題與說法會

此為說法會左上角的一鋪小說法會，主
尊托缽。榜題完整地保留下來，知是表
示第十二大願：貧無衣服，皆令滿足。
在十二大願圖像中，主尊一般作說法
印，托缽的形象極少見。

中唐 莫231 北壁

199 九橫死

屏風畫繪出九橫死全部內容。九橫死的
畫面次序與經文不同：上層繪初橫，巫
師在道場內跳大神，道場外有一樂師；
第四橫火災；第七橫墜落山崖。中層繪
第五橫溺水；第六橫惡獸追人。下層繪
第二橫被殺；第三橫病人在床；第八橫
鬼神來索命；第九橫一人坐於地，手扶
額頭，身子歪歪斜斜，表示將飢渴而
亡。畫的下部有燃燈、樹幡、齋僧、放
生等。

晚唐 莫144 北壁

200 盛唐第一橫

第一橫的內容較多，如因病誤診而亡、
因巫師蠱惑而亡等。此為後者：一病人
坐於床，床前設道場，道場周圍插着小
旗，一巫師正在跳大神，一樂師在奏
樂。表示病人因巫師蠱惑，不當死而
死。是古代民俗的表現。

盛唐 莫148 東壁

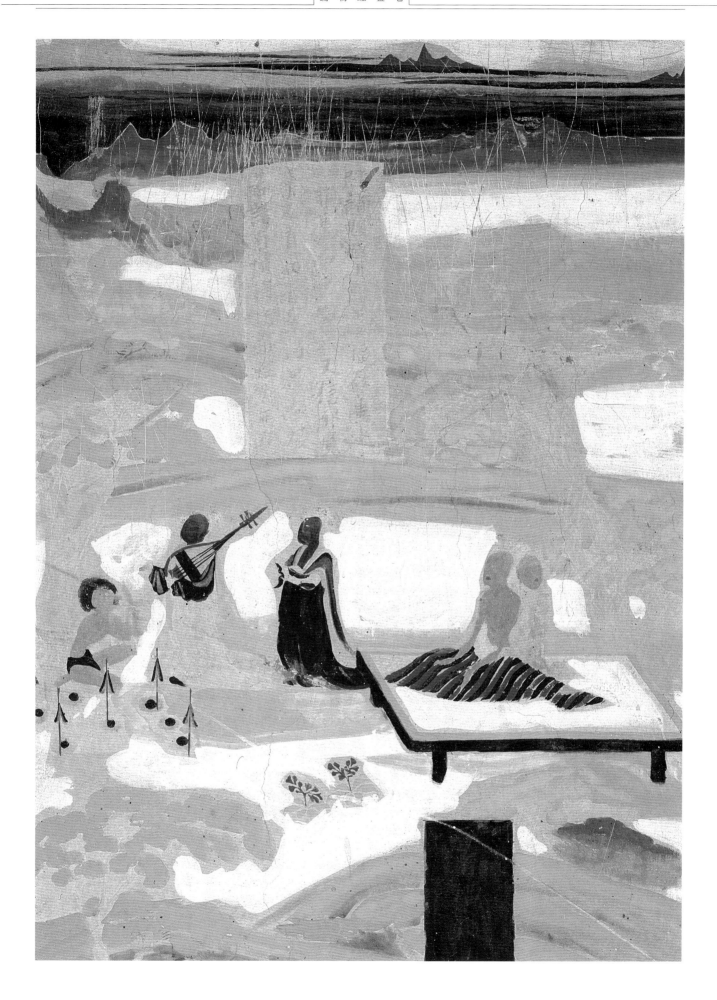

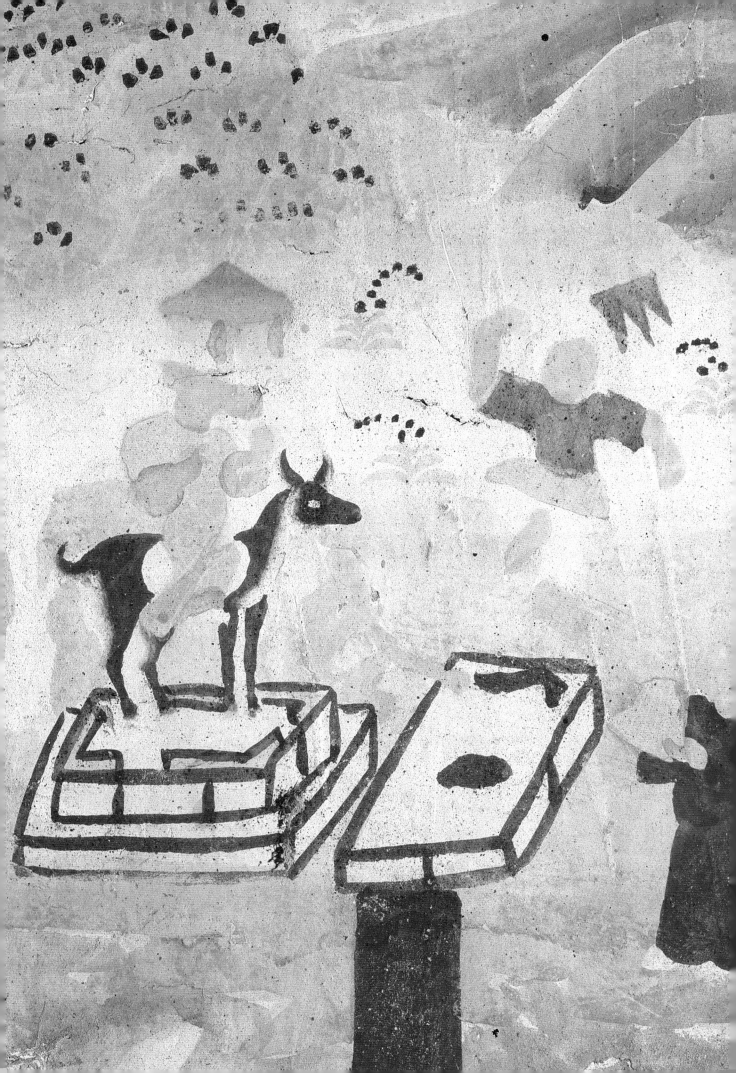

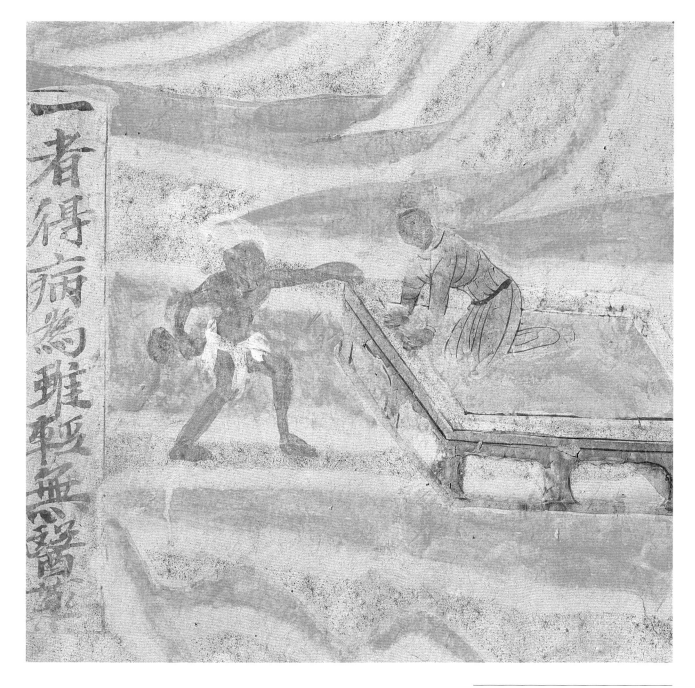

202 宋第一橫

一人跪於床，一鬼前來索命，榜題文字
是"一者得病為雖輕無醫藥"。顯然沒
有將經文抄完整。

宋 莫55 北壁

201 中唐第一橫

設一道場，安置紙紮坐騎，一鬼騎於
上，道場旁一巫師揮旗狂舞，一樂師奏
樂相伴。畫面生動地再現了當時敦煌現
實生活中巫師作法的場面。

中唐 莫358 北壁

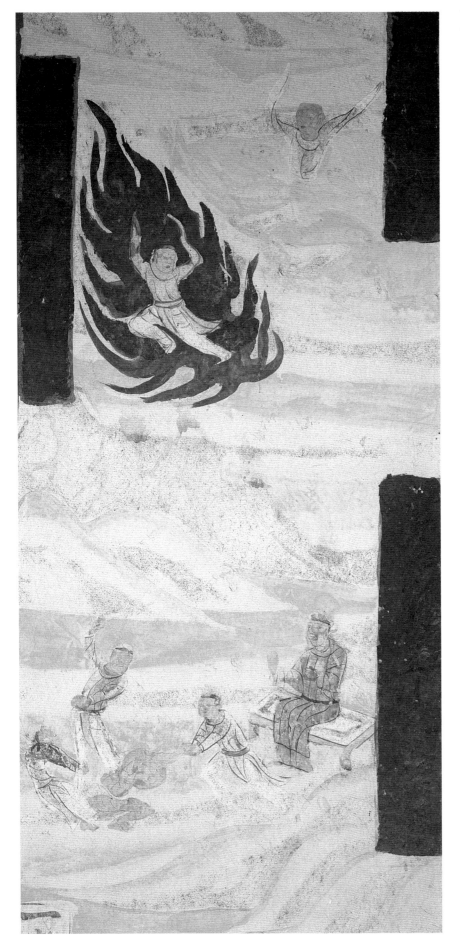

203 第二橫

圖的下部繪一殺人場面，為第二橫，橫
遭王法；其餘的畫面為一人在火中痛苦
掙扎，為第四橫火橫；一人水中呼救，
為第五橫水橫。

宋 莫55 北壁

204 第三橫

一人病臥在床，一女人在旁扶持照料，
一鬼前來索命，為第三橫非人奪其精
氣。

宋 莫55 北壁

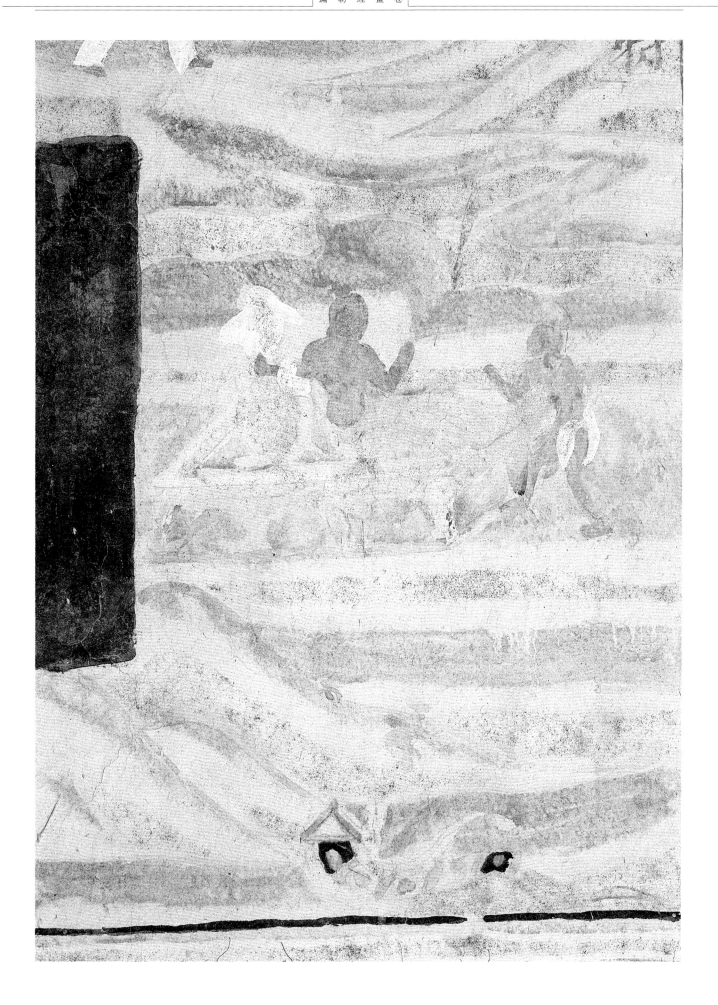

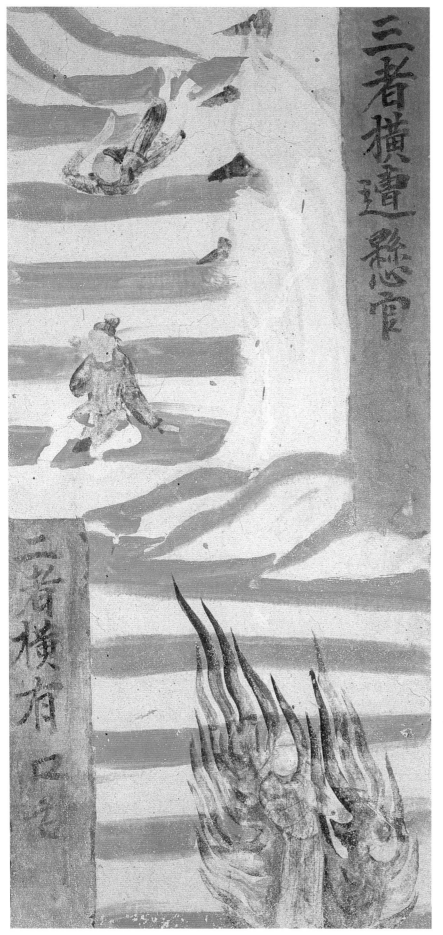

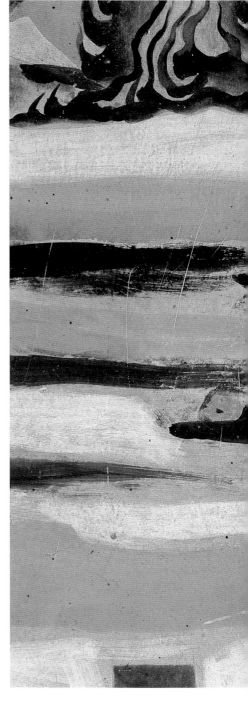

三者橫遭懸官

三者橫有已

205 第四橫

畫的下部一人置身火海,為第四橫,火
橫。畫的上部山巒起伏,一人頭朝下腳
朝上,表現的為第七橫,墜落山崖。榜
題文字與畫面不符。榜題文字出於帛尸
梨蜜多羅譯本。此榜題揭示出,敦煌唐
宋藥師經變並非完全依據玄奘譯本繪
製。

宋 莫76 北壁

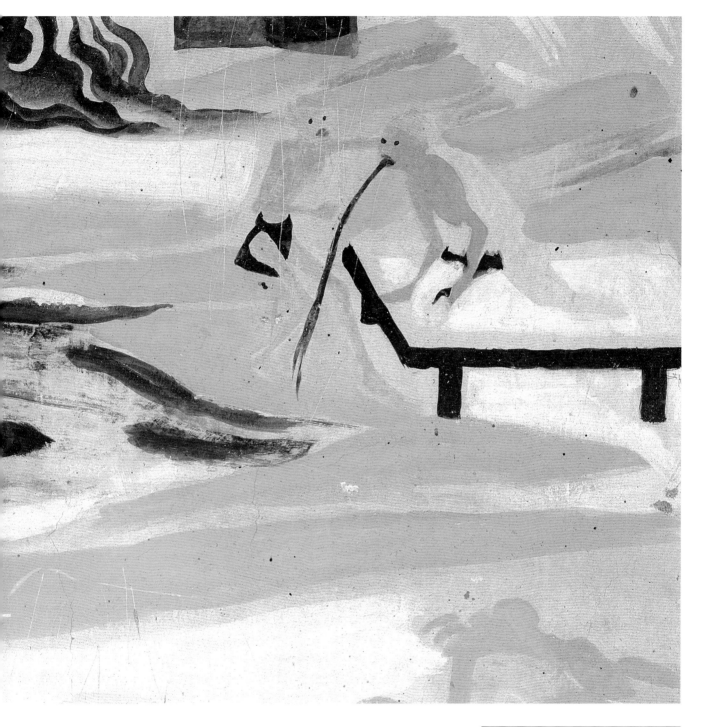

206 第五橫

一人在河中掙扎，表示溺水而亡，即第
五橫。還繪有一人在床上吐血，表示為
鬼神等非人奪其精氣，即第三橫。

盛唐 莫148 東壁

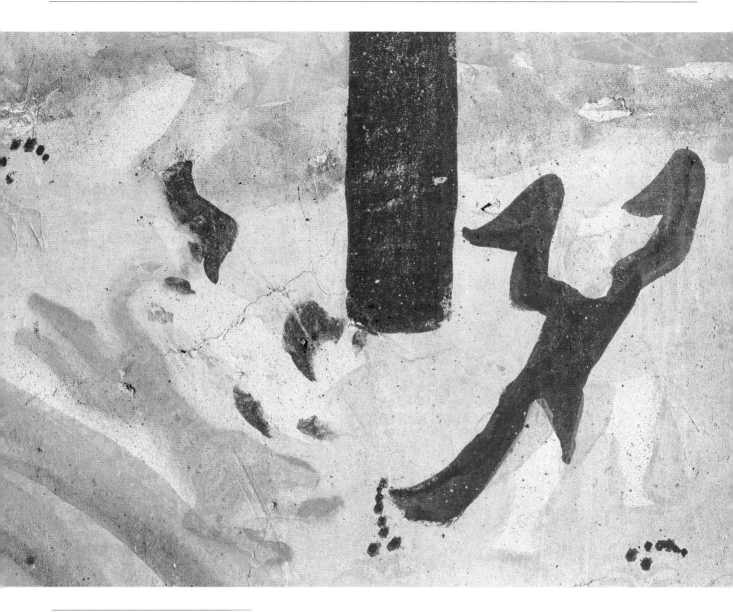

207 第六橫

一人揮臂狂奔，猛獸緊追其後，為第六
橫，猛獸害人。

中唐 莫358 北壁

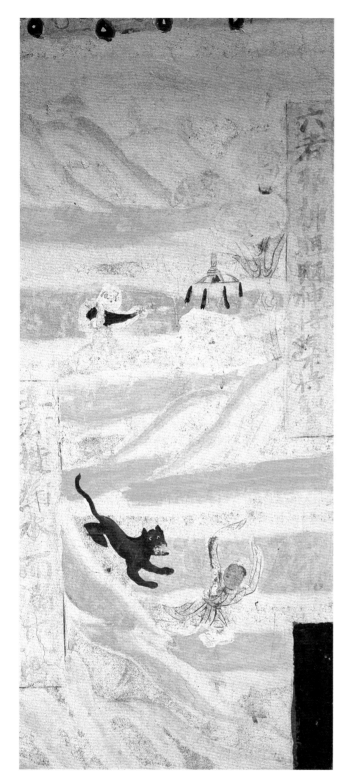

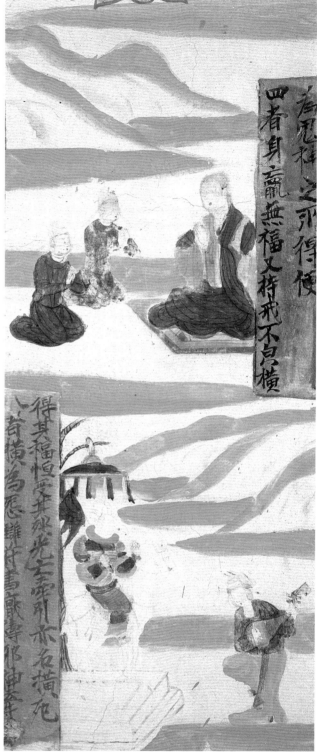

208 宋第六橫

猛獸追逐一人,為第六橫,橫遭惡獸。
但旁邊的榜題文字卻是第五橫的內容。
遠處一女鬼在墓地旁彈奏樂器,為第八
橫,橫遭起死鬼。

宋 莫55 北壁

209 第八橫

設一道場,上有紙紮鬼神及坐騎,巫師
邊彈奏樂器邊起舞。經文第八橫與第一
橫的內容是重複的,據榜題文字,此是
表示第八橫。

宋 莫76 北壁

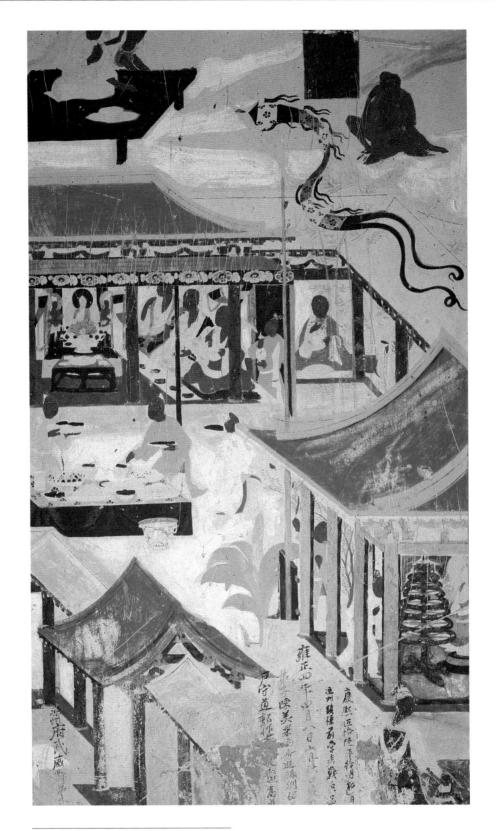

210 樹幡、齋僧、燃燈

宅院中樹一神幡。一屋為佛堂,正壁有
佛像,堂內有數僧在飲食,為齋僧。另
一屋內供養燈輪,正好七層,旁有一
人,似作禮拜。

盛唐 莫148 東壁

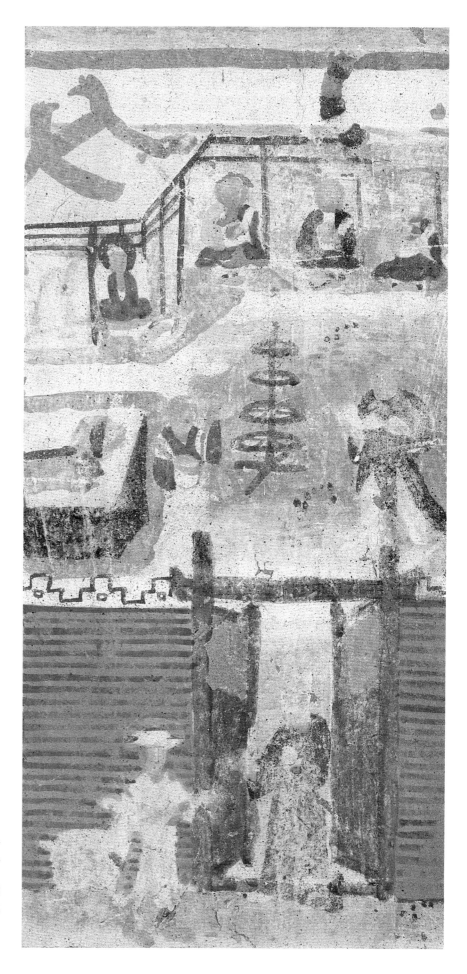

211 齋僧、樹幡、燃燈

一宅院，內一偏房安置佛像，為佛堂；
正堂有數僧人餐飲，為齋僧；院內設燈
輪，一女子在添油；院內近大門處樹立
長杆，上懸神幡。

中唐　莫358　北壁

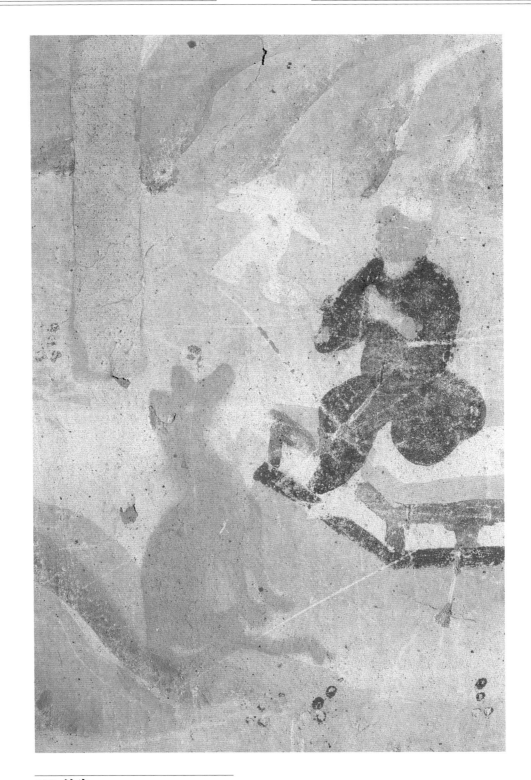

212 放生

一人坐胡床上，右手上一鳥展翅欲飛，
胡床前的狗正凝視着這隻鳥。畫工將鳥
欲飛未飛那瞬間的動作刻劃得栩栩如
生。

中唐 莫358 北壁

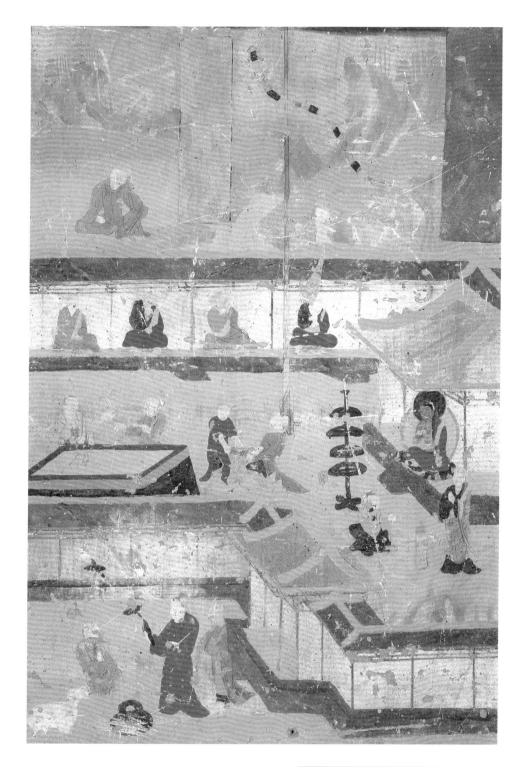

213 齋僧、放生、樹幡、燃燈

此扇屏風畫的內容相當豐富:一大院,
曲廊回繞,大院正中樹立長杆,頂懸神
幡;院內有一獨立佛堂,供養着藥師
佛;佛堂前設燈輪;僧人們在回廊內飲
食;主人在大院外放飛二鳥。

晚唐 莫12 北壁

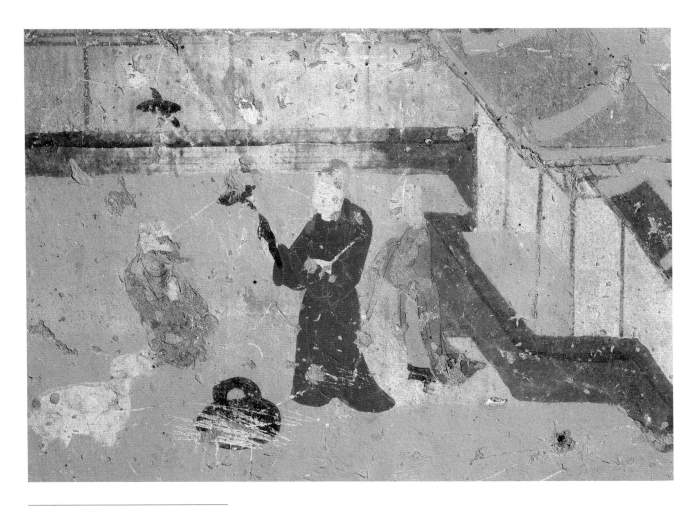

214 放生

主人站在庭前放生，一鳥正飛離主人的
手心，另一鳥已飛向天空。身後立一侍
者，前面還有一人合十而跪，可見放生
者身份高貴。

晚唐 莫12 北壁

215 放生、燃燈

一大院，設神幡、燈輪；佛堂在大院正
中，兩側各有六僧在飲食。女主人在院
中準備食物，男主人在院外放生。

晚唐 莫156 西壁龕內

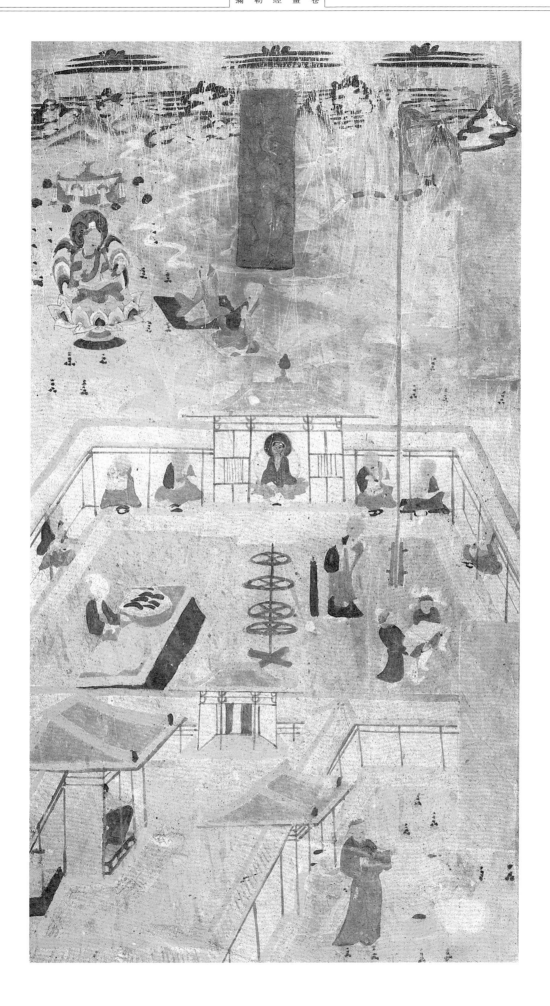

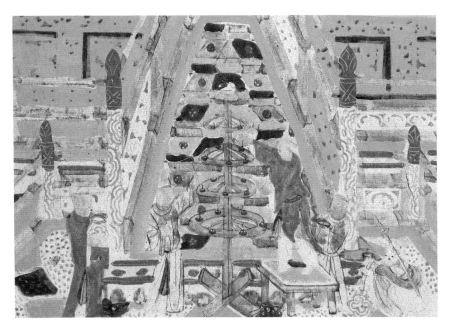

216 五代燃燈

燈輪相當簡單,只是象徵性地繪出:四層,每層有燈數盞。二俗人正在添油,其中一人踩在凳子上;他們身後各立一人,手捧大油瓮,場面富有情趣。此燈輪與初唐第220窟的燈樓相比,不可同日而語。此時,由於經變的簡略化,點燈放生等內容從條幅中移到了說法圖中。

五代 莫146 北壁

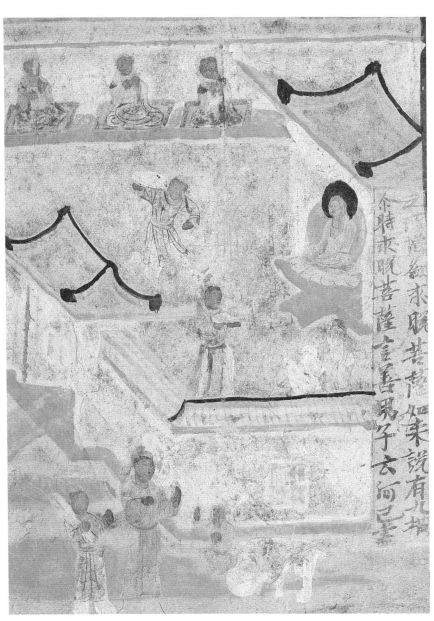

217 齋僧、放生

大院內設佛堂,藥師佛為塑像;佛堂前有燈輪和神幡;僧人們在迴廊內飲食,一女二男忙於準備食物;院外一主二僕,當是放生場面。

宋 莫55 北壁

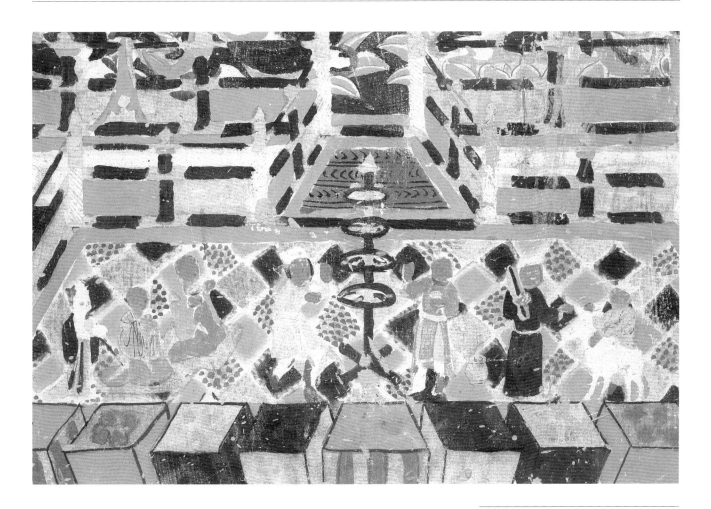

218 西夏燃燈

燈輪位於經變下方正中，畫面雖小，還
是繪了若干點燈者和僧人，地面擺着油
瓮。旁有一人牽羊，當表示放生。這是
西夏時期的作品。

宋 莫400 北壁

附錄　　　　敦煌彌勒經變統計表

一、隋代

序號	窟號	摩頂授記	思惟菩薩	魔王勸化	迦葉禪窟	主尊坐式
1	416		有			已毀
2	417	有	有			倚坐
3	419	有	有			交腳
4	423	有				交腳
5	425					倚坐
6	433					交腳
7	436		有			交腳
8	62			有	有	已毀

二、初唐

序號	窟號	三會	剃度	七寶
1	71	有		
2	78	有		有
3	123	有		
4	124	有		
5	329	有	有	
6	331	有	有	
7	334	有		
8	338			
9	340	有		
10	341	有	有	
11	372	有		

三、盛唐

序號	窟號	一種七收	樹上生衣	嫁娶	龍王降雨	夜叉掃地	老人入墓	路不拾遺	國有七寶	夢中入胎	樹下誕生	七步生蓮	九龍灌頂	產後回宮	拆幢	剃度	以法教化	三會	入城乞食	見迦葉
1	23							有	有							有		有	有	有
2	33	有	有	有	有	有	有	有	有						有	有		有	有	
3	91	有		有			有	有	有		有	有	有	有	有	有		有		有
4	109								有								有	有		
5	113		有	有					有									有		有
6	116	有	有	有	有		有		有		有		有		有	有	有	有	有	有
7	148	有		有	有	有	有	有	有	有	有	有	有	有	有	有	有	有	有	有
8	180								有							有		有		
9	208	有	有	有			有		有	有					有	有	有	有	有	有
10	215	有					有									有	有	有		有
11	218			有					有									有		
12	387																	有		有
13	445	有	有	有	有		有								有	有	有	有	有	有
14	446								有						有	有	有	有		
合計		7	5	8	4	2	7	4	11	2	3	2	3	2	7	10	7	14	6	9

四、中唐

序號	窟號	一種七收	樹上生衣	嫁娶	龍王降雨	夜叉掃地	老人入墓	路不拾遺	國有七寶	夢中入胎	樹下誕生	七步生蓮	九龍灌頂	產後回宮	拆幢	剃度	以法教化	三會	入城乞食	見迦葉
1	93								有									有		
2	112										有	有				有		有		有
3	117	有	有	有	有	有	有		有		有	有		有	有			有	有	有
4	129	有	有	有		有	有	有	有	有	有	有	有	有		有		有		
5	133									有	有		有	有				有		
6	154	有	有				有		有	有	有			有				有		
7	155								有							有		有		
8	159		有	有					有	有	有	有	有	有				有	有	
9	186	有		有			有		有		有	有	有	有	有	有	有	有	有	有
10	191	有		有			有		有							有		有		
11	200	有		有					有	有	有	有	有	有	有	有	有	有	有	
12	202	有	有	有	有	有	有	有	有		有	有	有	有	有	有		有	有	有
13	205	有	有	有	有	有	有		有		有	有	有	有	有	有		有	有	有
14	222	有					有				有			有						
15	231	有	有		有	有	有	有	有		有	有	有	有	有	有		有	有	有
16	237	有							有						有	有		有	有	
17	238			有											有	有		有		有
18	240	有	有				有		有	有	有	有								
19	358			有			有		有							有				
20	359			有			有									有				有
21	360	有		有					有		有	有						有	有	
22	361	有			有	有			有						有	有		有	有	
23	369								有						有	有		有		
24	386								有						有	有				
25	474			有	有		有													
26	Y25	有	有	有	有	有	有	有	有						有	有		有	有	有
合計		15	9	16	7	7	16	4	20	8	16	15	16	9	20	23	9	25	10	10

窟號前有 Y 者，表示榆林窟，後同。

五、晚唐

序號	窟號	一種七收	樹上生衣	嫁娶	龍王降雨	夜叉掃地	老人入墓	路不拾遺	國有七寶	夢中入胎	樹下誕生	七步生蓮	九龍灌頂	產後回宮	拆幢	剃度	以法教化	三會	入城乞食	見迦葉
1	9	有		有		有	有		有					有	有	有		有	有	
2	12	有		有			有		有	有	有	有	有	有	有	有	有	有	有	
3	14						有								有	有		有	有	
4	18			有						有						有		有		
5	20															有		有		
6	85	有	有	有		有	有		有	有	有	有	有	有	有	有	有	有	有	有
7	94																			
8	107														有	有		有		
9	128								有						有	有		有		
10	138			有			有								有	有		有		
11	141	有	有						有						有	有		有		
12	143	有	有												有	有		有		
13	147	有		有			有		有		有	有	有		有	有	有	有		
14	150															有		有		
15	156	有	有	有	有	有	有		有	有	有	有	有	有	有	有	有	有	有	有
16	168														有	有		有		
17	192														有	有		有		
18	196	有	有	有		有	有	有	有						有	有		有		
19	198		有				有	有	有						有	有		有		
20	Y36	有	有						有							有		有		
合計		9	7	8	1	4	9	2	10	4	4	4	4	4	15	19	4	19	5	2

六、五代

序號	窟號	一種七收	樹上生衣	嫁娶	龍王降雨	夜叉掃地	老人入墓	路不拾遺	國有七寶	夢中入胎	樹下誕生	七步生蓮	九龍灌頂	產後回宮	拆幢	剃度	以法教化	三會	入城乞食	見迦葉
1	5														有	有		有		有
2	53	有		有			有		有						有	有		有	有	
3	61	有							有						有	有	有	有		
4	72	有	有	有					有	有	有	有	有	有	有	有	有	有		有
5	98	有					有								有	有		有		
6	100	有					有								有	有		有		
7	108	有													有	有		有		
8	146	有				有	有								有	有		有		
9	208	有							有						有	有		有		
10	261															有		有		
11	303								有							有		有		
12	384	有		有														有		
13	Y38	有	有	有	有	有	有		有						有	有	有	有	有	有
合計		10	2	4	1	2	5	0	6	1	1	1	1	1	10	12	3	13	2	3

七、宋代

序號	窟號	一種七收	樹上生衣	嫁娶	龍王降雨	夜叉掃地	老人入墓	路不拾遺	國有七寶	夢中入胎	樹下誕生	七步生蓮	九龍灌頂	產後回宮	拆幢	剃度	以法教化	三會	入城乞食	見迦葉
1	7														有	有		有		
2	15	有		有			有		有							有		有		
3	25	有		有		有									有	有		有	有	
4	55A	有		有		有	有		有						有	有		有		
5	55B	有	有		有	有	有		有	有	有	有	有			有		有	有	
6	170								有						有			有		
7	243	有													有	有		有		
8	372								有						有	有		有		
9	449	有		有			有		有		有		有		有	有		有		
10	454			有			有		有						有	有	有	有		
合計		6	1	5	1	3	5	0	7	1	2	1	2	0	8	9	1	10	2	0

圖版索引

敦煌石窟分佈圖

本全集所用洞窟簡稱：莫即莫高窟，榆即榆林窟，東即東千佛洞，西即西千佛洞，五即五個廟石窟。

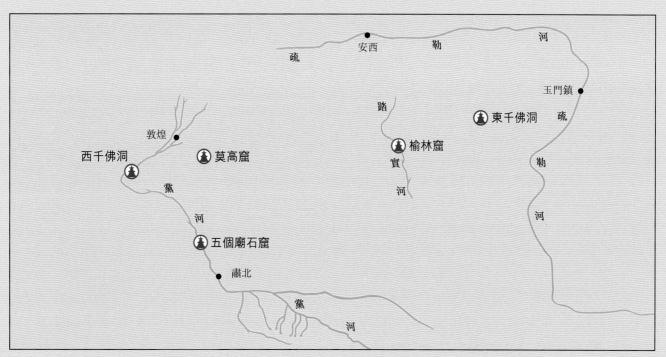

敦煌歷史年表

歷史時代	起止年代	統治王朝及年代	行政建置	備　注
漢	公元前 111～公元 219	西漢 公元前 111～公元 8 新 公元 9～23 東漢 公元 23～219	敦煌郡敦煌縣 敦德郡敦德亭 敦煌郡	公元前 111 年敦煌始設郡 公元 23 年隗囂反新莽；公元 25 年竇融據河西復敦煌郡名
三國	公元 220～265	曹魏 公元 220～265	敦煌郡	
西晉	公元 266～316	西晉 公元 266～316	敦煌郡	
十六國	公元 317～439	前涼 公元 317～376 前秦 公元 376～385 後涼 公元 386～400 西涼 公元 400～421 北涼 公元 421～439	沙州、敦煌郡 敦煌郡 敦煌郡 敦煌郡 敦煌郡	公元 336 年始置沙州； 公元 366 年敦煌莫高窟始建窟 公元 400 至 405 年為西涼國都
北朝	公元 439～581	北魏 公元 439～535 西魏 公元 535～557 北周 公元 557～581	沙州、敦煌鎮、 義州、瓜州 瓜州 瓜州鳴沙縣	公元 444 年置鎮，公元 516 年 罷，為義州；公元 524 年復瓜州 公元 563 年改鳴沙縣，至北周末
隋	公元 581～618	隋 公元 581～618	瓜州敦煌郡	
唐	公元 619～781	唐 公元 619～781	沙州、敦煌郡	公元 622 年設西沙州，公元 633 年改沙州；公元 740 年改郡， 公元 758 年復為沙洲
吐蕃	公元 781～848	吐蕃 公元 781～848	沙州敦煌縣	
張氏歸義軍	公元 848～910	唐 公元 848～907	沙州敦煌縣	公元 907 年唐亡後，張氏 歸義軍仍奉唐正朔
西漢金山國	公元 910～914		國都	
曹氏歸義軍	公元 914～1036	後梁 公元 914～923 後唐 公元 923～936 後晉 公元 936～946 後漢 公元 947～950 後周 公元 951～960 宋 公元 960～1036	沙州敦煌縣 沙州敦煌縣 沙州敦煌縣 沙州敦煌縣 沙州敦煌縣 沙州敦煌縣	
西夏	公元 1036～1227	西夏 公元 1036～1227 蒙古 公元 1227～1271	沙州 沙州路	
蒙元	公元 1227～1402	元 公元 1271～1368 北元 公元 1368～1402	沙州路 沙州路	
明	公元 1402～1644	明 公元 1404～1524	沙州衛、罕東街	公元 1516 年吐魯番佔；公元 1524 年關閉嘉峪關後，敦煌凋零
清	公元 1644～1911	清 公元 1715～1911	敦煌縣	公元 1715 年清兵出嘉峪關收 復敦煌一帶，公元 1724 年 築城置縣